코딩 전문가가 강력 추천하는 책

"기초 개념부터 인공지능, 예술까지 다양한 분야의 소양을 키우는 교재"

이 책은 엔트리를 처음 시작하는 사용자들도 쉽게 이해할 수 있도록 구성되어 있으며, 다양한 예제와 사례를 통해 컴퓨터 과학의 기초 개념부터 인공지능, 예술까지 다양한 분야의 소양을 키울 수 있도록 구성되어 있습니다. 또한 유용하게 사용할 수 있는 다양한 코드와 엔트리 사이트 전반을 세세하게 다루고 있어 프로젝트 제작뿐만 아니라 즐거운 엔트리 활동에도 많은 도움이 될 것이라 생각합니다.

네이버 커넥트재단 엔트리 팀

"흥미롭게 코딩을 배울 수 있도록 쉽게 설명하는 교재"

다양한 소프트웨어를 사용하고 있는 현대 사회에서는 소프트웨어적 사고가 매우 중요하며, 코딩은 모든 분야에서 필요한 기술이 되었습니다. 이 책은 블록 코딩 기반의 엔트리를 오랜 코딩 경험과 유튜브 운영을 토대로 어린 독자들도 흥미롭게 코딩을 배울 수 있도록 쉽게 설명하고 있습니다. 또한 저자가 운영하는 온라인 커뮤니티에서 코딩 과정에서 부딪힐 어려움을 직접 소통하며 해결할 수 있습니다. 코딩을 처음 시도하는 이에게 최고의 길잡이가 될 것입니다.

경희대학교 소프트웨어융합학과 이대호 교수

"엔트리와 함께 성장한 저자이기에 독자에게 가장 친숙한 동료가 되어주는 책"

이 책은 예술에 대한 관심사를 기반으로 컴퓨터과학의 기본 원리를 재미있게 배워 볼 수 있게 해줍니다. 특히 컴퓨터과학은 기본적인 상식 수준을 넘어 다양한 학문의 발전에 기여해 왔기에, 이 책을 통해 접해볼 것들이 위대한 시작의 작은 계기로 이어질 것이라는 믿음이 있습니다. 더욱이 실제로 저자는 엔트리를 통해 작은 계기를 성장으로 이어왔고, 그간의 고민과 경험을 담은 이 책이라면 독자에게 가장 친숙한 동료가 되어줄 것입니다.

엔트리 前 기획자, 카카오엔터프라이즈, 경규일 Project Manager

"다양한 미션을 실습하며 재미있게 학습할 수 있는 책"

엔트리를 처음 배우는 사람이 예술과 소프트웨어를 결합한 다양한 미션을 실습하며 재미있게 학습할 수 있는 책이라 생각합니다. 핵심 개념을 이해하기 쉽게 설명해 주고 있으며, 미션을 수행하고 심화 문제에 적용해 봄으로써 문제해결 능력을 기를 수 있도록 구성되어 있습니다. 프로그래밍 오류가 생겼을 때 잘 해결되지 않으면 어려움을 느끼는 경우가 많은 것 같습니다. 이 책에서는 실습 중간에 발생할 수 있는 오류에 대한 해결 팁을 제공해 보다 수월하게 실습을 진행할 수 있도록 도움을 제공한 점이 돋보입니다.

화정고등학교 정보담당 김지현 선생님

"복잡한 프로그래밍 언어의 문법이 아닌, 코딩의 알고리즘을 학습하는 책"

요즘은 프로그래밍 언어의 발달로 누구나 쉽게 코딩을 하는 세상이 되었습니다. 산업현장에서 사용하는 C++, Java 등은 굉장히 복잡한 문법을 이해해야 하는 어려움이 있지만, 엔트리는 굉장히 논리적이고 직관적인 블록 코딩을 제공하여 쉽게 학습할 수 있는 프로그래밍 언어입니다. 이 책은 이런 엔트리의 장점을 '미디어 아트'라는 주제를 근간으로 잘 설명하고 있고, 책을 따라 Step-by-step 하다보면 알고리즘 이해와 함께 어느새 완성된 코딩의 결과를 볼 수 있습니다. 또한, 복잡한 프로그래밍 언어의 문법이 아닌 코딩의 알고리즘을 학습하는 좋은 기회가 될 것입니다.

LG CNS 이재영 책임

코딩을 배우면 어떤 점이 좋을까요?

① 코딩은 창의적인 사고력, 분석력, 추론력, 판단력을 키워줘요.

컴퓨터는 사람과 달리 논리적이고 정확하게 작동하기 때문에, 코딩을 하려면 문제를 작은 단위로 나누고, 순서대로 표현하고, 오류를 수정해 최적화하는 과정이 필요합니다. 이러한 과정을 통해 창의적인 사고로 문제 해결하는 능력을 키워줄 뿐만 아니라, 분석력, 추론력, 판단력 또한 향상시켜 줍니다.

② 코딩을 다양한 분야에서 활용 및 접목할 수 있어요.

코딩은 IT나 컴퓨터 관련분야뿐만 아니라, 의료, 교육, 예술, 경제, 사회 등 다양한 분야에서 활용되고 있고, 코딩을 할 줄 안다면, 자신의 아이디어를 소프트웨어로 구현해서 기능을 개선할 수 있어요.

③ 코딩은 미래에 꼭 필요한 기술이에요.

코딩은 4차 산업혁명의 핵심 기술 중 하나이지요. 인공지능 AI, 빅데이터, 클라우드 컴퓨팅 등의 기술들은 모두 코딩을 기반으로 합니다. 코딩을 배우면 미래에 새롭게 생기는 직업에 대응할 수 있고, 새롭게 개발되는 신기술들을 이해하고 활용하는데 도움을 줍니다.

코딩으로 만드는 예술작품

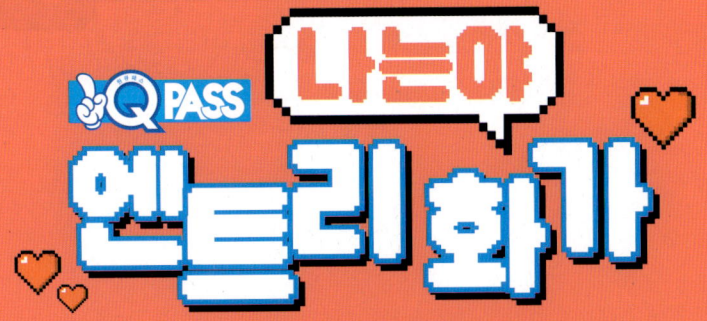
나는야 Q PASS 엔트리 화가

이영호, 이채은 저

다락원

> e n t r y
>
> 엔트리는 네이버 커넥트재단에서 만든 비영리 소프트웨어 교육 플랫폼입니다.
> 본 책은 엔트리에서 제공하는 로고와 캐릭터를 사용하여 제작하였습니다.
> 이 책의 표지 및 본문 그리고 책의 부속물인 동영상에 사용된 엔트리 오브젝트,
> 블록 이미지의 저작권은 네이버 커넥트재단에 있음을 알려드립니다.

※ 본 책은 2023.8.31 네이버 엔트리에서 공식 발표한
　블록의 새로운 기능 및 개선 사항을 반영했습니다.

나는야 엔트리 화가

지은이 이영호, 이채은
펴낸이 정규도
펴낸곳 (주)다락원

초판 1쇄 인쇄 2023년 10월 1일
초판 1쇄 발행 2023년 10월 10일

기획 권혁주, 김태광
총괄편집 이후춘 | **책임편집** 한채윤, 김민지
디자인 정현석, 박정현 | **마케팅** 백수하 | **일러스트** 오정경

다락원 경기도 파주시 문발로 211
내용문의: (02)736-2031 내선 291~298
구입문의: (02)736-2031 내선 250~252
팩스: (02)732-2037
출판등록 1977년 9월 16일 제406-2008-000007호

Copyright© 2023, 이영호, 이채은

저자 및 출판사의 허락 없이 이 책의 일부 또는 전부를 무단 복제·전재·발췌할 수 없습니다.
구입 후 철회는 회사 내규에 부합하는 경우에 가능하므로 구입문의처에 문의하시기 바랍니다.
분실·파손 등에 따른 소비자 피해에 대해서는 공정거래위원회에서 고시한 소비자 분쟁 해결 기준에
따라 보상 가능합니다. 잘못된 책은 바꿔 드립니다.

ISBN 978-89-277-7337-5　73000

엔트리 프로그래밍은 마치 '예측 불가능한 마법 상자' 같습니다. 상상했던 것들을 게임이나 프로그램으로 쉽게 만들 수 있습니다. 친구들도 엔트리 코딩으로 여러 작품을 만들다보면 성취감도 느끼고 재미도 느낄 수 있을거에요. 하지만 작품을 만드는 과정에서 생각대로 프로그램이 작동하지 않는 경우도 생기고, 예상치 못한 오류 해결을 위해 코드를 분석하는 일이 생깁니다. 이렇게 문제를 해결해 가는 과정에서 엔트리를 어려워하는 친구들을 많이 만나게 되었습니다. 엔트리 초보들에게 문제를 쉽게 해결하는 노하우를 공유하게 되었고, 엔트리 코딩을 시작하는 아이들에게 도움이 되고자 엔트리 동아리와 유튜브를 운영하며 소통하고, 실시간 강의를 통해 아이들에게 엔트리를 가르치며 책을 출판하게 되었습니다.

본 도서는 '게임'이라는 기존 엔트리 책들의 제한된 접근법에서 벗어나 엔트리 사용자에게 새로운 경험을 제공하고자 '미디어아트'를 메인 주제로 선정했습니다. 단원별 개념설명을 통해 엔트리를 이해하고 책에서 제시하는 STEP을 차근차근 따라 하다보면 작품이 뚝딱 만들어지고 자연스럽게 블록 코딩이 손에 익을 것입니다. 이렇게 직접 만든 미디어아트 결과물을 바로바로 화면으로 확인하며 흥미를 가지고 즐겁게 학습할 수 있습니다.

도서의 '한걸음 더'코너에서는 저자 직강 동영상을 참고해서 만든 작품을 업그레이드 해보고 추가로 '자신만의 방식'으로 프로그램을 발전시키며 나만의 작품을 만들 수 있습니다. 이 책을 통해 엔트리로 직접 '미디어아트'와 '애니메이션'을 만들어보며 나만의 독창적인 작품을 만드는 즐거움을 느껴보세요.

본 도서를 통해 엔트리로 나만의 창작물을 설계하는 뜻깊은 경험을 하고 프로그래밍 실력이 한층 성장하는 시간을 가질 수 있으면 좋겠습니다.

마지막으로 밤 하늘 속 아름다운 오로라 만들기와 소리에 반응하는 그림 파트에 큰 도움을 주신 dowon03님, 그리고 책이 출간될 수 있도록 옆에서 계속 힘써 주신 다락원 출판사에 감사드립니다.

이영호, 이채은 저자

이 책의 구성

※ 본 책은 2023.8.31 네이버 엔트리에서 공식 발표한 블록의 새로운 기능 및 개선 사항을 반영했습니다.

01 핵심쏙쏙 개념알기

기본 개념들을 간단하고 쉽게 설명했어요. 예시 그림을 통해 쉽게 이해할 수 있어요.

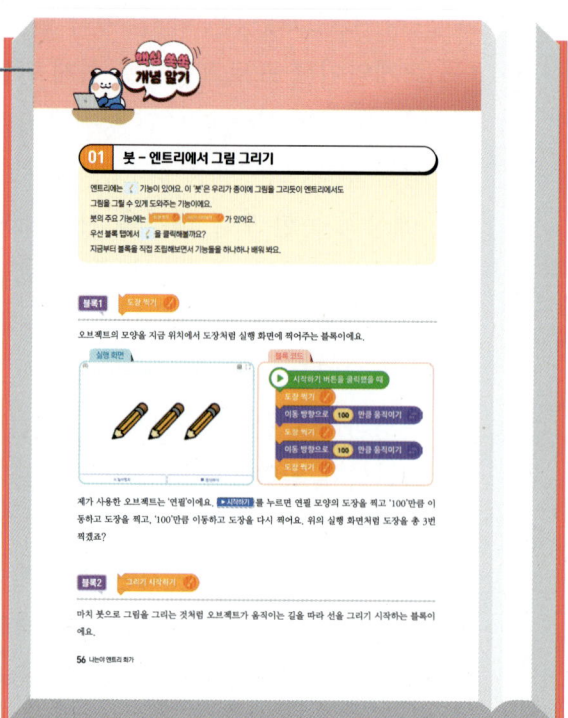

★ 꿀Tip만 모았다

알아두면 좋은 기능설명이나 문제가 생겼을 때 쉽게 해결하는 Tip을 정리했어요. 문제가 생겨도 막힘없이 해결하고 쉽게 코딩을 할 수 있어요.

★ 작품QR 영상보기

완성 작품은 QR을 찍어서 미리 실행해 볼 수 있어요.

02 코딩 술술 직접해보기

단계별 미션을 선생님과 함께 차근차근 따라 하다보면 블록 코딩도 쉽게 만들 수 있고, 멋진 작품을 뚝딱 완성할 수 있어요.

★ 작품QR 영상보기

완성 작품은 QR을 찍어서 미리 실행해 볼 수 있어요.

★ 강의QR 영상보기

응용코드를 어떻게 만들고 실행하는지 저자 영상으로 혼자서도 쉽게 만들 수 있어요.

03 실력쑥쑥 한걸음 더

앞에서 배운 개념을 이해하고 직접 미션을 수행해 작품을 완성했다면, 좀더 어려운 기능이나 변형을 해보면서 응용 작품을 만들어 보는 코너입니다.

04 재미솔솔 쉬어가기

쉬어가기 코너에서는 코딩의 원리와 개념이 우리 생활 속의 예술, 통신, 카메라 등 여러 분야에서 접목되거나 활용되는 사례를 재미있는 이야기로 담았어요.

목차

머리말 3p | 이 책의 구성 4p
목차 6p | 캐릭터 소개 9p

1장 예술과 소프트웨어 ········ 10p
다양한 예술분야

핵심쏙쏙 개념알기
01 핵심예술이란? ··············· 12p
02 소프트웨어란? ··············· 13p
03 코딩으로 예술하기 ··········· 16p

재미솔솔 쉬어가기
비디오 작가로 유명한 백남준을 아시나요?
··································· 18p

2장 엔트리와 친해지자 ········ 20p
엔트리 사용법

핵심쏙쏙 개념알기
01 엔트리는 무엇일까? ········· 22p
02 온라인에서 엔트리 사용하기 ··· 24p
03 오프라인에서 엔트리 사용하기 ··· 32p
04 엔트리 만들기 화면 살펴보기 ··· 39p

코딩술술 직접 해보기
01 뚱땅뚱땅~ 전자 피아노 만들기 ··· 42p

재미솔솔 쉬어가기
내가 그린 그림이
엔트리 공식 오브젝트로? ········ 53p

3장 코딩으로 그림을 그릴 수 있다고? ········ 54p
붓 기능 사용하기

핵심쏙쏙 개념알기
01 붓 – 엔트리에서 그림 그리기 ··· 56p

코딩술술 직접 해보기
01 나만의 예쁜 꽃밭 만들기 ······ 60p
+ 실력쑥쑥 한걸음 더 ············ 69p
  꽃 모양 직접 그려 사용하기

핵심쏙쏙 개념알기
02 각도 – 도형 그리기를 도와주는 친구 · 70p

코딩술술 직접 해보기
02 반짝반짝 빛나는 눈 그리기 ····· 75p

재미솔솔 쉬어가기
컴퓨터에서 이미지를 어떻게 표현할까?
– 비트와 벡터 ··················· 89p

4장 100개의 도형은 어떻게 만들까? ········ 90p
반복하기

핵심쏙쏙 개념알기
01 반복하기를 사용하는 이유 ····· 92p
02 좌표 – 위치를 표현하는 방법 ··· 95p

코딩술술 직접 해보기

01 하트 패턴 만들기 · · · · · · · · · 98p
+ 실력쑥쑥 한걸음 더 · · · · · · · · 106p
　불규칙한 패턴 만들기
02 회전하는 무늬 만들기 · · · · · · 107p
+ 실력쑥쑥 한걸음 더 · · · · · · · · 115p
　대답기능을 사용해서 내 마음대로 도형 바꾸기

재미솔솔 쉬어가기

반복의 아름다움 – 테셀레이션 · · · · 116p

5장 오브젝트는 어떻게 소통할까? · · · · · 118p
신호 주고받기

핵심쏙쏙 개념알기
01 신호 – 동작 타이밍 알려주기 · · · · 120p

코딩술술 직접 해보기
01 나만의 그림판 만들기 · · · · · · 123p
+ 실력쑥쑥 한걸음 더 · · · · · · · · 131p
　그림판에 기능 추가하기
02 밤하늘 속 아름다운 오로라 만들기 · 132p
+ 실력쑥쑥 한걸음 더 · · · · · · · · 145p
　더 빠르게 오로라 만들기

재미솔솔 쉬어가기
전자기기는 어떻게 소통할까? · · · · · · 146p

6장 같은 것을 여러 개 만들자! · · · · · 148p
복제본 만들기

핵심쏙쏙 개념알기
01 복제본 – 오브젝트의 분신술 · · · · 150p

코딩술술 직접 해보기
01 나만의 입체 캐릭터 만들기 · · · · · 152p
02 12월의 기적
　– 화이트 크리스마스 만들기 · · · · 157p
+ 실력쑥쑥 한걸음 더 · · · · · · · · 166p
　눈 내리는 속도 바꾸기
03 눈부신 하늘의 축제
　– 폭죽 터뜨리기 · · · · · · · · · 167p
+ 실력쑥쑥 한걸음 더 · · · · · · · · 178p
　땅에서 발사되는 폭죽

핵심쏙쏙 개념알기
01 대칭 – 냉해그 · · · · · · · · · · 179p

코딩술술 직접 해보기
01 대칭 그림판 만들기 · · · · · · · · 182p
+ 실력쑥쑥 한걸음 더 · · · · · · · · 194p
　12각 대칭 그림판

재미솔솔 쉬어가기
예술에서의 복제 · · · · · · · · · · · 195p

7장 예술에 인공지능을 활용해 볼까? ········ 198p
인공지능 사용하기

핵심쏙쏙 개념알기
01 인공지능
  - 스스로 판단하는 컴퓨터 ········ 200p

코딩술술 직접 해보기
01 소리에 반응하는 그림 ········ 202p
02 얼굴인식 스티커 필터 만들기 ···· 216p

재미솔솔 쉬어가기
그림 그리는 인공지능 : AI가 그림을 그린다고?
·························· 229p

8장 애니메이션 작가가 되어보자! ········ 230p
직접 만드는 애니메이션

아이디어뿜뿜 기획하기
01 아이디어 짜기 ············ 233p
02 대본 작성하기 ············ 235p
03 장면 세분화 및 화면 구성 ······ 237p
04 스토리보드 만들기 ·········· 238p
05 캐릭터와 배경 디자인 기획하기 ··· 239p

코딩술술 직접 해보기
나만의 애니메이션 만들기 ········ 243p

재미솔솔 쉬어가기
애니메이션의 24프레임 ·········· 259p

엔트리 코딩으로 스토리, 아트, 음악, 게임을 만들 수 있어!

캐릭터 소개

이영호 쌤

친구들, 반가워. 나는 영호 쌤이야!

수학과 컴퓨터를 좋아해.
코딩으로 스토리, 아트, 음악, 게임 등 다양한 분야의 재미 있는 미션을 처리할 수 있어. 함께 공부하다 보면 영호 쌤의 매력은 물론, 코딩의 매력에 푹~ 빠져들거야.

이채은 쌤

안녕, 나는 채은 쌤이야!

그림과 음악을 좋아해.
엔트리 코딩을 알면, 누구나 멋진 작품을 그리는 화가가 될 수 있다는 사실!
그럼 우리 같이 엔트리 코딩을 통해 무궁무진한 예술의 세계로 함께 여행을 떠나 볼까?

엔트리봇

친구들아, 나는 귀여운 엔트리봇이라고 해.

나의 꿈은 멋진 화가가 되는 거야.
그림 실력은 없지만, 엔트리 코딩으로 재미있고 쉽게 멋진 그림을 그릴 수가 있어.
나랑 쉽고 재미있게 코딩 미술 작품을 만들어 보자! 아뵤~!

예술과 소프트웨어

다양한 예술분야

핵심쏙쏙 개념 알기

01 예술이란?
02 소프트웨어란?
03 코딩으로 예술하기

재미솔솔 쉬어가기

비디오 작가로 유명한 백남준을 아시나요?

01 예술이란?

예술은 우리가 느끼고, 생각하고, 상상하는 것들을 다양한 방법으로 표현하는 것이에요.

넓은 의미의 예술

좁은 의미의 예술

넓은 의미의 예술은 그림을 그리거나, 노래를 부르거나, 이야기를 쓰는 것처럼 인간의 미적 창조 활동을 의미해요.

좁은 의미의 예술은 우리가 평소 사용하는 '미술'과 같은 개념이에요.

예술을 통해서 우리는 자신의 기분을 자유롭게 표현하고, 사람들과 소통할 수 있어요.

예술을 즐기는 것은 우리가 어떻게 생각하고 느끼는지를 탐구하는 데 도움이 되고, 우리 주변 세상을 더 잘 이해하게 해줘요.

02 소프트웨어란?

컴퓨터는 어떻게 구성될까요?

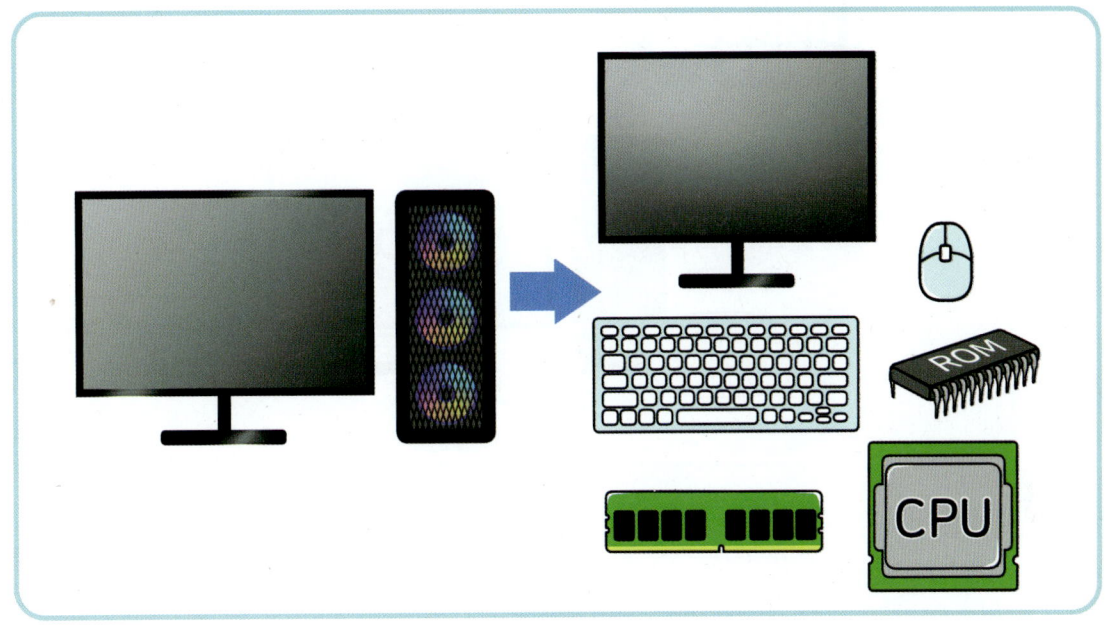

하드웨어

컴퓨터는 모니터, 키보드, 마우스, 메인보드, 기억장치 등 다양한 부품으로 구성되어 있어요. 우리가 손으로 만질 수 있는 위 그림과 같은 장치들을 '하드웨어'라고 해요.

이러한 하드웨어는 혼자서는 동작할 수 없기 때문에 '소프트웨어'가 내리는 명령을 통해 동작을 수행해요. 인간에 비유하자면 하드웨어는 인간의 육체, 소프트웨어는 인간의 두뇌라고 볼 수 있어요.

하드웨어(Hardware)

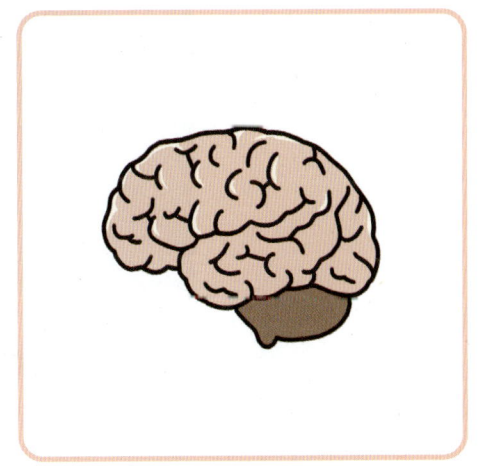

소프트웨어(Software)

우리가 함께 달리기를 한다고 생각해 볼까요? 뇌가 '달려!'라는 명령을 내리면 우리 몸의 다리와 팔이 움직이며 달리기를 시작하게 됩니다. 이렇게 생각하는 데로, 컴퓨터에 그대로 적용할 수 있어요!

5×3을 계산하는 과정을 예로 들어볼게요.

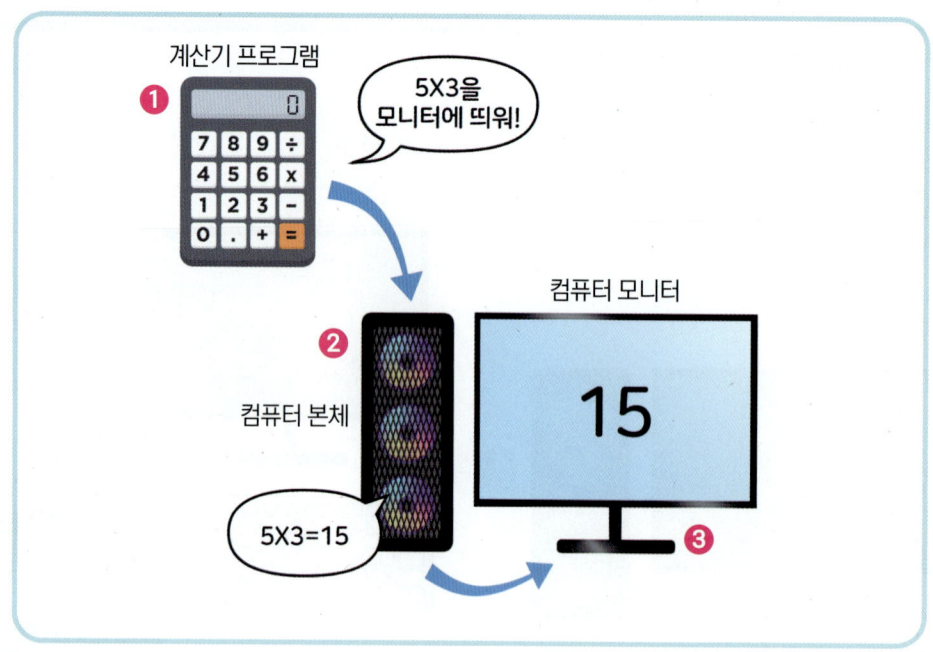

❶ 5×3을 계산한다.

❷ 결과인 15를 저장한다.

❸ 저장된 결과를 모니터에 출력한다.

하드웨어는 이 명령을 바탕으로 5×3=15를 계산하고 값을 모니터에 보여주는 것이죠. 간단하죠?

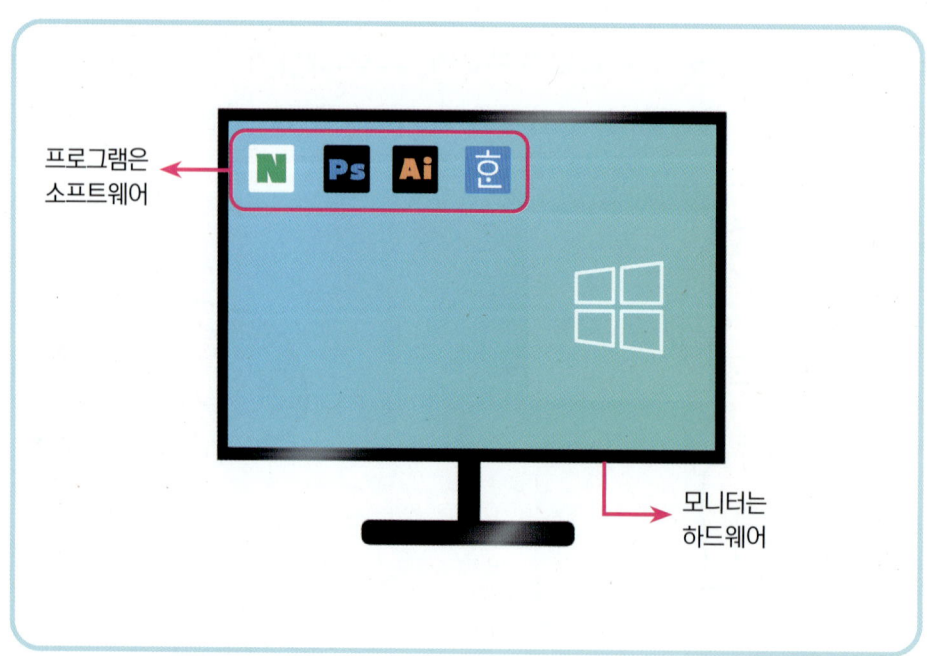

즉, 소프트웨어는 하드웨어에게 명령하는 주체, 하드웨어는 명령을 수행하는 장치입니다.

소프트웨어는 프로그래밍 언어로 개발된 프로그램을 사람들이 쉽게 사용할 수 있도록 만들어 놓은 것을 말하기도 하는데, 시스템 소프트웨어와 응용 소프트웨어로 나뉩니다.

1. 시스템 소프트웨어

시스템 소프트웨어는 컴퓨터 기기를 운영하는 운영체제(OS)

| 윈도우 | 안드로이드 | 맥OS | iOS |

2. 응용 소프트웨어

컴퓨터 기기에 설치하거나 온라인으로 접속하여 용도에 따라 사용하는 사무용, 디자인용, 게임용 등에 쓰이는 모든 프로그램

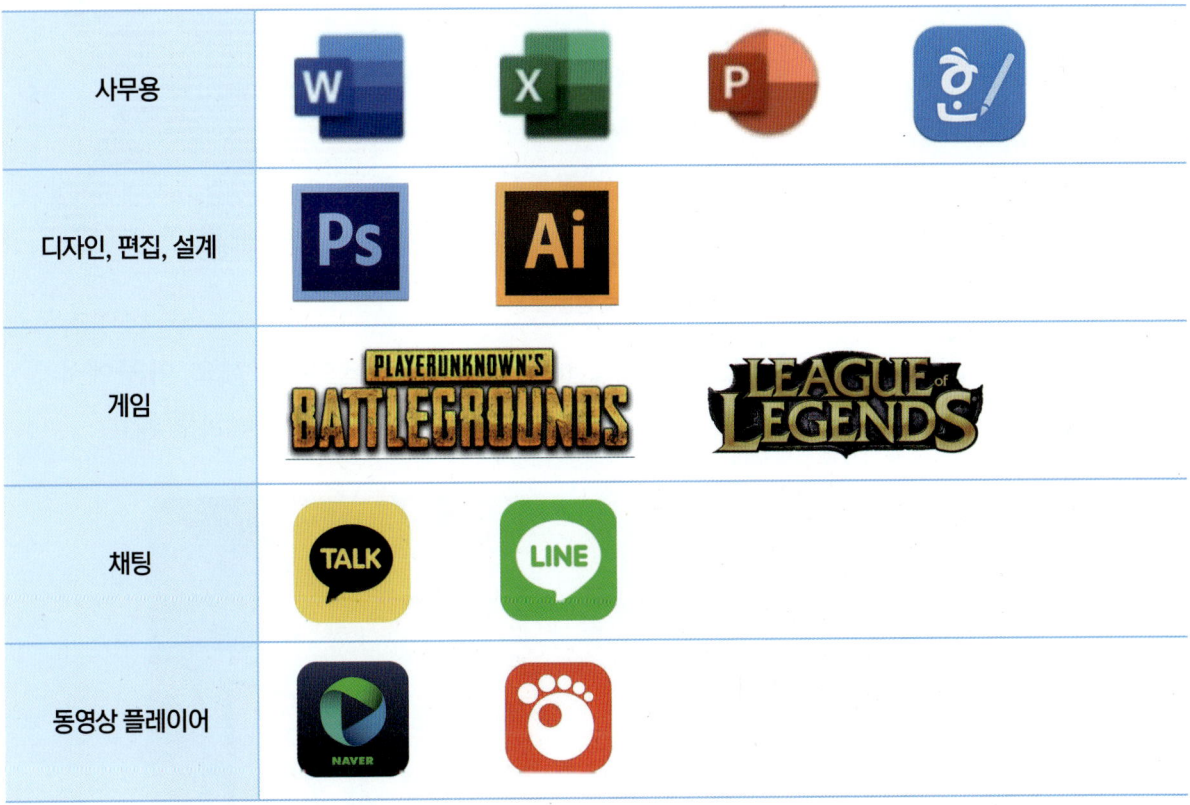

| 사무용 |
| 디자인, 편집, 설계 |
| 게임 |
| 채팅 |
| 동영상 플레이어 |

3. 소프트웨어 사용 범위 및 방법

프리웨어	제작자의 허가만 받으면 마음껏 사용 가능
상용소프트웨어	돈을 지불하고 사용권을 구매하여 사용 가능
쉐어웨어	상용소프트웨어 프로그램을 며칠 동안 혹은 몇 개월정도 기간 한정으로 체험판 제공

03 코딩으로 예술하기

우리는 앞에서 예술과 소프트웨어가 '무엇인지'를 배웠어요.
이제 이 둘을 융합해서 '어떻게' 예술 작품을 만들 수 있는지 알아봐요.
개념도 중요하지만 활용해서 자신의 것으로 만드는 것도 중요하니까요.
엔트리, 즉 코딩으로 예술을 할 수 있을까요? 아직 낯선 분야이지만,
예술과 코딩의 융합사례는 생각보다 다양해요.

코딩 아트: 정식 용어는 아니지만 많이 쓰는 말이에요.

알고리즘으로 만든 코딩 아트

미디어 아트: 사진, 신기술을 활용하여 만드는 아트, 융합예술, 매체 예술이라고 해요. 이 중에서 컴퓨터나 인터넷 등의 디지털 기술을 활용하고 탐구하는 예술을 '뉴미디어 아트'라고 해요.

영상으로 만든 미디어 아트

디지털 아트: 디지털 기술을 창작 작업의 핵심으로 삼는 아트, 디지털 예술이라고 불리기도 해요.

코딩 아트, 미디어 아트, 디지털 아트 다 다른 말처럼 보이지만, 사실은 비슷한 의미를 가지고 있어요. 코딩으로 예술하기는 어려운 것이 아니에요. 자신이 원하는 것을 색깔로, 모양으로 표현하다 보면 그것은 예술 작품이 되어 있을 거예요.

특히 엔트리는 실행화면이 있어 블록이 내리는 명령을 시각적으로 볼 수 있기 때문에 디지털 아트를 쉽게 만들어 볼 수 있어요.

우리 함께 이 책을 통해 엔트리아트 화가가 되어봐요. 엔트리에서 알록달록한 블록들을 직접 조립하면서 디지털예술의 세계로 함께 여행을 떠나요!

우리 친구들 다음 단원에서 만나요

비디오 작가로 유명한 백남준을 아시나요?

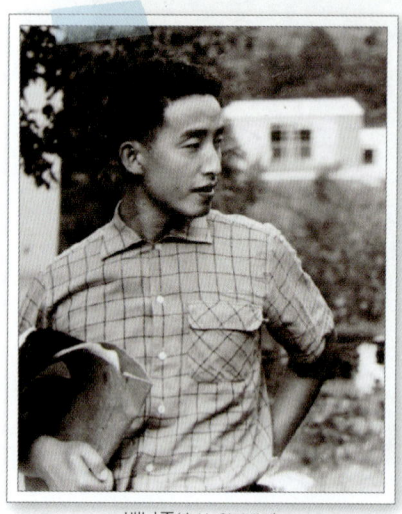

백남준(출처: 위키백과)

백남준 작가는 1932년 서울에서 태어나 도쿄대학교에 진학해 미학을 전공했어요. 1956년에 독일로 건너가 유럽 철학과 현대 음악을 공부하는 동안, 동시대 전위 예술*가들과 활발하게 교류하면서 기존의 예술 관습과는 다른 급진적인 퍼포먼스로 예술 활동을 펼치기 시작해요. 새로운 미디어를 이용한 예술 방식을 모색했지요.

1963년에 텔레비전 내부의 회로를 바꾸어 예술 작품으로 표현한 개인전 〈음악의 전시·전자 텔레비전〉을 통해 미디어 아티스트의 길에 들어서게 돼요. 백남준은 1964년부터 본격적으로 비디오를 사용한 작품 활동을 시작해요.

*전위 예술이란?
기존 예술에 대한 인식, 가치를 부정하고 새로운 예술의 개념을 추구하는 일종의 예술운동

이후 조각, 설치 작품과 비디오 영상을 결합하고, 음악과 신체에 관한 끊임없는 탐구를 통해 백남준만의 독보적인 예술 세계를 구축해요.

1980년대부터는 〈굿모닝 미스터 오웰〉을 필두로 위성 기술을 이용한 텔레비전 생방송을 통해 전위 예술과 대중문화의 벽을 허무는 글로벌 프로젝트를 기획해요. 그리고 1993년 베니스비엔날레에 독일관 대표로 참가하여 유목민인 예술가라는 주제의 작업으로 황금 사자상을 수상하게 돼요.

백남준은 미디어 아트의 개척자로서 다양한 테크놀로지를 이용했던 실험적이고 창의적인 예술가예요. 예술을 통해 소통과 만남을 추구하며 미래를 바라보기도 했지요. 백남준은 과학자이며 철학자인 동시에 엔지니어인 새로운 예술의 선구자라고 할 수 있어요. 그리고 지금도 가장 '현대적인 예술가'로서 우리 곁에 숨 쉬고 있답니다.

2장
엔트리와 친해지자
엔트리 사용법

핵심쏙쏙 개념 알기
01 엔트리는 무엇일까?
02 온라인에서 엔트리 사용하기
03 오프라인에서 엔트리 사용하기
04 엔트리 만들기 화면 살펴보기

코딩술술 직접 해보기
01 뚱땅뚱땅~ 전자 피아노 만들기

재미솔솔 쉬어가기
내가 그린 그림이 엔트리 공식 오브젝트로?

01 엔트리는 무엇일까?

프로그래밍 입문에는 어떤 언어를 사용하는 게 좋을까요?

엔트리는 네이버의 비영리 교육 기관인 커넥트재단에서 운영하는 교육용 프로그래밍 언어예요. 엔트리는 '입장, 입구, 문' 등의 뜻을 가진 영어 단어 'entry'에서 온 이름인데요. 소프트웨어 교육의 첫걸음으로 가는 입구이자, 프로그래밍의 세계를 향하는 문이라는 뜻을 가지고 있어요.

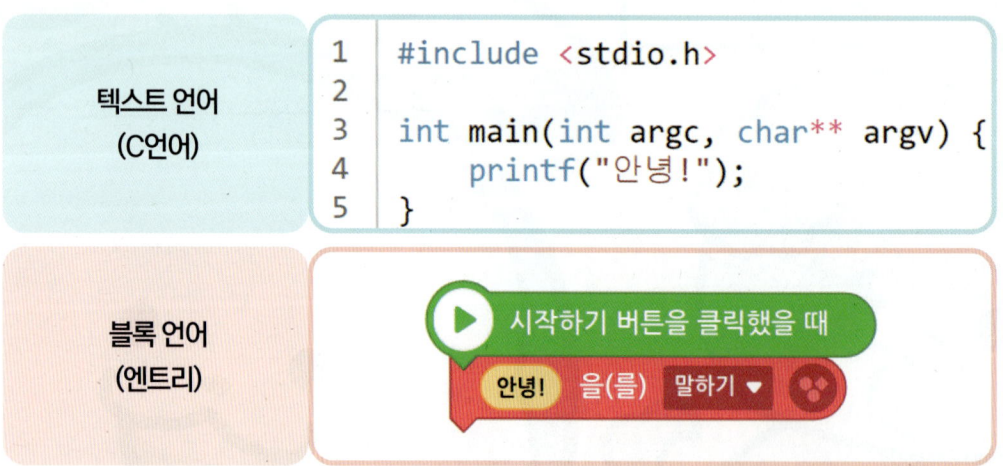

엔트리는 다른 프로그래밍 언어들과는 다르게 블록으로 이루어져 있어, 누구나 쉽게 블록을 조립하는 것으로 자신만의 프로그램을 만들 수 있답니다.

즉, 엔트리는 블록 장난감을 조립하듯이 블록을 순서대로 조립해서 프로그래밍을 할 수 있는 블록 코딩 언어이자, 그 언어를 활용해 다양한 작품을 창작하고, 공유할 수 있는 플랫폼이라고 할 수 있어요.

엔트리는 온라인 버전과 오프라인 버전 두 가지 종류로 사용할 수 있어요.

온라인 버전	추가로 프로그램을 설치할 필요가 없고 직접 만든 프로그램을 공유하기 쉽다는 장점
오프라인 버전	프로그램을 따로 설치하여야 하지만 네트워크 연결이 되지 않은 상태에서도 사용 가능하다는 장점

온라인 버전

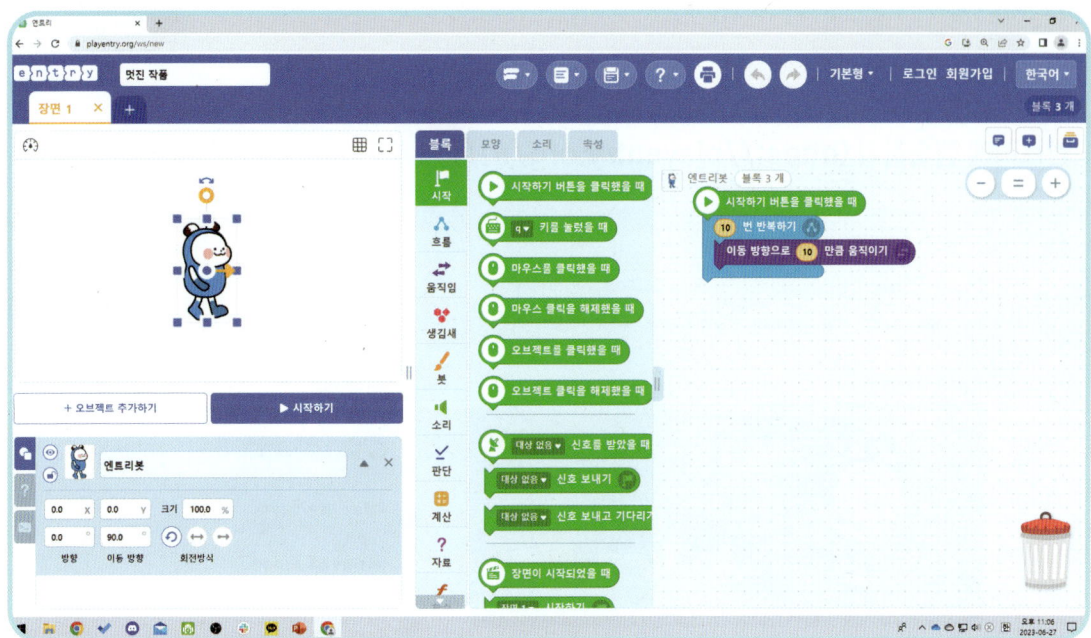

오프라인 버전

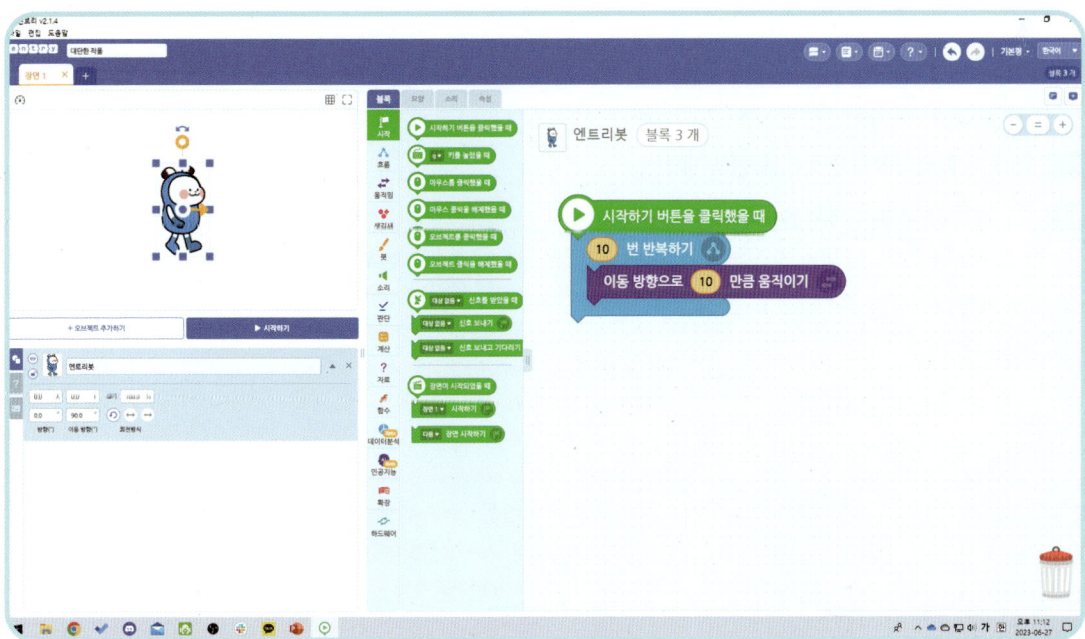

인터넷이 연결 가능한 환경이라면 온라인 버전을 추천해요.

다음 장에서는 온라인 버전 엔트리 사용법과 오프라인 버전 엔트리 사용법을 설명할게요.

02 온라인에서 엔트리 사용하기

엔트리를 온라인에서 사용하는 법을 알아볼까요?

엔트리는 크롬 브라우저에서 사용하는 것이 좋지만 마이크로소프트 엣지나 네이버 웨일에서도 사용 가능합니다.

01 엔트리에 접속하기 (https://playentry.org/#!/)

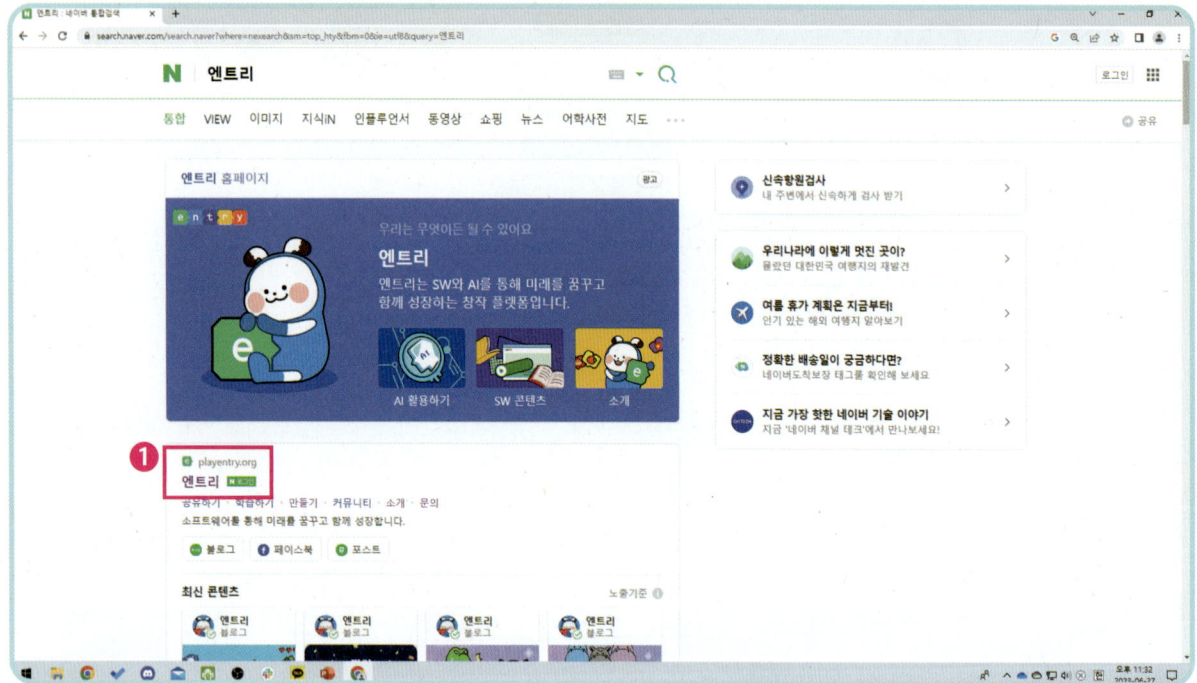

STEP 1 　네이버 검색창에서 엔트리를 검색한다.
STEP 2 　❶ '엔트리'를 클릭해서 엔트리에 접속한다.

02 엔트리 홈화면 및 회원가입

엔트리는 회원가입 없이도 무료로 사용 가능하지만, 회원가입을 해야 만든 작품을 저장할 수 있습니다! 엔트리를 더 잘 이용하기 위해서 회원가입을 해볼게요.

STEP 3 오른쪽 상단 ❶ [로그인]을 클릭한다.

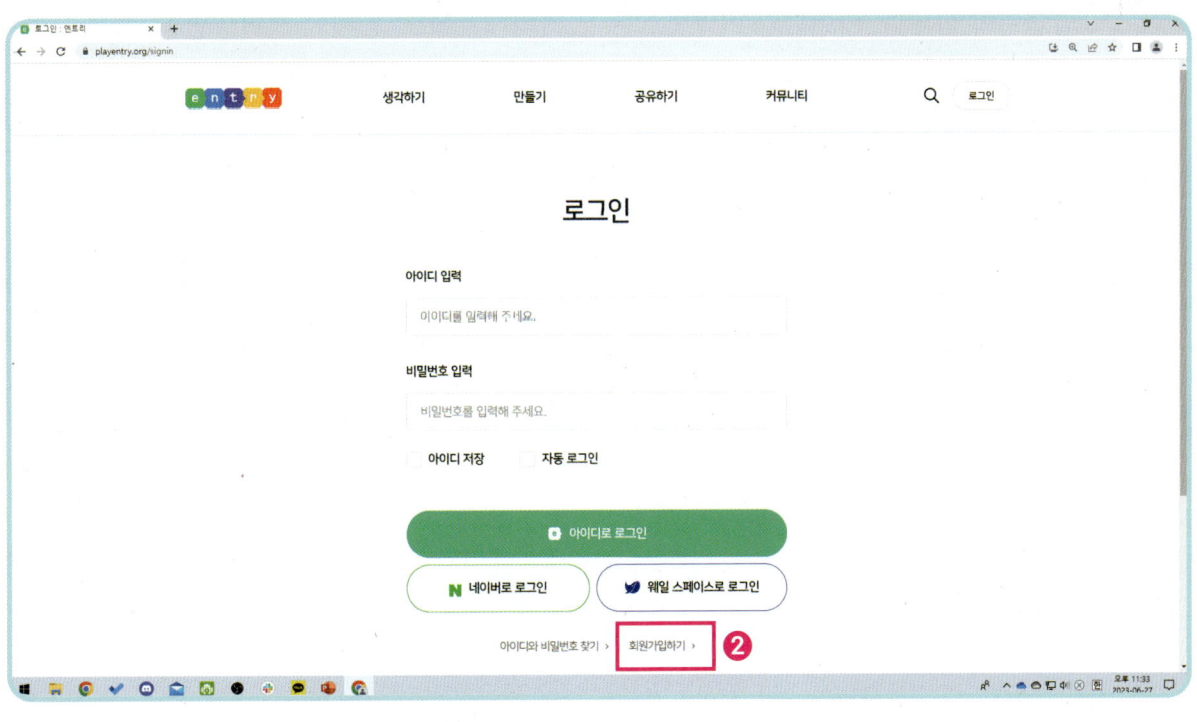

STEP 4 오른쪽 아래 ❷ [회원가입하기]를 클릭한다.

2장 엔트리와 친해지자

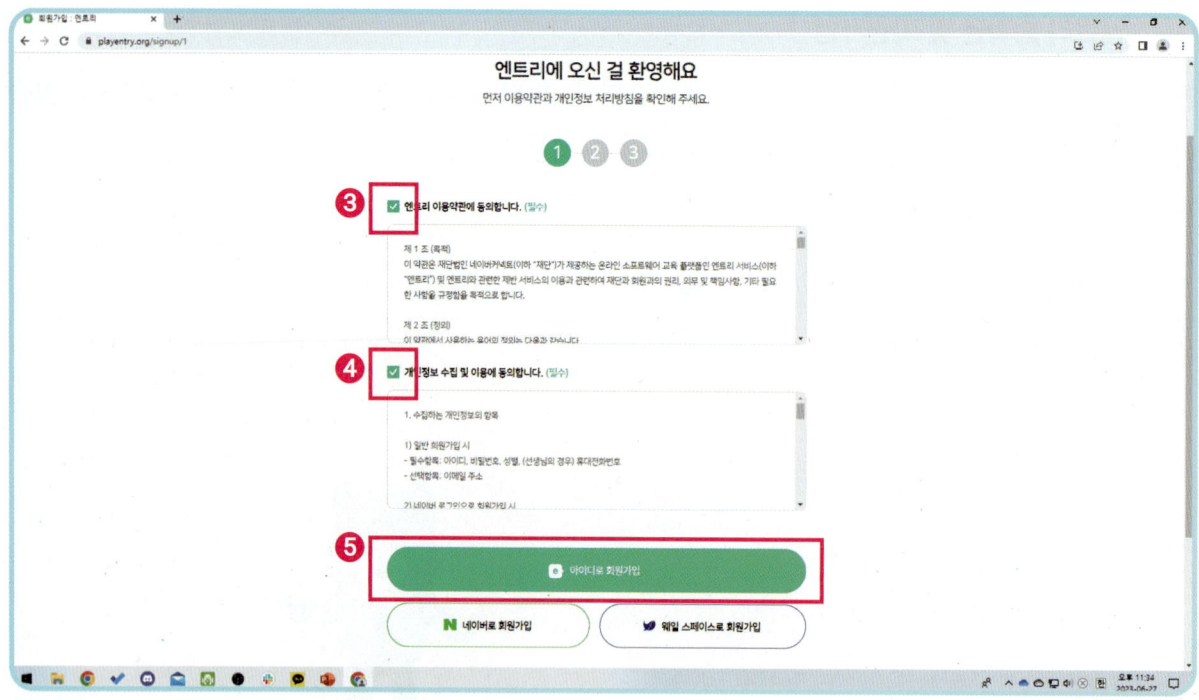

STEP 5 ❸ 이용약관과 ❹ 개인정보 수집 및 이용을 읽어보고 동의하기에 '체크' 한다.
STEP 6 ❺ e 아이디로 회원가입 버튼을 눌러 엔트리 아이디를 만든다.

03 아이디와 비밀번호 설정하기

아이디는 4~20자의 알파벳과 숫자 조합으로 만들어야 하고, 비밀번호는 5자 이상의 알파벳과 숫자 조합으로 만들어야 합니다. 아이디와 비밀번호는 잘 기억해두세요. 공책에 적어두면 더 좋겠죠?

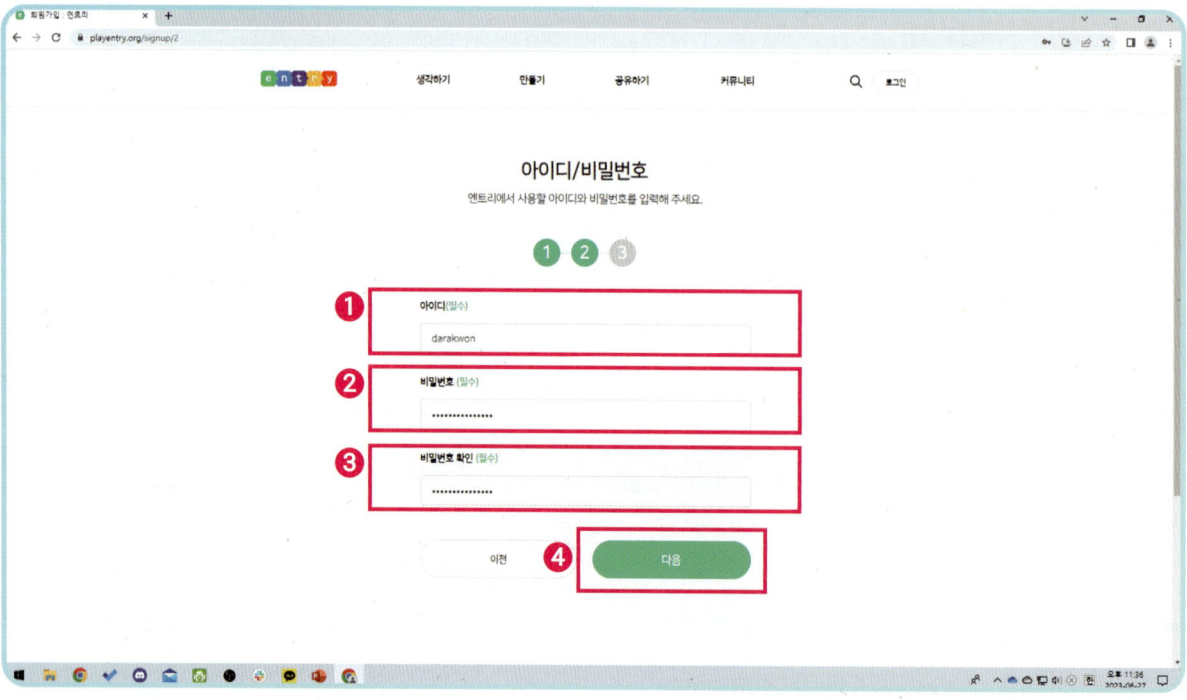

STEP 7 ❶ 아이디를 정해 입력한다.
STEP 8 ❷ 비밀번호를 정해 입력한다.
STEP 9 ❸ 비밀번호를 한 번 더 입력한다.
STEP 10 ❹ 다음 버튼을 누른다.

04 회원정보 입력

마지막 단계에서는 회원 유형, 성별, 닉네임, 출생년도, 이메일을 입력해 줘야 합니다.

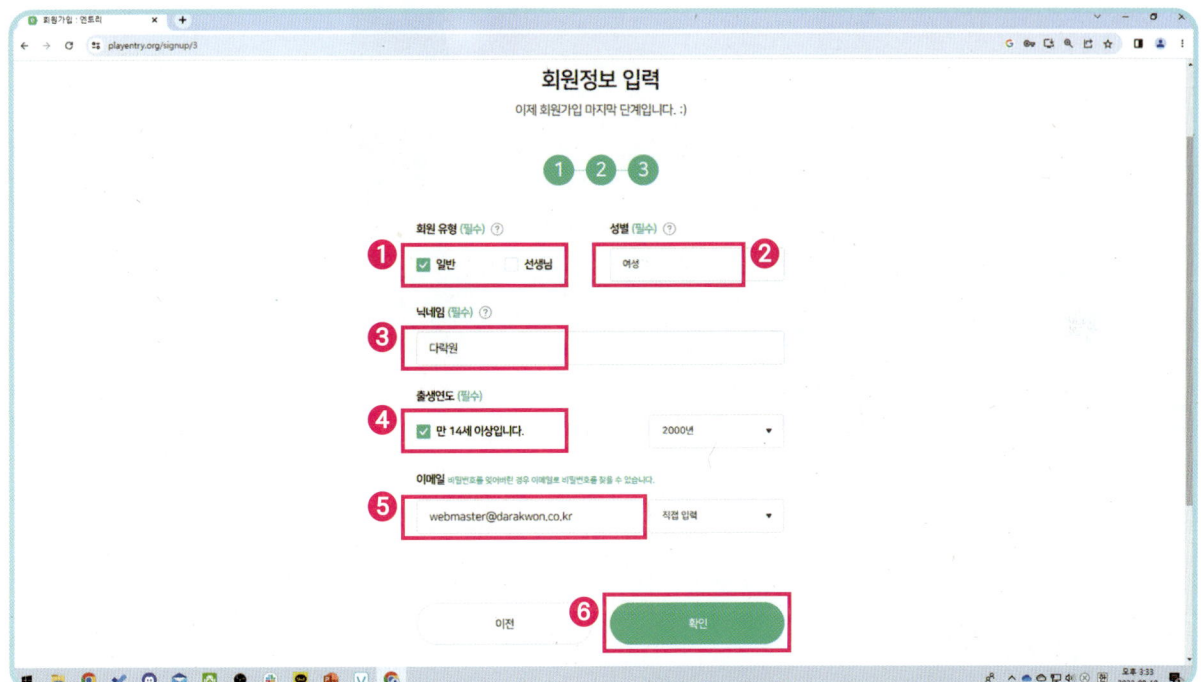

STEP 11 ❶ 회원 유형을 일반으로 정한다.
STEP 12 ❷ 자신의 성별을 선택한다.
STEP 13 ❸ 닉네임을 정한다.
STEP 14 ❹ "만 14세 이상입니다."에 체크표시하고 자신의 출생연도를 선택한다.
STEP 15 ❺ 이메일을 입력한다.
STEP 16 ❻ 확인 버튼을 누른다.

> ⭐ **아이디와 닉네임이 뭐가 다른가요?**
> 아이디가 로그인할 때 사용된다면 닉네임은 다른 사람들에게 표시되는 별명입니다. 아이디와는 다르게 한글도 사용 가능해요! 재미있는 닉네임을 정해보세요.

이메일의 경우 필수는 아니지만 비밀번호를 까먹었을 때 찾거나, 직접 만든 프로그램을 공유하고 다른 사람의 프로그램에 댓글을 달기 위해서는 이메일 인증이 필요합니다.

05 회원 가입 완료 및 로그인 하기

종종 회원가입 후 오류가 나기도 하기 때문에 로그아웃 했다가 다시 로그인 해주세요.

STEP 16   오른쪽 상단 ❶ 프로필 이미지를 누른다.
STEP 17   ❷ 로그아웃 버튼을 클릭한다.
STEP 18   다시 로그인 한다.

06 엔트리 사용 방법

엔트리 홈 화면에서 위쪽에 마우스를 올려 놓으면 엔트리의 다양한 메뉴로 이동할 수 있습니다.

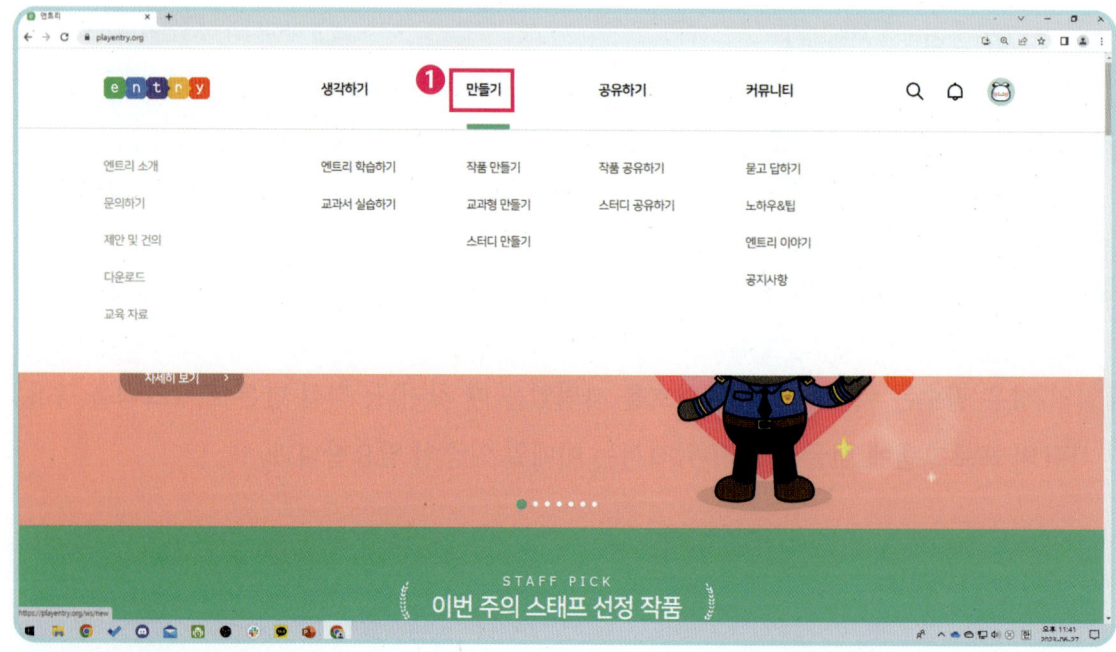

STEP 19   ❶ 만들기 를 클릭한다.

07 만들기 화면 미리 보기

이 화면이 우리가 앞으로 프로그램을 만들기 화면입니다.

▶시작하기 버튼을 클릭하면 오른쪽의 블록들이 실행됩니다. 신기하죠?

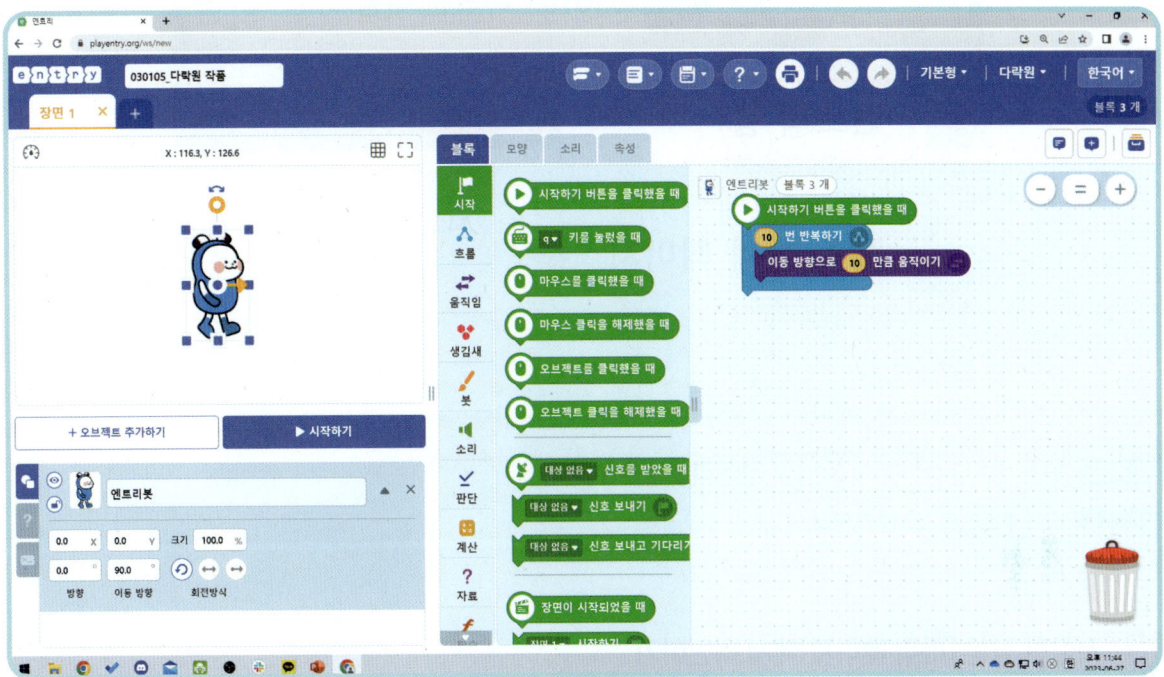

08 저장하기

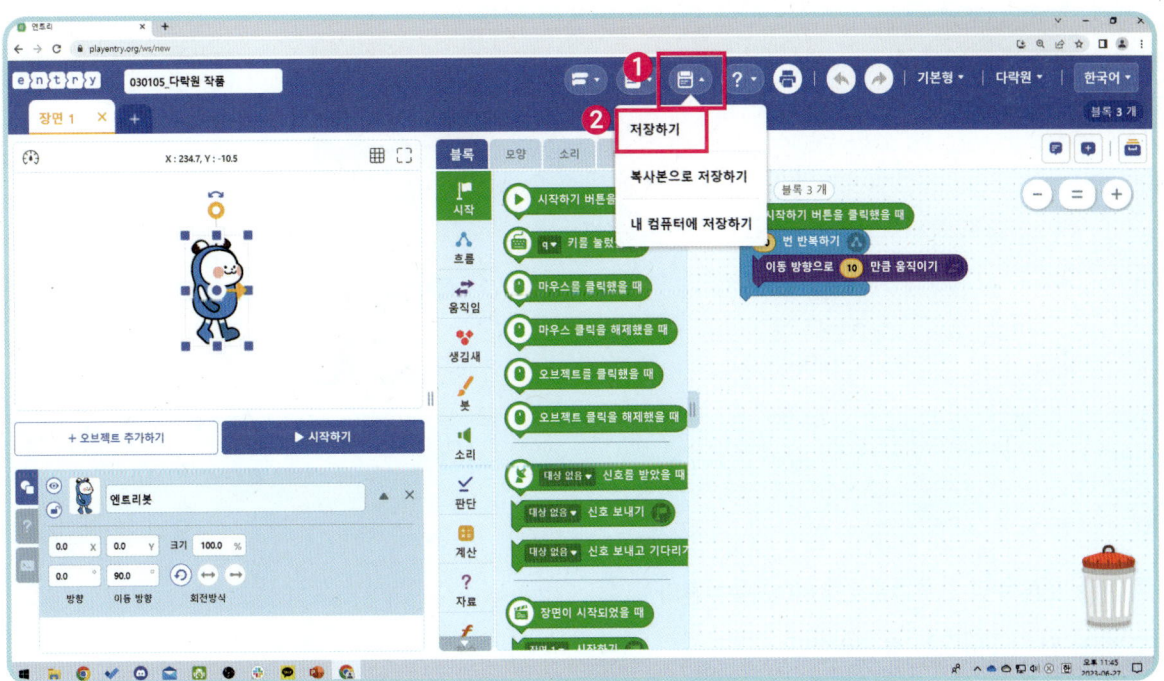

STEP 20 오른쪽 위 ❶ 저장하기 아이콘을 누른다.

STEP 21 ❷ 저장하기 를 선택한다.

2장 엔트리와 친해지자 **29**

09 엔트리 홈으로 돌아가기

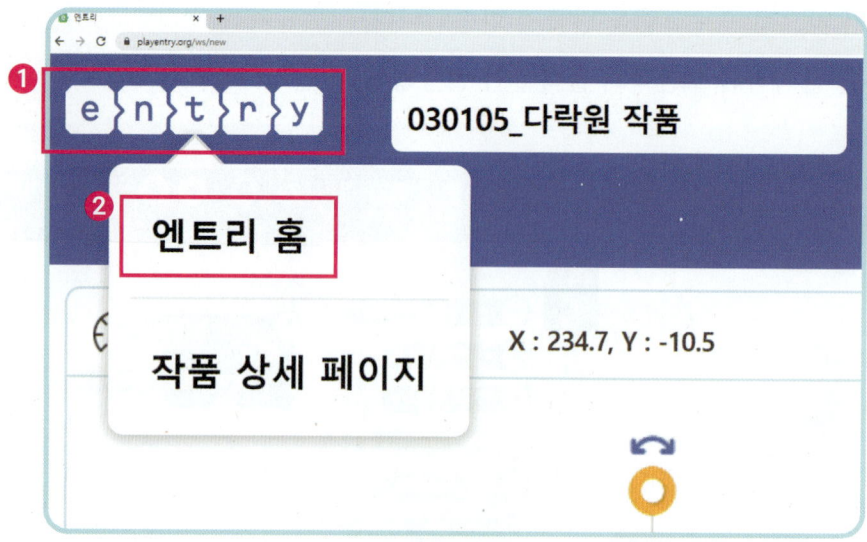

STEP 22 왼쪽 위 ❶ entry 엔트리 로고를 누른다.
STEP 23 ❷ [엔트리 홈]을 클릭한다.

10 저장한 작품 [마이 페이지]에서 확인하기

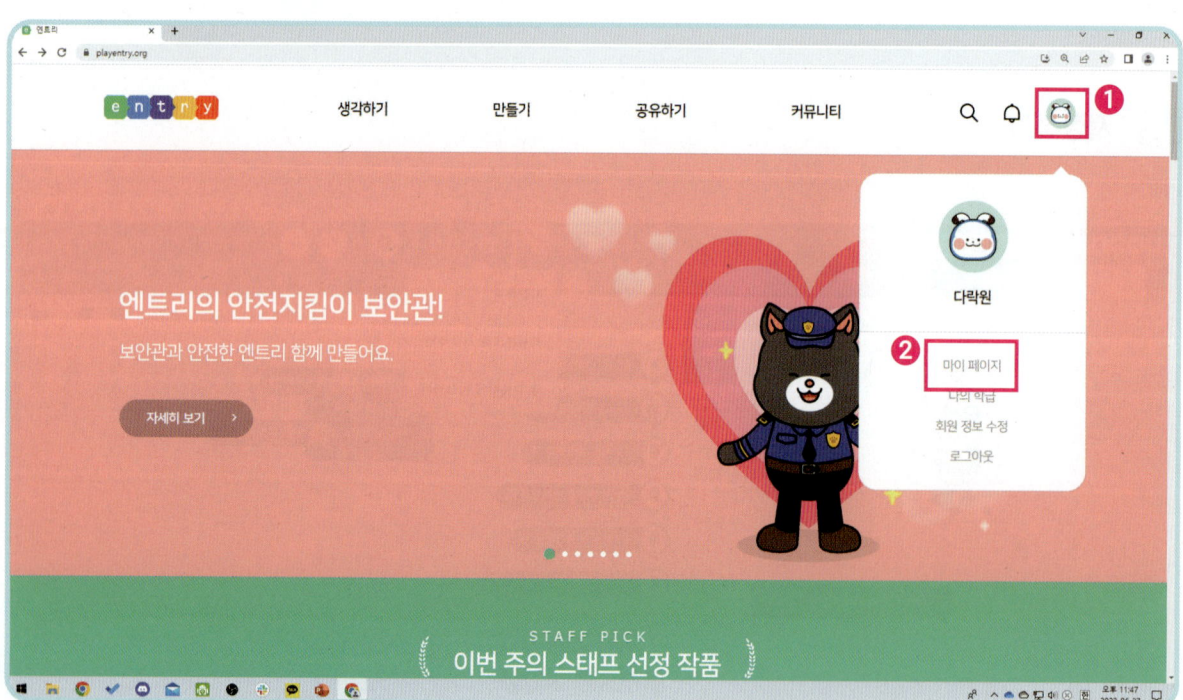

STEP 24 오른쪽 위 ❶ 프로필 이미지를 누른다.
STEP 25 ❷ [마이 페이지]를 클릭한다.

아래 화면이 마이 페이지입니다. 자신이 만든 프로그램을 확인 할 수 있습니다.

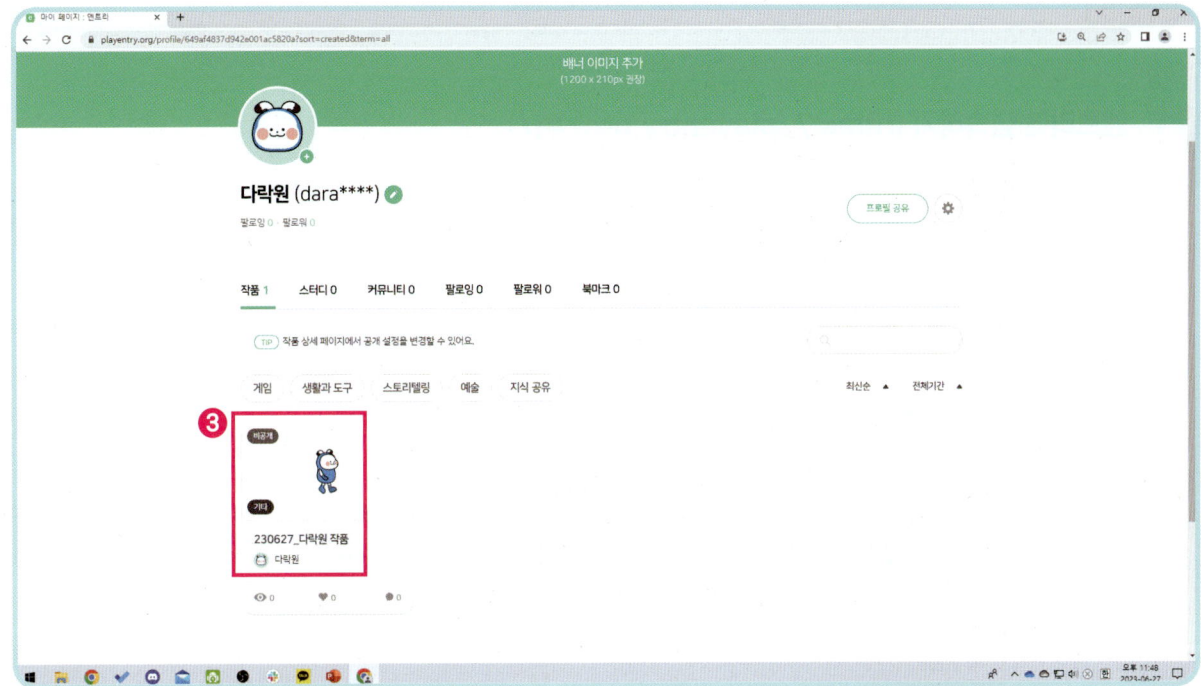

STEP 26 ❸ '방금 만든 프로그램'을 클릭한다.

자신의 프로그램을 실행해 볼 수 있고, ❹ 코드보기 버튼을 눌러 만들기 화면으로 돌아가 코드를 보거나 수정할 수 있습니다. 혹은 ❺ ⋮ 버튼을 눌러 프로그램의 정보를 수정해 볼 수 있습니다.

03 오프라인에서 엔트리 사용하기

01 엔트리에 접속하기 (https://playentry.org/#!/)

엔트리 오프라인 프로그램을 다운받기 위해서는 엔트리 사이트에 접속합니다.

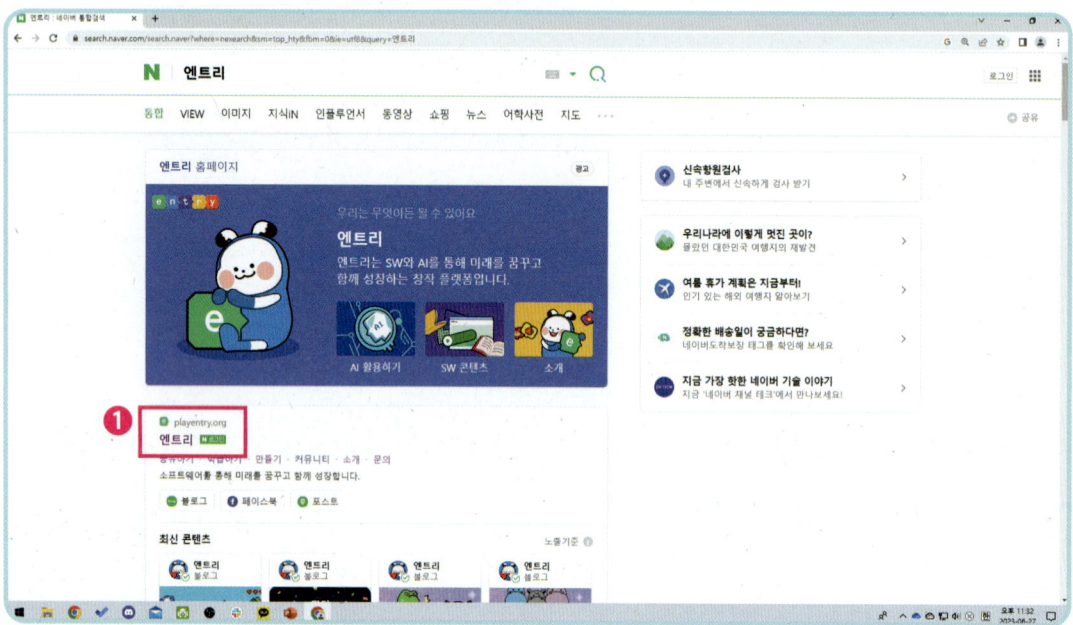

STEP 1 네이버 검색창에서 엔트리를 검색한다.

STEP 2 ❶ '엔트리'를 클릭해서 엔트리에 접속한다.

02 엔트리 홈화면에서 프로그램 다운로드

엔트리 홈 화면에서 마우스를 위쪽에 올려두면 여러가지 메뉴가 나타납니다.

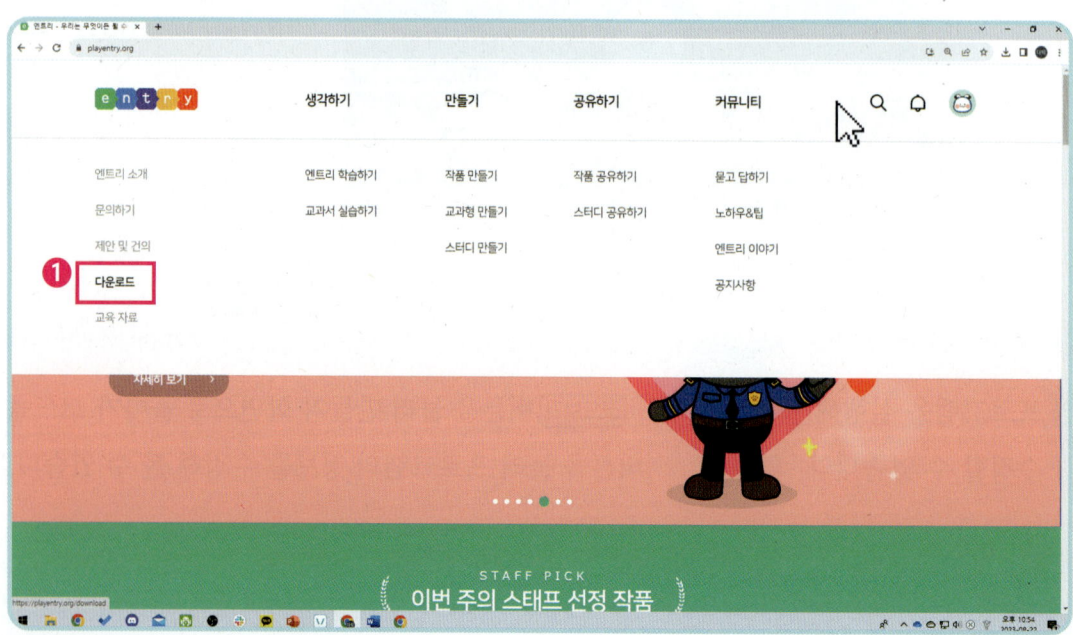

32 나는야 엔트리 화가

STEP 3 ❶ 마우스를 위쪽으로 이동시킨다.
STEP 4 ❶ [다운로드] 버튼을 클릭한다.

03 다운로드 버전 선택

아래 화면이 뜨면 사용하고 있는 컴퓨터 운영체제에 맞는 프로그램을 다운받으면 됩니다. 엔트리 오프라인 프로그램을 사용하기 위해서는 Windows 8 또는 macOS 10.8 이상의 운영체제와 1GB 이상의 디스크 여유 공간이 필요합니다.

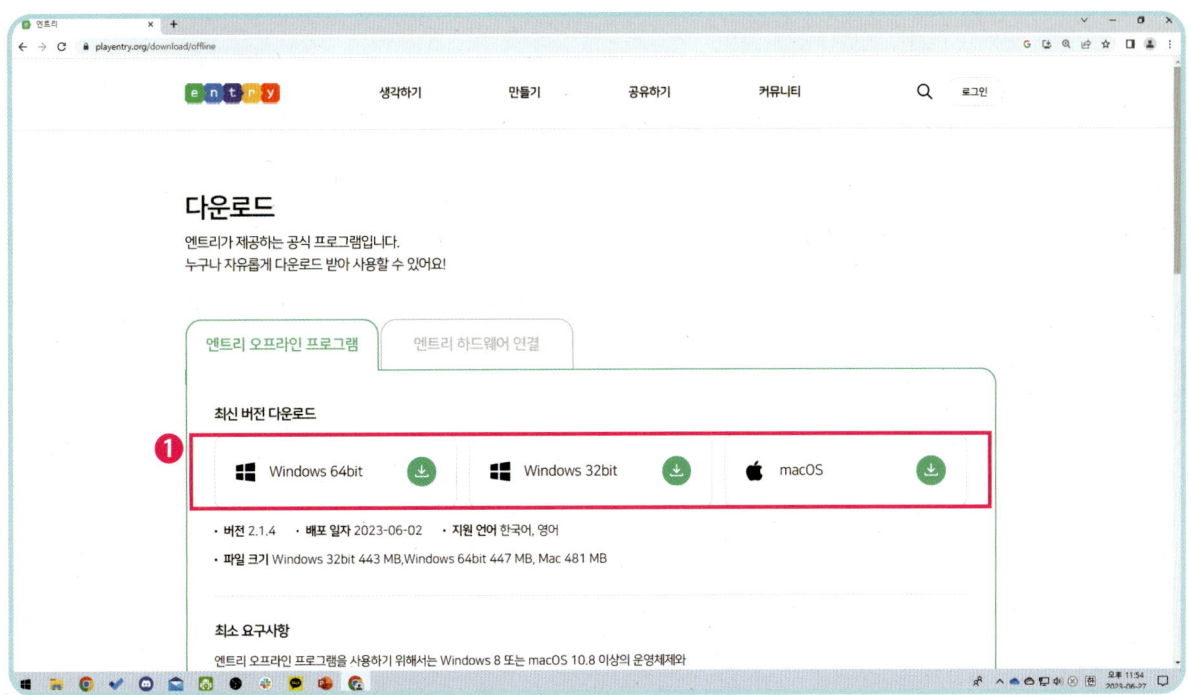

STEP 5 ❶ 자신의 운영체제에 맞는 엔트리 오프라인 프로그램을 다운 받는다.

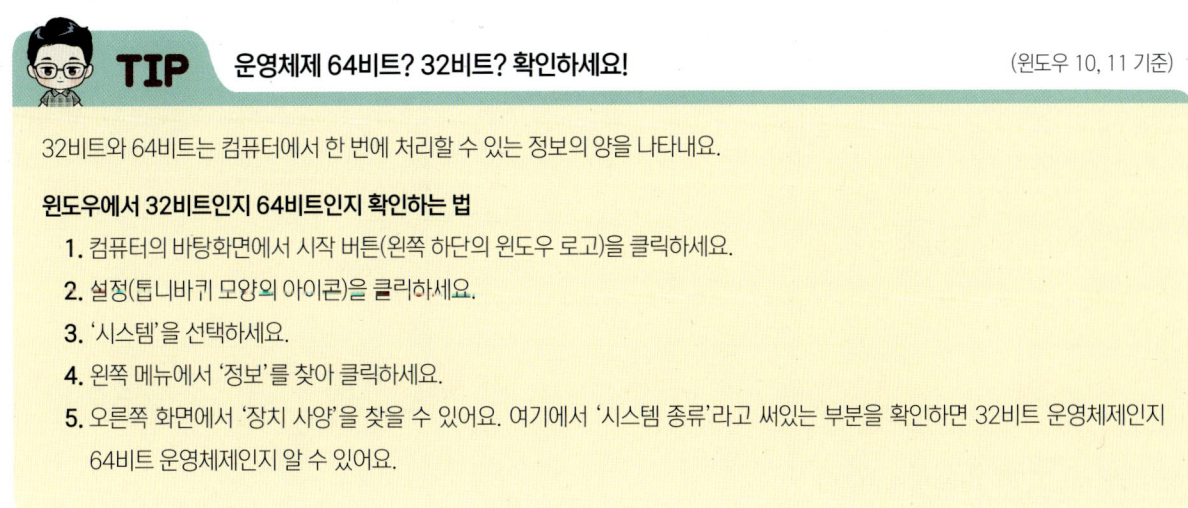

TIP 운영체제 64비트? 32비트? 확인하세요!   (윈도우 10, 11 기준)

32비트와 64비트는 컴퓨터에서 한 번에 처리할 수 있는 정보의 양을 나타내요.

윈도우에서 32비트인지 64비트인지 확인하는 법
1. 컴퓨터의 바탕화면에서 시작 버튼(왼쪽 하단의 윈도우 로고)을 클릭하세요.
2. 설정(톱니바퀴 모양의 아이콘)을 클릭하세요.
3. '시스템'을 선택하세요.
4. 왼쪽 메뉴에서 '정보'를 찾아 클릭하세요.
5. 오른쪽 화면에서 '장치 사양'을 찾을 수 있어요. 여기에서 '시스템 종류'라고 써있는 부분을 확인하면 32비트 운영체제인지 64비트 운영체제인지 알 수 있어요.

04 프로그램 파일 실행 및 설치

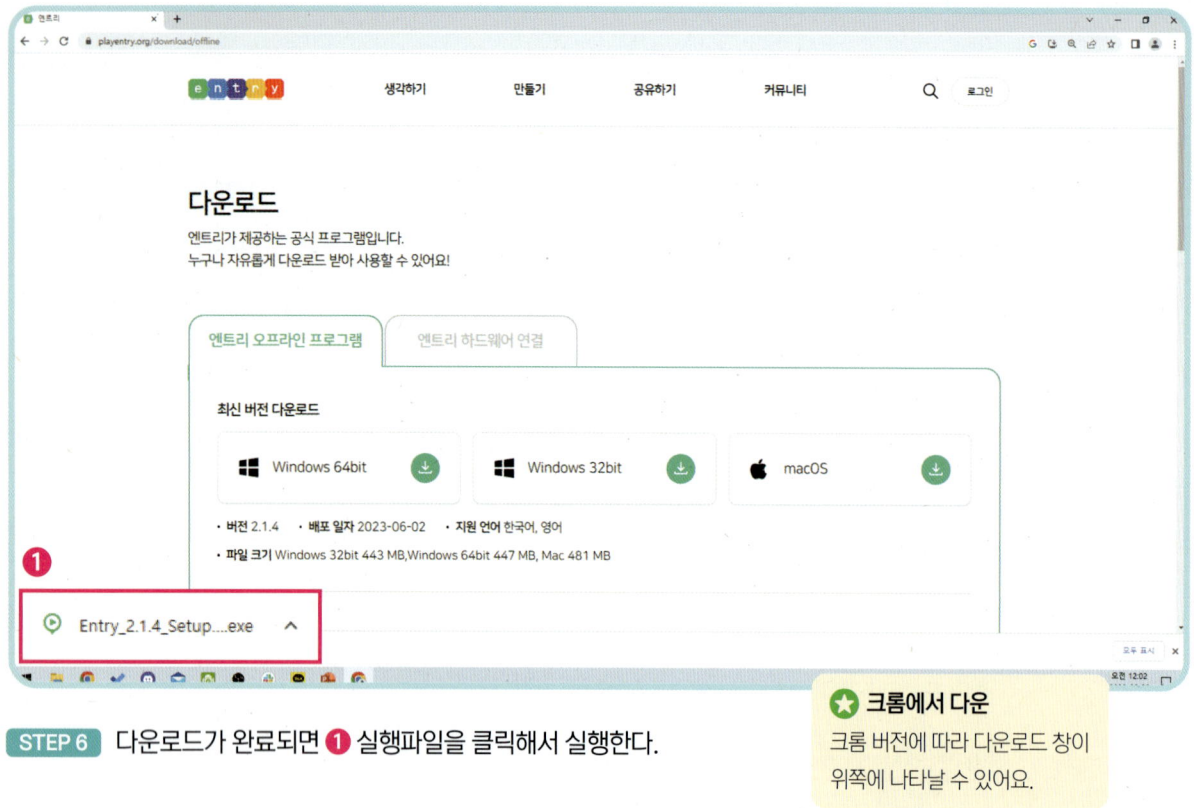

STEP 6 다운로드가 완료되면 ❶ 실행파일을 클릭해서 실행한다.

> ⭐ **크롬에서 다운**
> 크롬 버전에 따라 다운로드 창이 위쪽에 나타날 수 있어요.

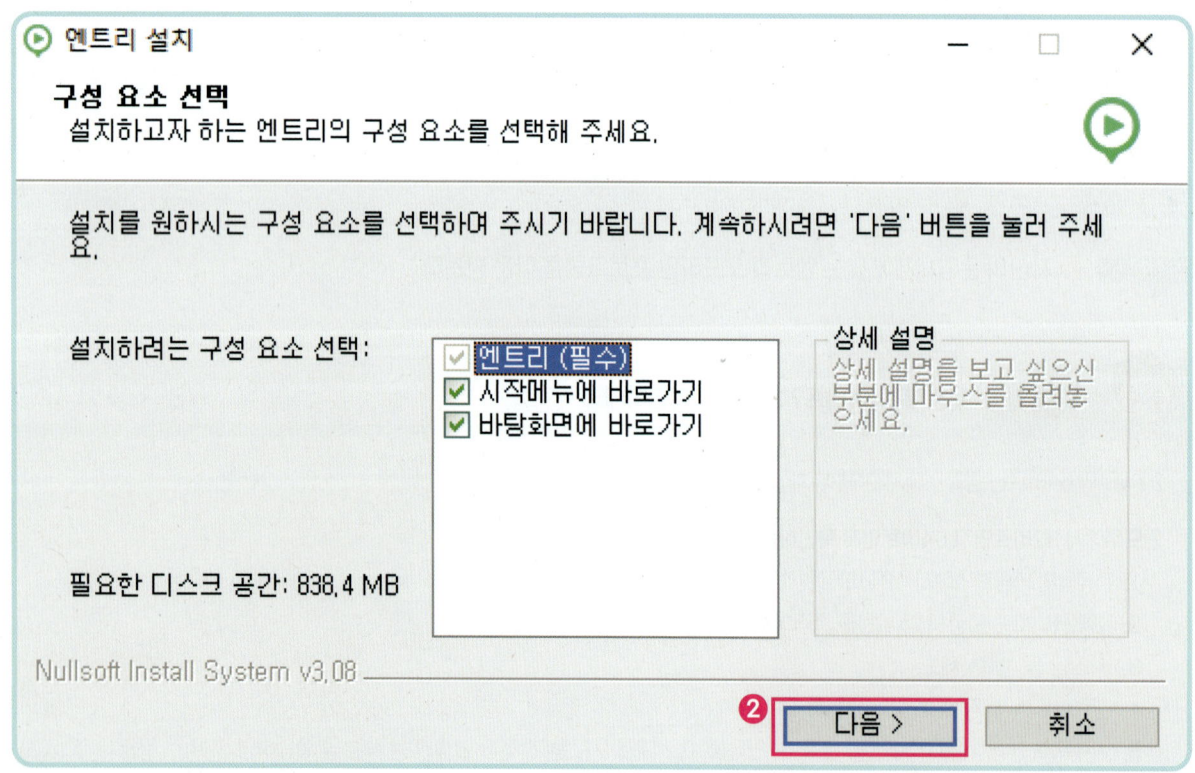

STEP 7 ❷ [다음] 버튼을 눌러준다.

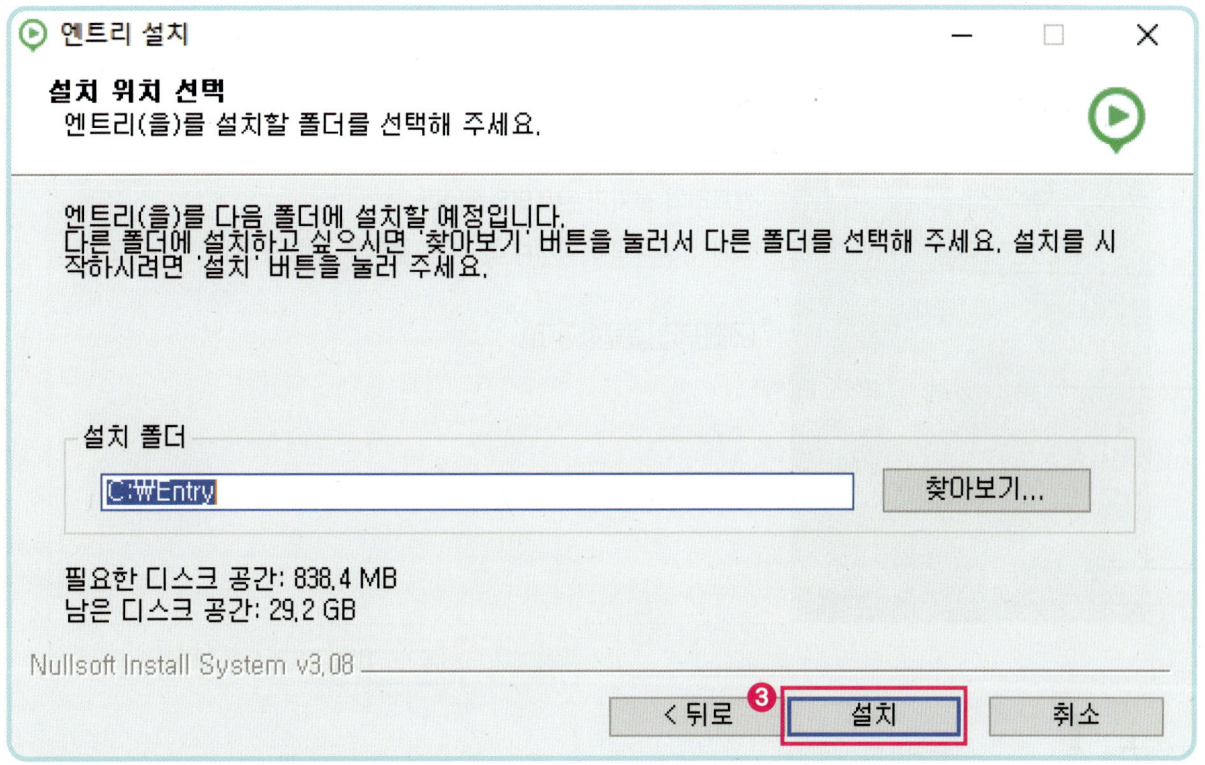

STEP 8 ❸ [설치]를 클릭해서 설치를 진행한다.

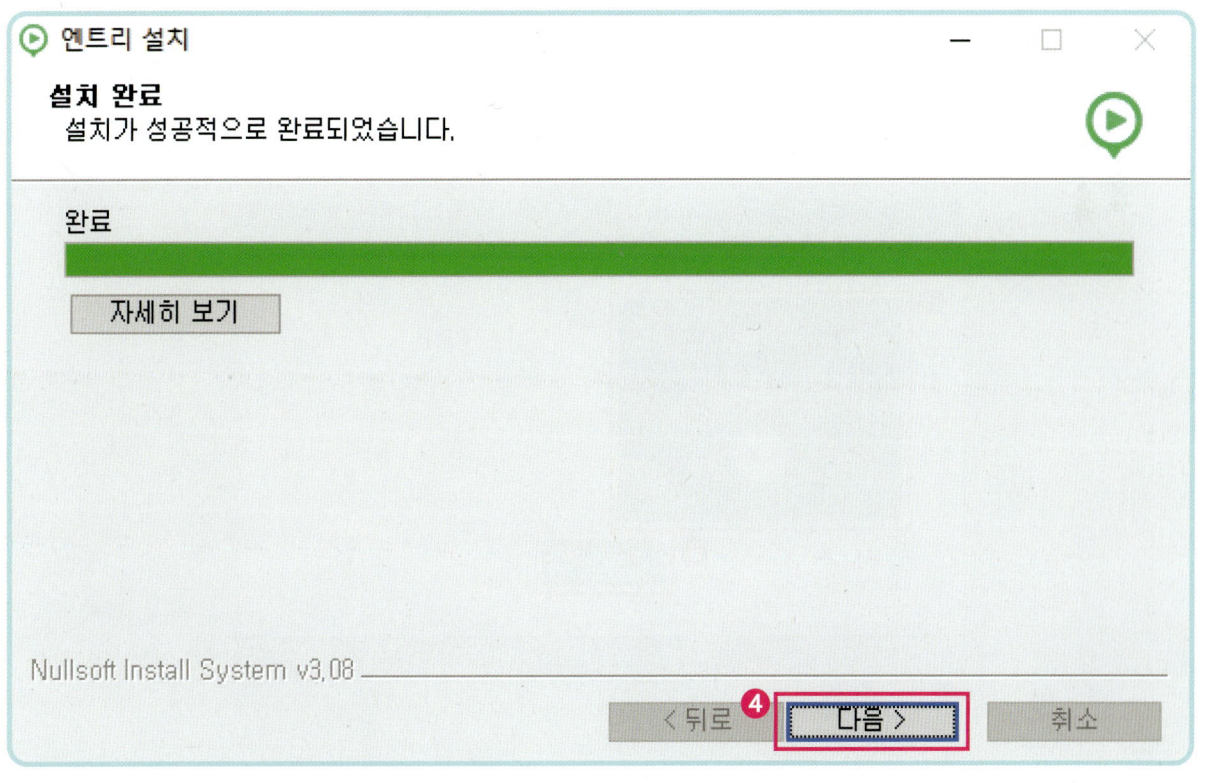

STEP 9 설치가 완료되면 ❹ [다음 >]을 눌러준다.

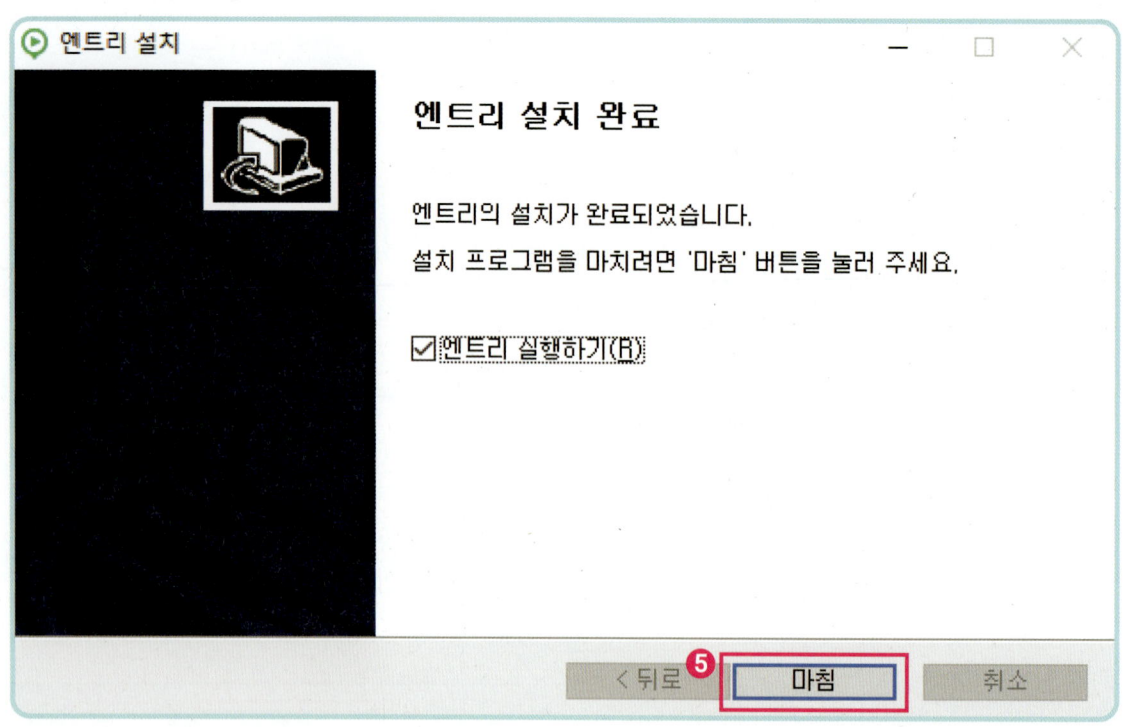

STEP 10 ❺ [마침]을 눌러준다.

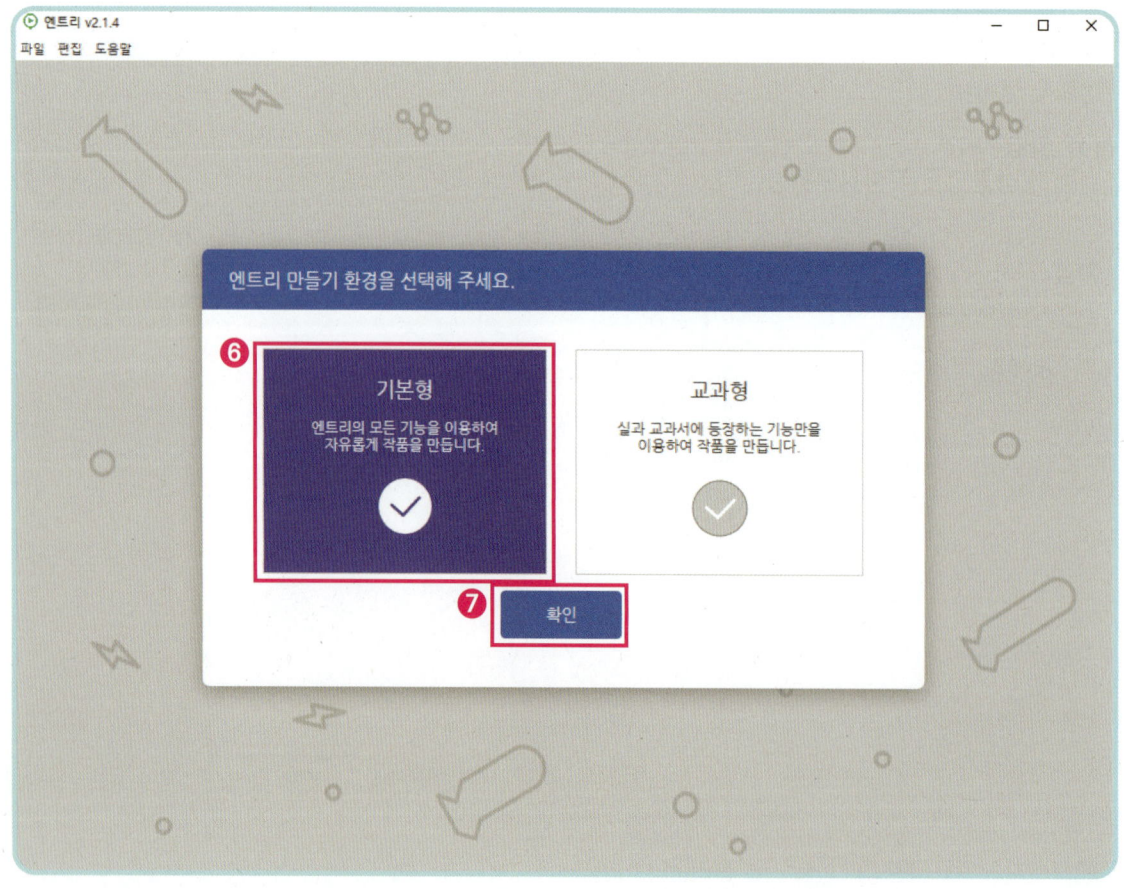

엔트리 프로그램을 실행하면 위와 같은 화면이 나타납니다. 기본형에서는 엔트리의 모든 기능을 사용 할 수 있고, 교과형에서는 교과서에서 등장하는 기능만 사용 가능합니다.

STEP 11　❻ 기본형을 선택한다.
STEP 12　❼ 확인 을 누른다.

05　설치 완료 후 엔트리 만들기 화면

이 화면이 우리가 앞으로 프로그램을 작업할 '만들기'화면 입니다.

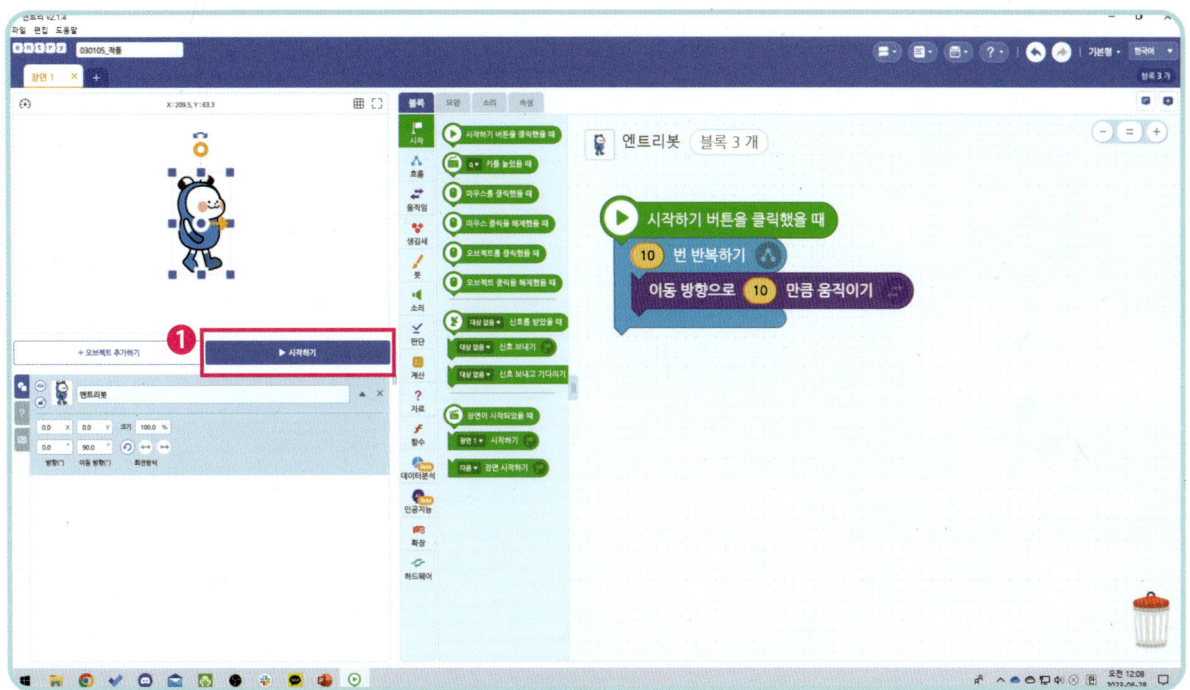

STEP 13　❶ ▶시작하기 버튼을 클릭하면 오른쪽의 블록들이 실행된다.

06　프로그램 저장하기

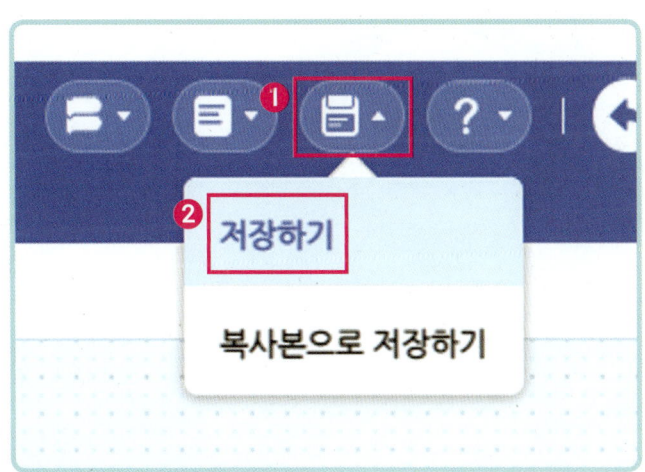

STEP 14　오른쪽 위의 ❶ 저장하기 아이콘을 누른다.
STEP 15　❷ 저장하기 버튼을 클릭한다.

원하는 위치에 만든 작품 파일을 저장할 수 있습니다.

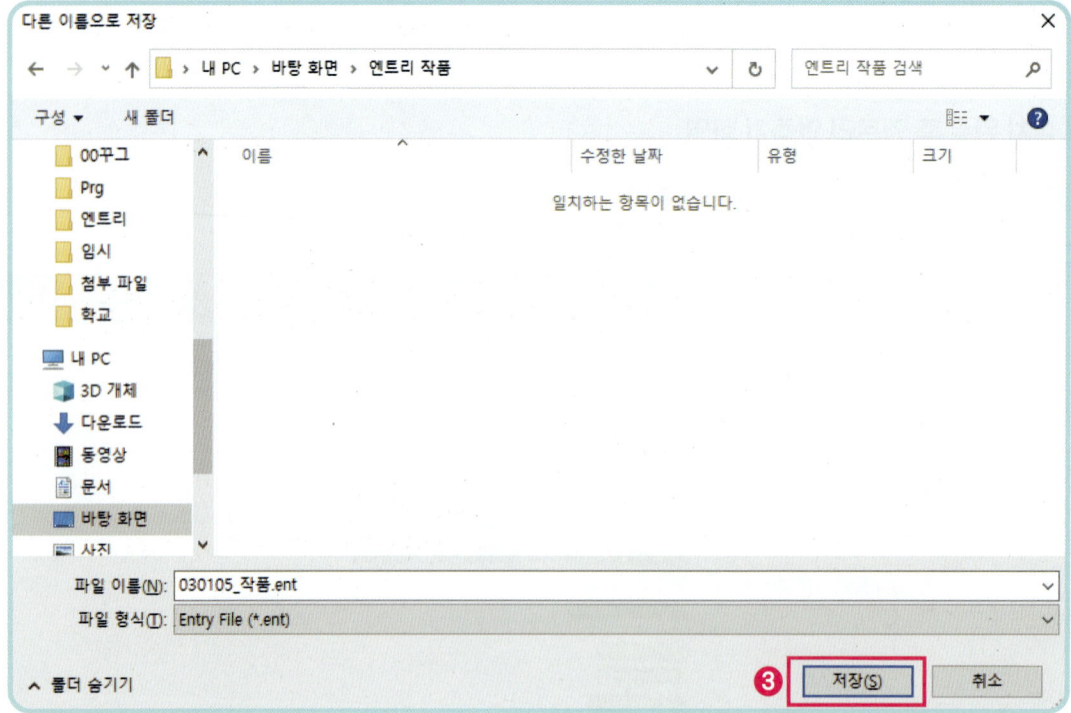

STEP 16 원하는 위치를 선택한다.

STEP 17 ❸ 저장(S) 를 클릭한다.

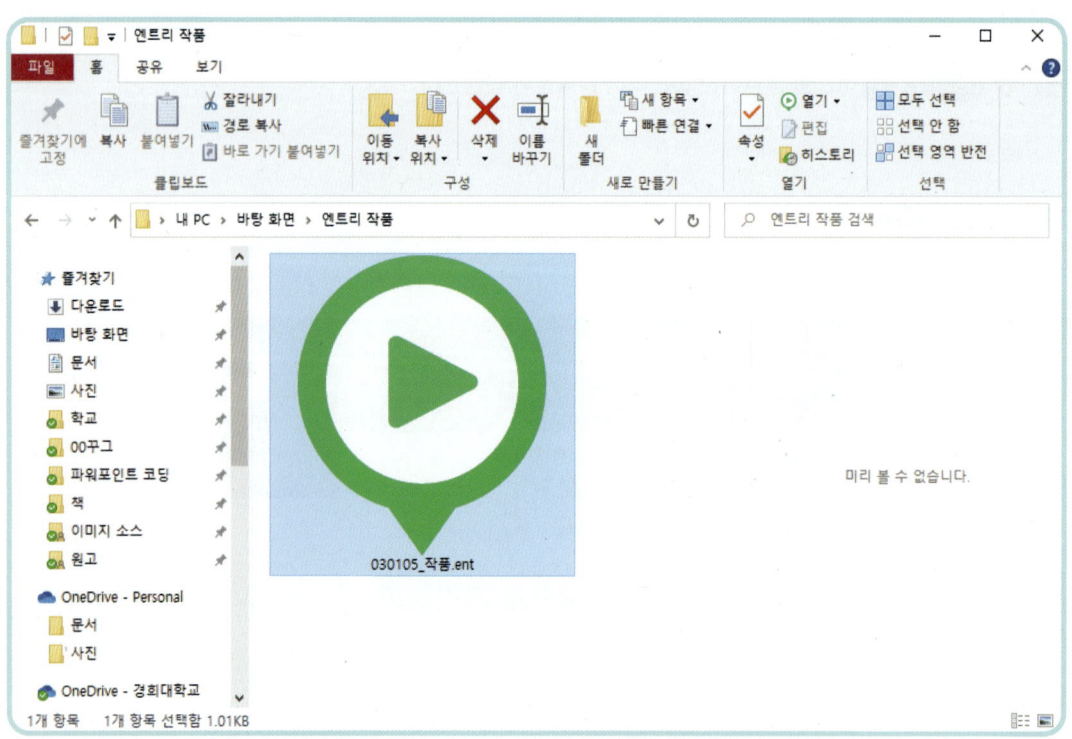

작품파일이 저장된 곳에서 엔트리 아이콘을 찾아 더블클릭하면 파일을 실행해 보거나 코드를 수정할 수 있습니다.

04 엔트리 만들기 화면 살펴보기

엔트리의 만들기 화면에서 자기만의 프로그램을 만들 수 있어요.

엔트리에서는 이 프로그램을 '작품'이라고 불러요.

앞으로 이 책에서도 '작품'이라는 표현을 사용할게요.

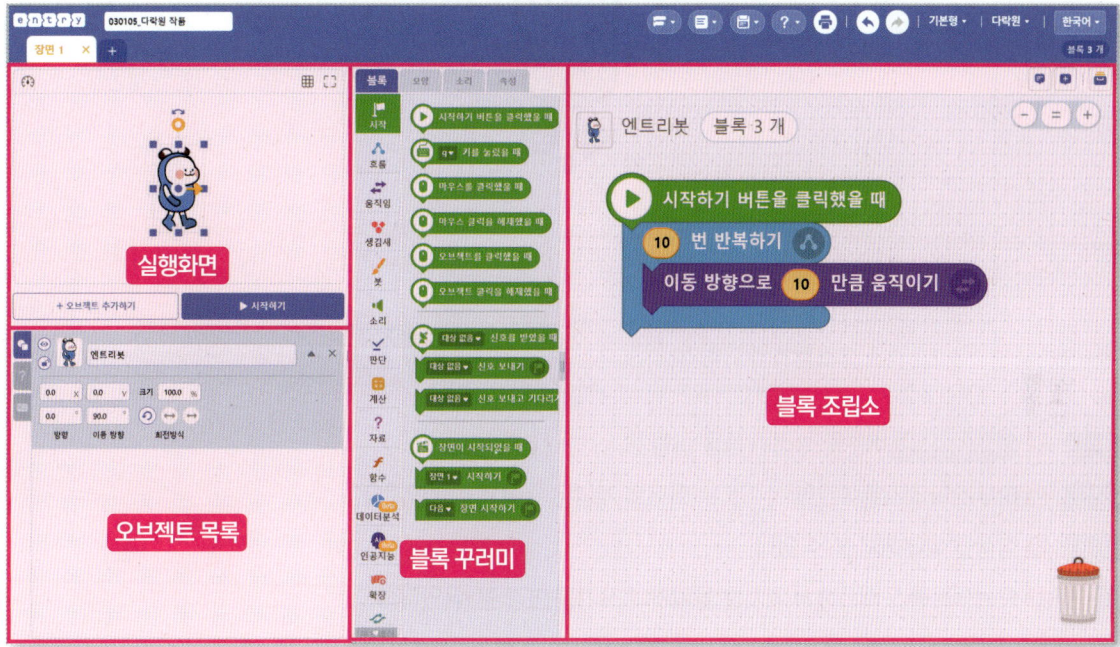

엔트리의 만들기 화면은 크게 4가지 공간으로 나눕니다.

실행화면, 오브젝트 목록, 블록 꾸러미, 블록 조립소인데요.

하나하나 자세하게 알아봅시다!

01 실행화면

- STEP 1 ❶ ▶시작하기 버튼을 눌러 작품을 실행한다.
- STEP 2 ❷ 마우스의 좌표를 확인할 수 있다. (좌표의 개념은 뒤에서 설명할게요.)
- STEP 3 ❸ 작품을 확대해서 볼 수 있다.
- STEP 4 ❹ 오브젝트를 드래그해서 위치를 옮기거나 크기를 변경 할 수 있다.

02 오브젝트 목록

추가한 오브젝트들을 여기서 확인 할 수 있어요. 엔트리의 만들기 화면에는 기본적으로 엔트리봇 오브젝트가 추가되어 있답니다. 여기서 오브젝트의 여러 값들을 수정할 수 있어요.

- STEP 5 ❶ 👁 오브젝트를 숨길 수 있다. (한 번 더 클릭하면 다시 나타나요.)
- STEP 6 ❷ 🔓 오브젝트를 잠글 수 있다. 오브젝트를 잠그면 다른 값들을 변경 할 수 없게 된다.
- STEP 7 입력창에 ❸ 오브젝트의 이름을 변경 할 수 있다.
- STEP 8 ❹ ✕ 오브젝트를 삭제할 수 있다.
- STEP 9 ❺ 오브젝트의 좌표, 크기, 방향, 이동방향, 회전방식을 변경 할 수 있다.

03 블록 꾸러미

엔트리에서 사용 가능한 블록들이 종류별로 잘 정리되어 있어요!
쓰임새에 따라 색상이 다르기 때문에 필요한 블록을 찾을 때 색상을 보고 활용하세요.

04 블록 조립소

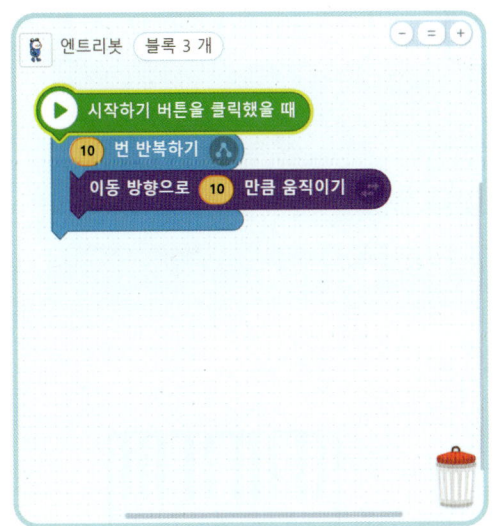

블록 꾸러미에서 블록을 드래그해서 여기로 끌고 오면 블록을 조립할 수 있어요. 필요 없는 블록은 오른쪽 아래 쓰레기통으로 드래그해서 버릴 수 있어요.

와! 엔트리의 만들기 화면의 기본적인 내용을 모두 배웠어요.

01 뚱땅뚱땅~ 전자 피아노 만들기

자! 지금까지 엔트리의 기본적인 사용 방법을 알아보았어요.
이제 본격적으로 나만의 작품을 만들어봅시다.

목표
키보드를 눌렀을 때 피아노 소리가 나는 전자 피아노를 만든다.

완성 예시

▶ 어떤 것들을 사용할까요?

키보드를 눌렀을 때 어떤 동작을 하도록 만들어요.

피아노 소리를 재생해서 전자 피아노를 만들어요.

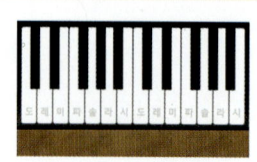

피아노 배경

키보드를 누르면 소리가 재생되는 코드를 넣을 오브젝트에요.

미션1 배경 설정 및 오브젝트 추가하기

01 엔트리 프로그래밍 시작

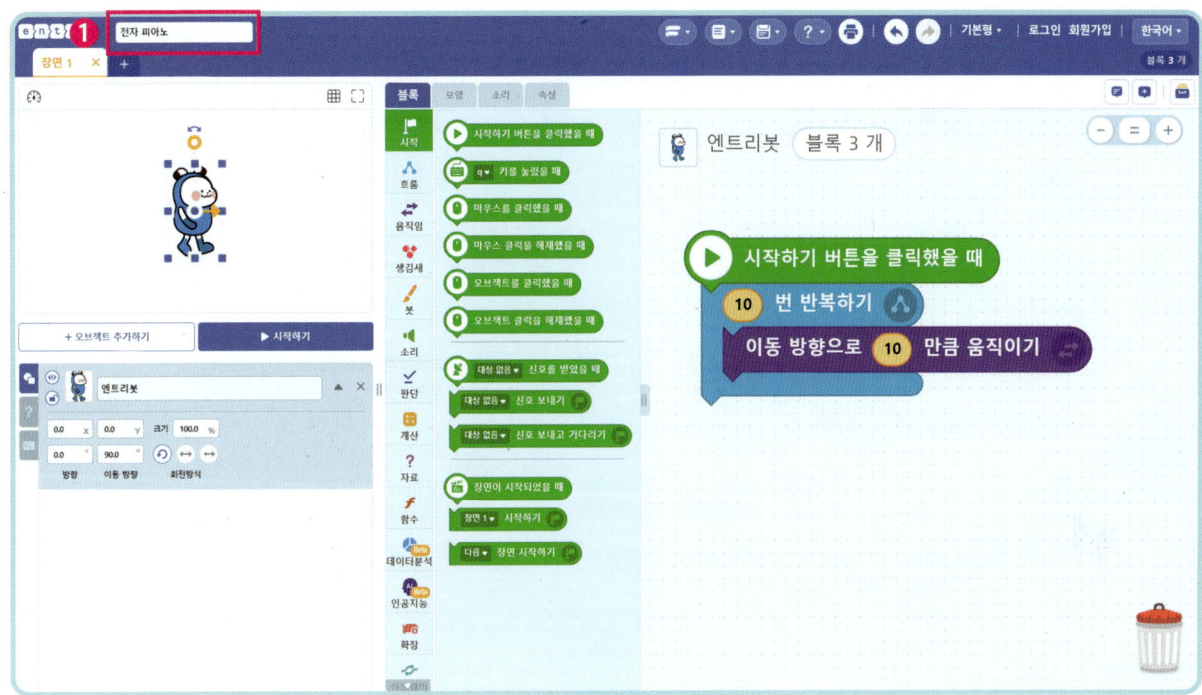

STEP 1 엔트리 만들기 화면에 들어온다.
STEP 2 엔트리 로고 옆의 ❶ 빈칸을 눌러 '전자 피아노'라는 제목을 정한다.

02 오브젝트 추가하기 – 꽃과 들판

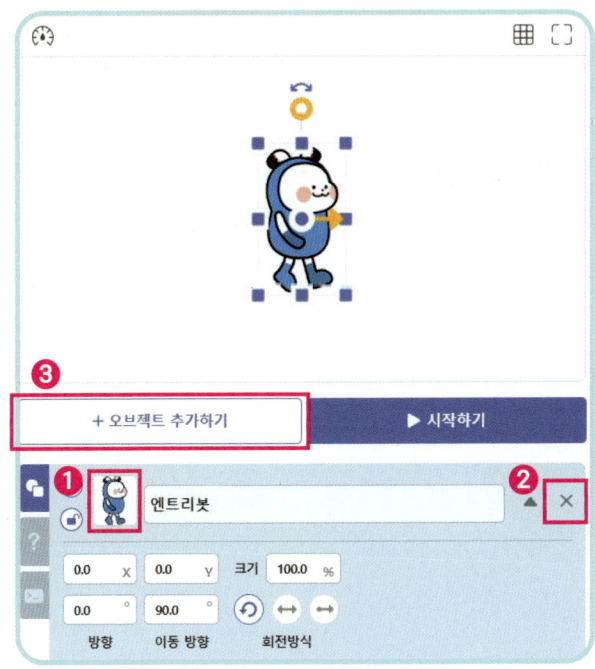

엔트리 작품에는 기본적으로 엔트리봇 오브젝트가 추가되어 있습니다. 이번 '전자 피아노 만들기'에서는 엔트리봇 오브젝트를 사용하지 않을 것이기 때문에 엔트리봇 오브젝트를 삭제해 주도록 하겠습니다.

STEP 3 ❶ '엔트리봇 이미지'를 클릭해서 엔트리봇 오브젝트를 선택한다.
STEP 4 ❷ ✕를 클릭해서 오브젝트를 삭제한다.
STEP 5 ❸ 오브젝트 추가하기 를 클릭한다.

2장 엔트리와 친해지자 **43**

03 오브젝트 추가하기

'피아노 배경'을 찾아 선택해 봅시다. 선택된 오브젝트는 파란색 사각형으로 표시됩니다.

STEP 6 ❶ 배경 을 클릭한다.
STEP 7 ❷ 기타 를 클릭한다.
STEP 8 ❸ '피아노 배경'을 클릭한다.
STEP 9 ❹ 추가하기 버튼을 누른다.

⭐ **오브젝트 찾기**
우측 상단 검색창의 검색하기를 이용하면 더 쉽게 원하는 오브젝트를 찾을 수 있어요!

 **TIP** 오브젝트를 추가하는 4가지 방법

화면에 오브젝트를 추가하는 방법은 아래와 같이 4가지가 있어요.

방법1 기본 이미지 사용
위와 같이 피아노 배경을 추가한 방법은 엔트리의 오브젝트 선택(기본 이미지를 사용)하는 것이 가장 기본적인 방법입니다.

방법2 파일 올리기
자신의 컴퓨터에 저장되어있는 이미지를 업로드하여 오브젝트로 사용 할 수 있습니다.

방법3 새로 그리기
엔트리에서 제공하는 그림판으로 그림을 그려 오브젝트로 사용할 수 있습니다.
이렇게 자기가 그린 그림을 추가해 더 개성 넘치는 작품을 만들 수 있겠죠?

방법4 글상자
다른 방법들은 모두 이미지를 오브젝트로 사용하는 방법이지만 글상자의 경우 글자를 오브젝트로 사용하는 방법입니다.
글자를 수정할 수 있는 블록들을 추가로 사용할 수 있습니다.

04 배경 추가 확인하기

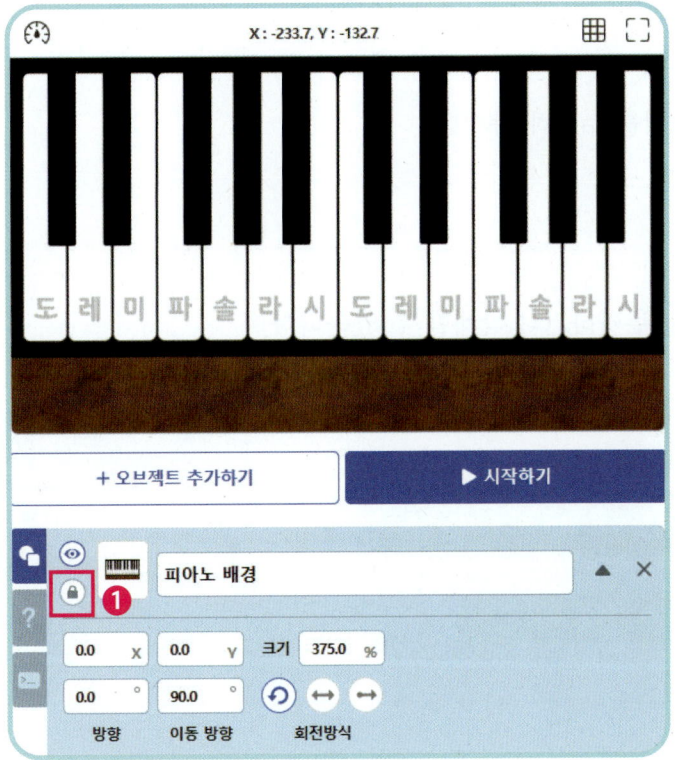

짜잔~ 배경이 잘 추가 되었습니다.

이렇게 화면에 가득 차게 오브젝트가 추가되는데요.

❶ 잠금 상태로 추가 되어서 좌표나 크기를 변경할 수 없고, 오브젝트를 삭제할 수 없습니다.

잠금기능 꿀팁을 알려드릴게요.
🔒 잠금을 한번 클릭하면
잠금 상태가 풀려서 값을 변경하거나
삭제할 수 있습니다.

미션2 피아노 소리 추가 및 코딩하기

피아노를 연주하기 위해서는 피아노 소리가 필요하겠죠?
피아노 오브젝트에 소리를 추가해 봅시다.

01 소리탭 설정

소리 탭에서는 소리를 추가하거나 삭제할 수 있습니다.

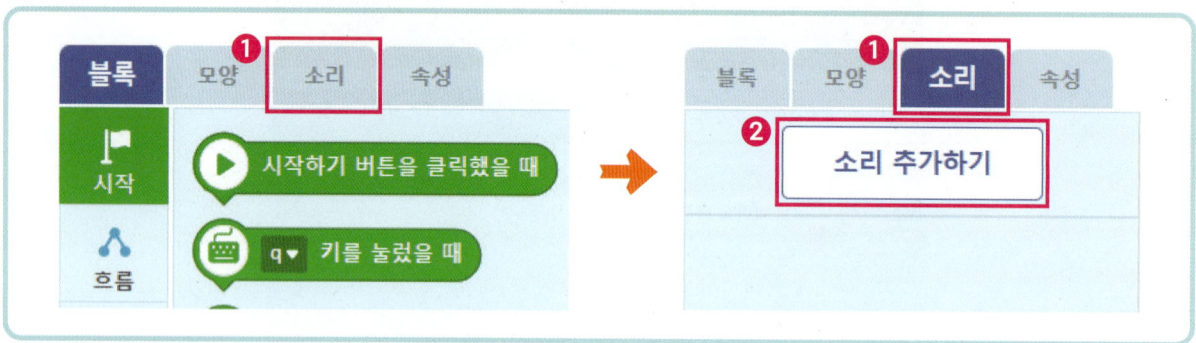

STEP 10 ❶ 소리 탭을 선택한다.
STEP 11 ❷ 소리 추가하기 를 클릭한다.

02 소리 추가하기

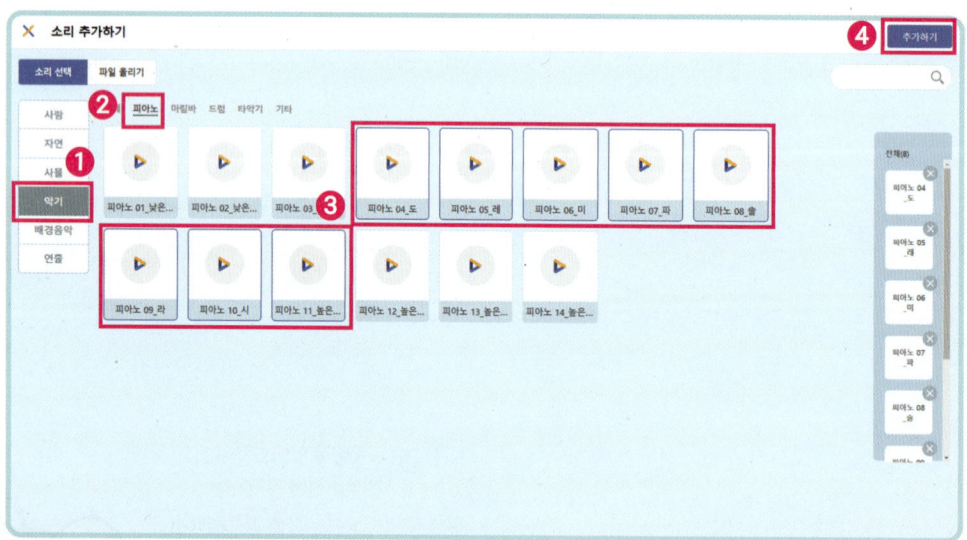

STEP 12 ❶ 악기 에서 ❷ 피아노 를 클릭한다.
STEP 13 ❸ 도, 레, 미, 파, 솔, 라, 시, (높은)도를 선택한다.
STEP 14 ❹ 추가하기 를 클릭한다.

> ⭐ 소리 선택하기
> '재생' 아이콘을 클릭하면 소리를 들어볼 수 있고 소리의 이름을 클릭하면 소리를 선택 할 수 있습니다.

03 소리 추가 목록 확인

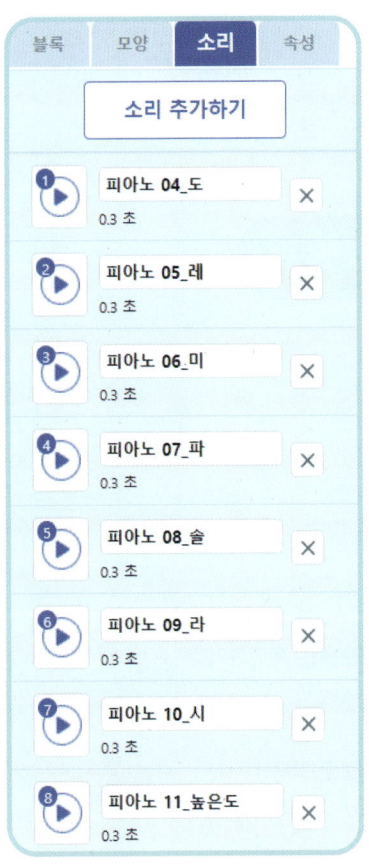

소리 탭에서 소리가 잘 추가되었는지 목록을 확인 할 수 있습니다.

04 코딩 전 오브젝트 선택하기

엔트리에서는 오브젝트마다 해당 오브젝트가 어떻게 동작할지 코딩을 할 수 있습니다. 따라서 피아노 오브젝트가 소리를 내는 동작을 하게 만들기 위해서는 피아노 오브젝트를 선택하고 코딩을 해야 합니다.

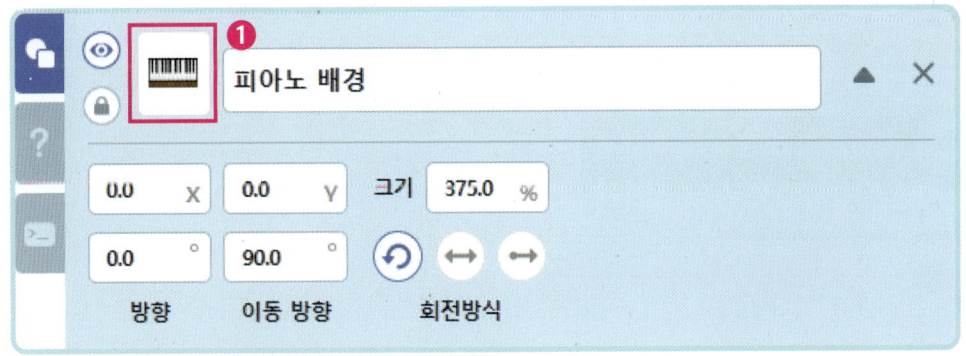

STEP 15 오브젝트 목록에서 ❶ '피아노 배경' 오브젝트를 클릭한다.

05 키보드 인식을 위한 블록 만들기

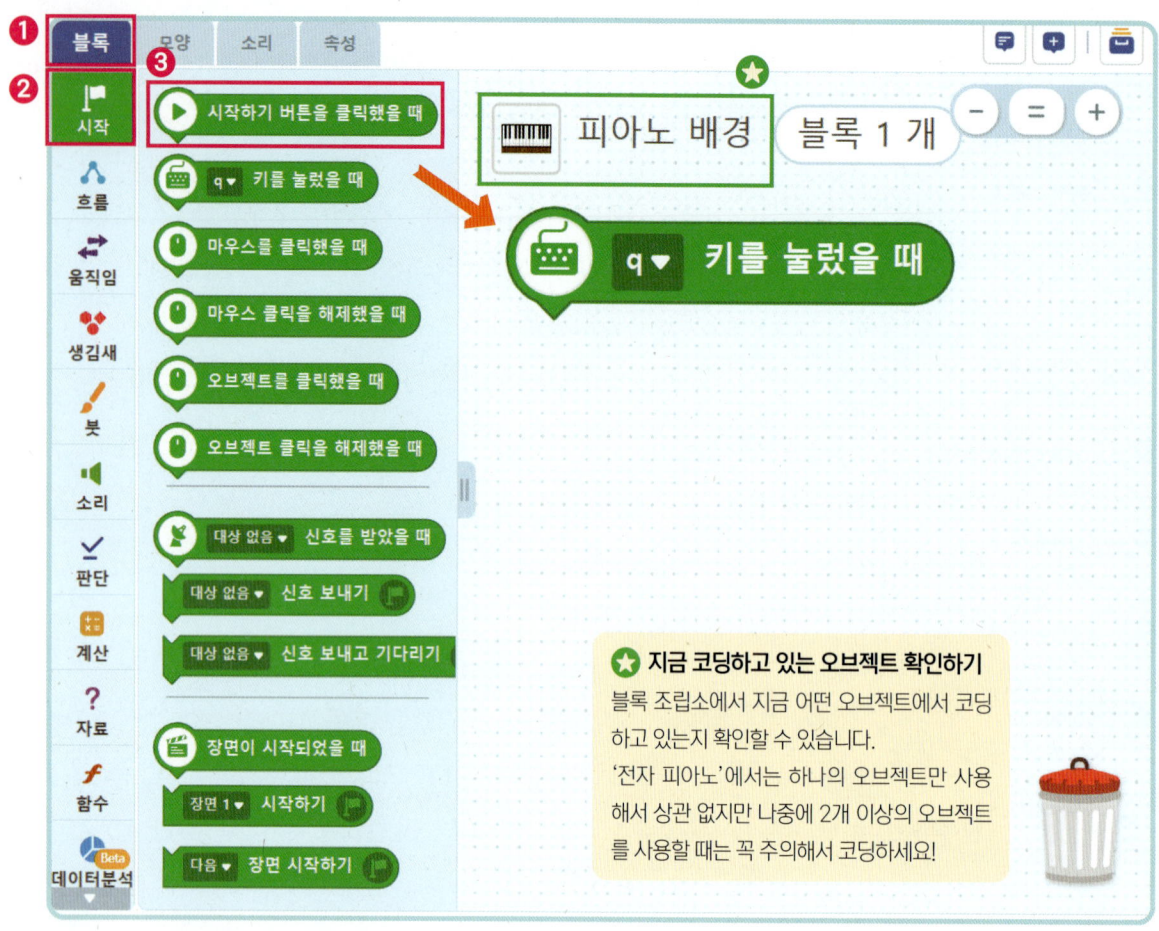

STEP 16 ❶ 블록 탭을 선택해서 다시 블록 꾸러미로 돌아온다.

STEP 17 블록 꾸러미에서 ❷ 시작 을 클릭한다.

STEP 18 ❸ q▼ 키를 눌렀을 때 블록을 찾아 드래그 한다.

TIP 쓰레기통 기능

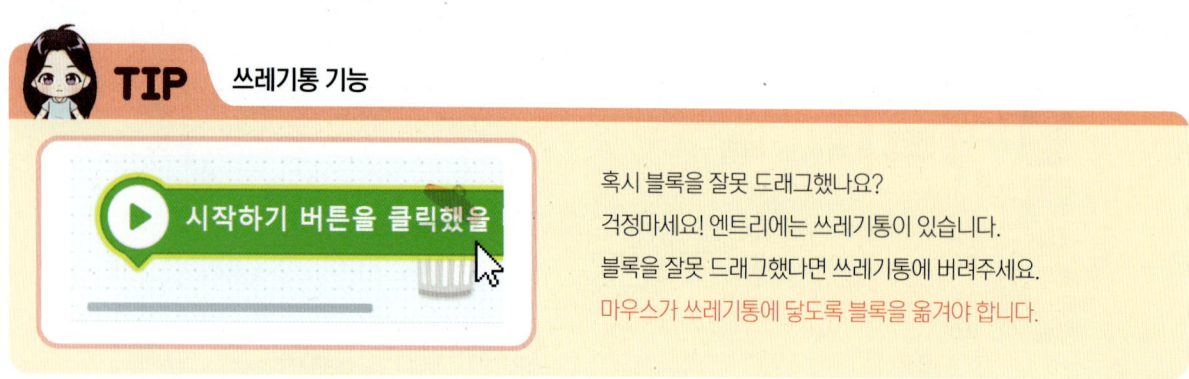

혹시 블록을 잘못 드래그했나요?
걱정마세요! 엔트리에는 쓰레기통이 있습니다.
블록을 잘못 드래그했다면 쓰레기통에 버려주세요.
마우스가 쓰레기통에 닿도록 블록을 옮겨야 합니다.

06 키보드 숫자키와 소리 연동하기

숫자키 1~8을 눌렀을 때 소리가 나는 피아노를 만들어볼까요?

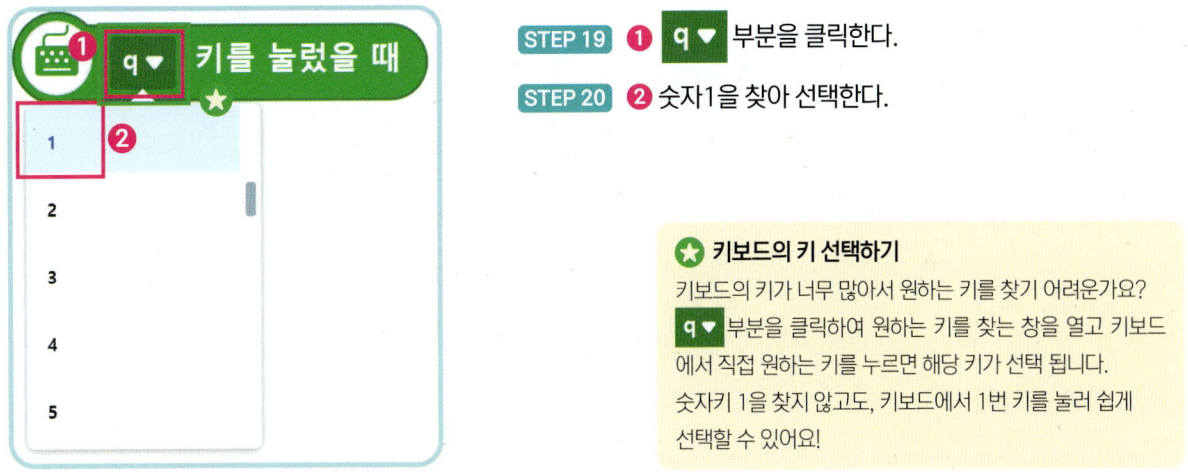

STEP 19 ❶ `q ▼` 부분을 클릭한다.

STEP 20 ❷ 숫자1을 찾아 선택한다.

> ⭐ **키보드의 키 선택하기**
> 키보드의 키가 너무 많아서 원하는 키를 찾기 어려운가요?
> `q ▼` 부분을 클릭하여 원하는 키를 찾는 창을 열고 키보드에서 직접 원하는 키를 누르면 해당 키가 선택 됩니다.
> 숫자키 1을 찾지 않고도, 키보드에서 1번 키를 눌러 쉽게 선택할 수 있어요!

07 소리 재생 블록 만들기

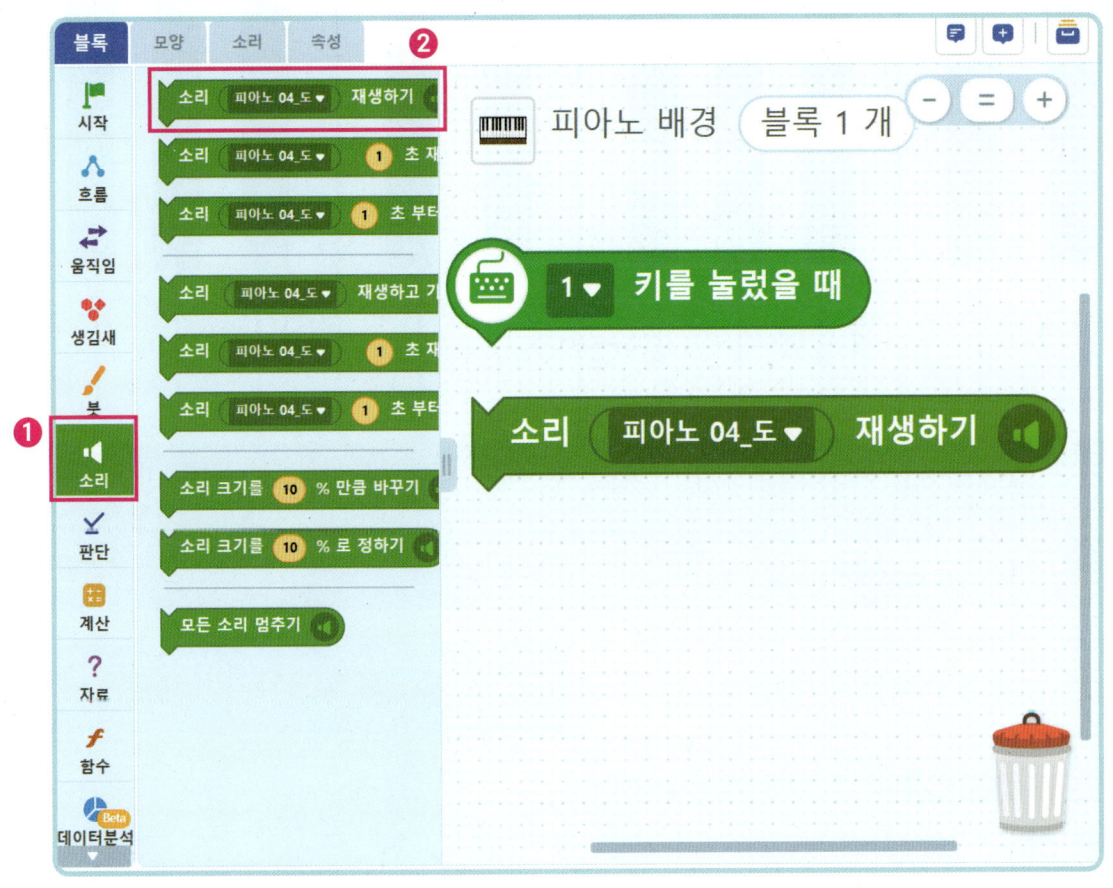

STEP 21 `블록` 탭에서 ❶ `소리` 를 클릭합니다.

STEP 22 ❷  블록을 찾아 드래그 합니다.

와! 전자 피아노를 만들기 위한 블록이 모두 준비되었습니다.

08 블록 조립하기

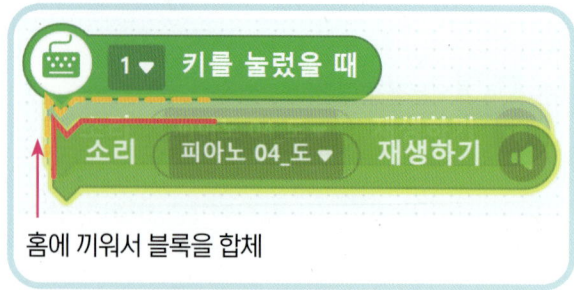

홈에 끼워서 블록을 합체

STEP 23 두개의 블록을 조립한다. 아래 블록을 선택한 후, V자 홈을 기준으로 조립하면 더 쉽게 블록을 조립 할 수 있다.

09 작품 실행해 보기

STEP 26 ❶ ▶시작하기 버튼을 클릭해 작품을 실행한다.
STEP 27 키보드에서 숫자 1키를 눌러 '도' 소리가 잘 나는 것을 확인한다.

10 코딩 – 낮은 도부터 높은 도까지

2~8키를 이용해서 '레' 음부터 '높은 도'까지의 소리가 나도록 본격적으로 코딩을 해볼까요?

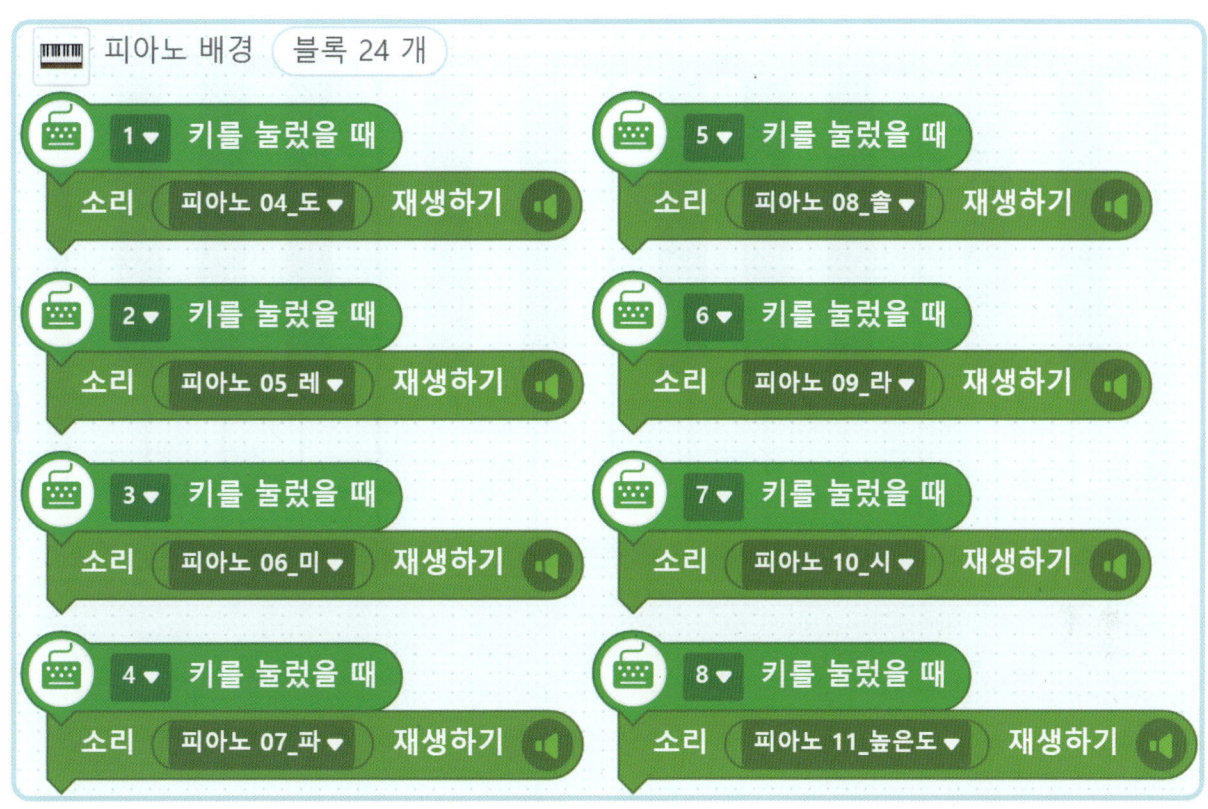

STEP 28 각 숫자키를 눌렀을 때 해당하는 소리가 재생되도록 코드를 만든다.

⭐ **또 다른 재생 방법**
키보드와 마찬가지로  을 클릭해 다른 소리를 재생 하도록 만들 수 있어요.

TIP 복사 붙여넣기 하는 법

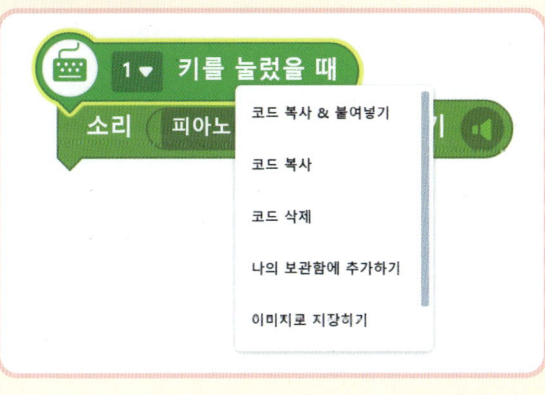

비슷한 기능을 만들기 위해서 복사 붙여넣기만큼 좋은 게 없습니다. 원하는 블록을 마우스 오른쪽 클릭으로 클릭하면 다양한 메뉴가 나타나는데요. 여기서 코드 복사 & 붙여넣기 를 클릭하면 같은 코드가 하나 더 생깁니다. 이때 클릭한 블록의 아래에 있는 코드가 모두 함께 하나 더 생깁니다.

> 완성

STEP 29 ❶ ▶시작하기 버튼을 클릭해서 작품을 실행한다.
STEP 30 숫자키 1~8을 눌러 피아노를 연주한다.

> 연주 예시 ♬
>
> 3212 333 / 222 355
>
> 3212 333 / 22 321
>
> 위 숫자 순서대로 키보드를 눌러보세요~ 익숙한 노래가 연주될 거예요.
>
> 소리를 추가하거나 변경해서 다른 악기도 넣어볼 수 있겠죠?

TIP 저장하기를 잊지 마세요!

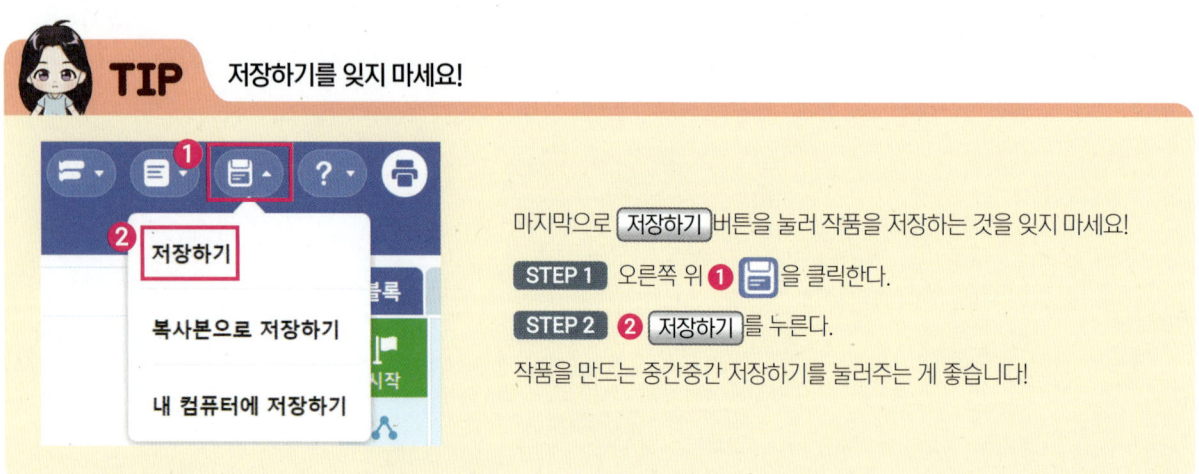

마지막으로 저장하기 버튼을 눌러 작품을 저장하는 것을 잊지 마세요!
STEP 1 오른쪽 위 ❶ 💾 을 클릭한다.
STEP 2 ❷ 저장하기 를 누른다.
작품을 만드는 중간중간 저장하기를 눌러주는 게 좋습니다!

내가 그린 그림이 엔트리 공식 오브젝트로?

엔트리의 오브젝트들을 구경하다 보면, 왼쪽 화면처럼 '오브젝트 이름 by 만든이' 형태로 써 있는 것을 우연찮게 볼 수 있어요. 이런 오브젝트들은 유저가 그린 그림을 엔트리에서 재구성하여 이미지에 추가한 것이에요.

엔트리에서는 종종 재미있는 챌린지를 진행해요. 챌린지를 통해 선정된 작품들은 신규 엔트리 오브젝트로 등록되기도 한답니다!

엔트리는 23년 1월 12일에 10주년을 맞이하여 내가 꿈꿔왔던 가상의 세계를 작품에 담는 〈마이 유니버스〉 챌린지를 개최하기도 했어요.

스토리, 아트, 음악, 게임 등 분야도 다양하죠?

엔트리 공지사항에 가보면 다양한 챌린지와 수상작을 살펴볼 수 있어요. 참고할 만한 좋은 작품이 많으니 시간날 때 한번 들어가보는 것도 좋아요.

여러분들도 엔트리를 열심히 공부하고 이벤트에 적극적으로 참여해서 자신만의 작품을 엔트리 공식 오브젝트에 추가해 보는 것은 어떤가요?

새롭게 추가되는 오브젝트를 통해 앞으로 엔트리에서 우리 친구들의 다양한 작품을 만나볼 수 있으면 좋겠어요!

3장
코딩으로 그림을 그릴 수 있다고?
붓 기능 사용하기

핵심쏙쏙 개념 알기

01 붓 – 엔트리에서 그림 그리기

코딩술술 직접 해보기

01 나만의 예쁜 꽃밭 만들기

+ **실력쑥쑥 한걸음 더** 꽃 모양 직접 그려 사용하기

핵심쏙쏙 개념 알기

02 각도 – 도형 그리기를 도와주는 친구

코딩술술 직접 해보기

02 반짝반짝 빛나는 눈 그리기

재미술술 쉬어가기

컴퓨터에서 이미지를 어떻게 표현할까? – 비트와 벡터

01 붓 – 엔트리에서 그림 그리기

엔트리에는 [붓] 기능이 있어요. 이 '붓'은 우리가 종이에 그림을 그리듯이 엔트리에서도 그림을 그릴 수 있게 도와주는 기능이에요.

붓의 주요 기능에는 [도장 찍기] [그리기 시작하기] 가 있어요.

우선 블록 탭에서 [붓] 을 클릭해볼까요?

지금부터 블록을 직접 조립해보면서 기능들을 하나하나 배워 봐요.

블록1 [도장 찍기]

오브젝트의 모양을 지금 위치에서 도장처럼 실행 화면에 찍어주는 블록이에요.

제가 사용한 오브젝트는 '연필'이에요. ▶시작하기 를 누르면 연필 모양의 도장을 찍고 '100'만큼 이동하고 도장을 찍고, '100'만큼 이동하고 도장을 다시 찍어요. 위의 실행 화면처럼 도장을 총 3번 찍겠죠?

블록2 [그리기 시작하기]

마치 붓으로 그림을 그리는 것처럼 오브젝트가 움직이는 길을 따라 선을 그리기 시작하는 블록이에요.

블록3 그리기 멈추기

그리기를 멈추는 블록이에요.

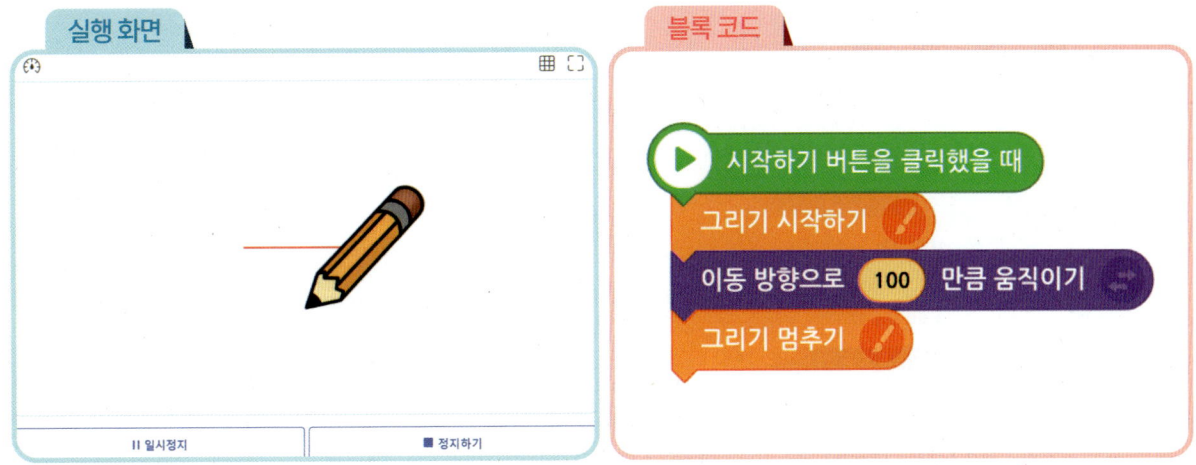

▶시작하기 를 누르면 그리기를 시작할 준비를 해요. '100'만큼 이동하면서 그림을 그리게 되고, 그리기 멈추기 를 통해 그리기를 멈춰요.

블록4 붓의 색을 ■ (으)로 정하기   ★ 붓의 기본 색상은 빨강이에요.

붓의 색을 입력한 대로 정하는 블록이에요. 색깔 상자를 클릭하면 색상을 선택할 수 있고, 채도나 명도를 정하여 색깔을 마음대로 정할 수 있어요.

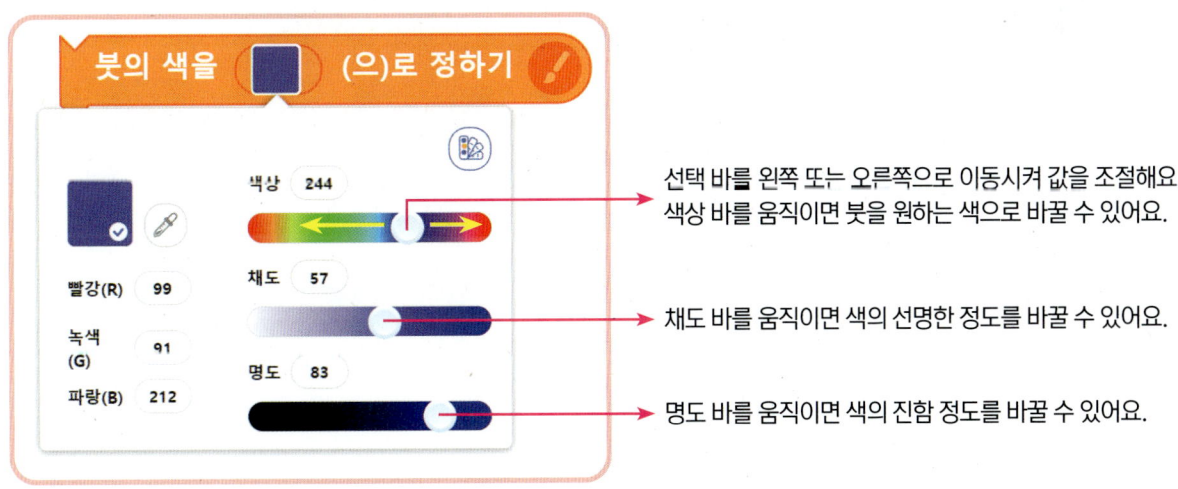

선택 바를 왼쪽 또는 오른쪽으로 이동시켜 값을 조절해요. 색상 바를 움직이면 붓을 원하는 색으로 바꿀 수 있어요.

채도 바를 움직이면 색의 선명한 정도를 바꿀 수 있어요.

명도 바를 움직이면 색의 진함 정도를 바꿀 수 있어요.

3장 코딩으로 그림을 그릴 수 있다고? **57**

TIP 붓의 색을 선택하는 두가지 방법

[모드 변경] 버튼을 클릭하면 모드를 변경할 수 있어요.

슬라이더 모드 → 팔레트 모드

블록5 그리기 굵기를 1 만큼 바꾸기

오브젝트가 그리는 선의 굵기를 입력한 수만큼 바꿉니다.

붓의 굵기가 10씩 늘어나며 선을 그려요.

블록6 그리기 굵기를 ① (으)로 정하기

오브젝트가 그리는 선의 굵기를 입력한 수로 정합니다.

블록7 채우기 시작하기

오브젝트가 이동한 경로를 따라 선을 그리는 '그리기' 블록과는 다르게 이동한 경로의 내부를 채워 면을 그리는 블록이에요.

채우기 시작하기 로 하트를 그리면 속이 채워진 하드가 그려져요.

그리기 시작하기 로 하트를 그리면 속이 빈 하트가 그려져요.

중요한 기능들의 설명은 끝났으니, 직접 해보기를 통해 🖌 기능을 마스터해 볼까요?

작품 QR

01 나만의 예쁜 꽃밭 만들기

이번 시간에는 붓 기능을 이용해서 나만의 예쁜 꽃밭을 만들어 봅시다.

목표
마우스 클릭을 이용해서 원하는 위치에 꽃 도장을 찍어 꽃밭을 만든다.

완성 예시

▶ 어떤 것들을 사용할까요?

도장 찍기	들꽃(노랑)	들판(3)
도장을 찍어 오브젝트의 모양을 그 자리에 남겨요.	마우스 클릭을 하면 마우스의 위치로 이동해서 도장을 찍어요.	초록빛이 도는 들판 배경이에요. 꽃들이 더 예쁘게 보이도록 해요.

미션1 오브젝트 추가하기 - 꽃과 들판

01 엔트리봇 삭제하기

STEP 1 ❶ '엔트리봇' 오브젝트를 선택한다.
STEP 2 ❷ ✕를 클릭해서 오브젝트를 삭제한다.
STEP 3 ❸ 오브젝트 추가하기 를 클릭한다.

02 오브젝트 추가하기

STEP 4 ❶ 식물 항목을 누른다.
STEP 5 ❷ '들꽃(노랑)'을 찾아 선택한다.
STEP 6 ❸ 배경 항목에서 ❹ '들판(3)'을 찾아 선택한다.
STEP 7 ❺ 추가하기 버튼을 눌러 선택한 오브젝트를 추가한다.

03 오브젝트 크기 변경하기

STEP 8   오브젝트가 잘 추가되었는지 확인한다.
STEP 9   ❶ '들꽃(노랑)' 오브젝트를 클릭한다.
STEP 10 ❷ 크기를 '50'으로 변경한다.

미션2 블록 조립하기 – 들꽃 도장을 만들어 보자

이번에 만들 작품은 원하는 위치에 꽃 도장을 찍어 나만의 꽃밭을 만드는 프로그램이에요. 마우스를 클릭했을 때 그 위치에 꽃 도장을 찍으라고 명령하는 코드를 만들어 볼 거예요.

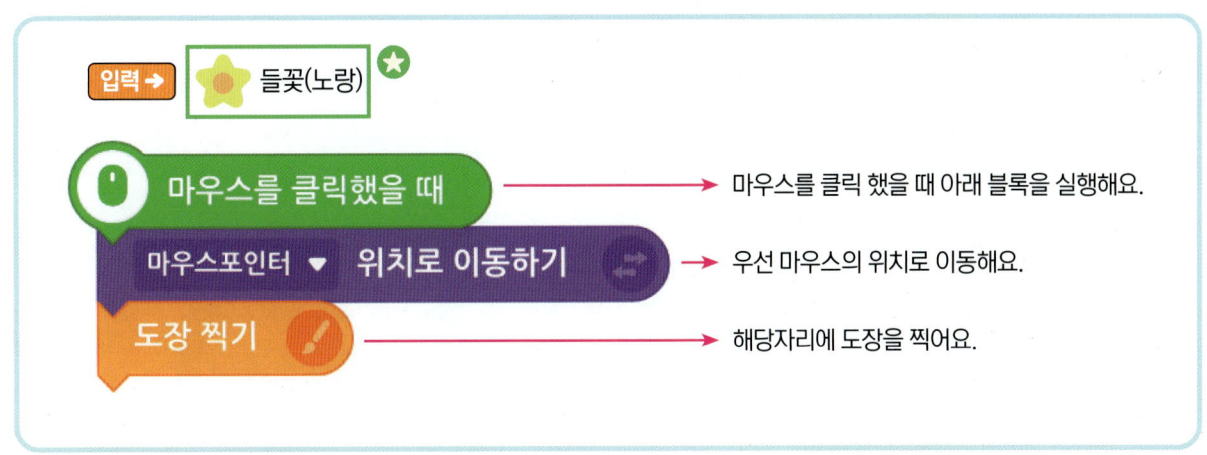

⭐ **오브젝트를 꼭 확인하세요!**

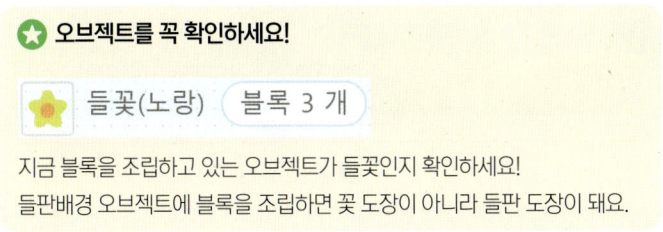

지금 블록을 조립하고 있는 오브젝트가 들꽃인지 확인하세요!
들판배경 오브젝트에 블록을 조립하면 꽃 도장이 아니라 들판 도장이 돼요.

블록은 그 종류에 따라 색이 달라요.
원하는 블록을 찾기 어렵다면
색을 보며 블록을 찾아보세요~

TIP `마우스포인터 위치로 이동하기` 블록이 없어요

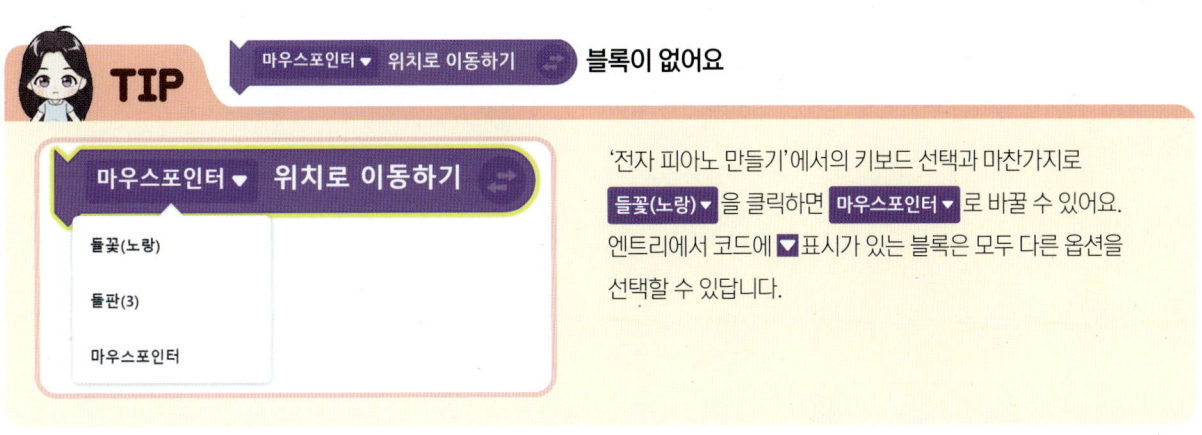

'전자 피아노 만들기'에서의 키보드 선택과 마찬가지로
`들꽃(노랑)▼`을 클릭하면 `마우스포인터▼`로 바꿀 수 있어요.
엔트리에서 코드에 ▼표시가 있는 블록은 모두 다른 옵션을
선택할 수 있답니다.

3장 코딩으로 그림을 그릴 수 있다고? **63**

| 미션3 | 작품 실행하기 |

STEP 11　▶시작하기 버튼을 클릭한다.

STEP 12　마우스로 화면을 클릭해본다.

STEP 13　화면을 클릭한 위치에 꽃 도장이 찍히는 것을 확인한다.

미션4 블록 조립하기 - 크기 무작위로 바꾸기

STEP 14 '들꽃(노랑)' 오브젝트를 클릭한다.

STEP 15 생김새 에서 `크기를 100 (으)로 정하기` 를 드래그 해 놓는다.

STEP 16 `마우스를 클릭했을 때` 와 `마우스포인터 위치로 이동하기` 사이에 넣는다.

STEP 17 계산 에서 `0 부터 10 사이의 무작위 수` 를 드래그 해 놓는다.

STEP 18 `크기를 100 (으)로 정하기` 안에 넣는다.

STEP 19 `크기를 0 부터 10 사이의 무작위 수 (으)로 정하기` 에서 '0'을 '40'으로, '10'을 '60'으로 바꾼다.

STEP 20 `▶시작하기` 버튼을 클릭한다.

STEP 21 마우스로 화면을 클릭해본다.

STEP 22 화면을 클릭한 위치에 크기가 다른 꽃 도장이 찍히는 것을 확인한다.

TIP 블록 조립이 안 될 때

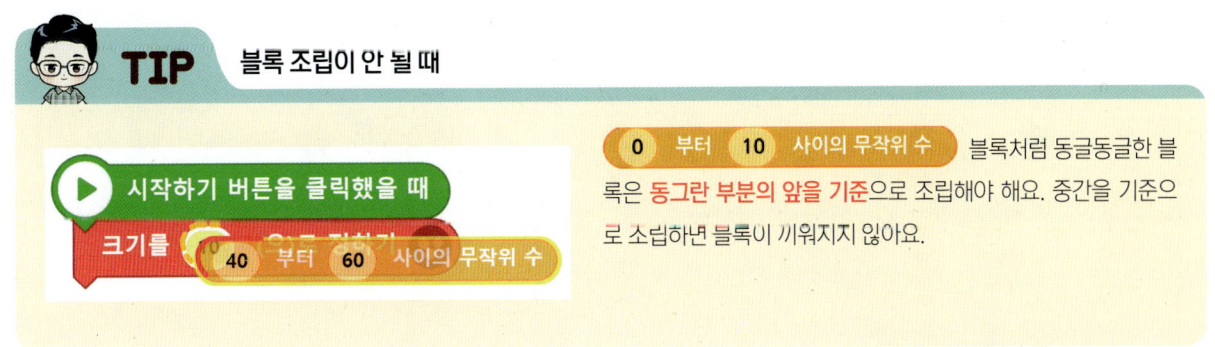

`0 부터 10 사이의 무작위 수` 블록처럼 동글동글한 블록은 **동그란 부분의 앞을 기준**으로 조립해야 해요. 중간을 기준으로 조립하면 블록이 끼워지지 않아요.

미션5   모양 추가하기 – 다양한 꽃 모양 사용하기

01   모양 탭 들어가기

STEP 23 '들꽃(노랑)' 오브젝트를 클릭 후, ❶ 모양 탭을 클릭한다.

STEP 24 '들꽃(노랑)' 오브젝트가 가지고 있는 모양을 확인한다.

STEP 25 모양을 좀 더 추가하기 위해 ❷ 모양 추가하기 를 클릭한다.

02   모양 추가하기

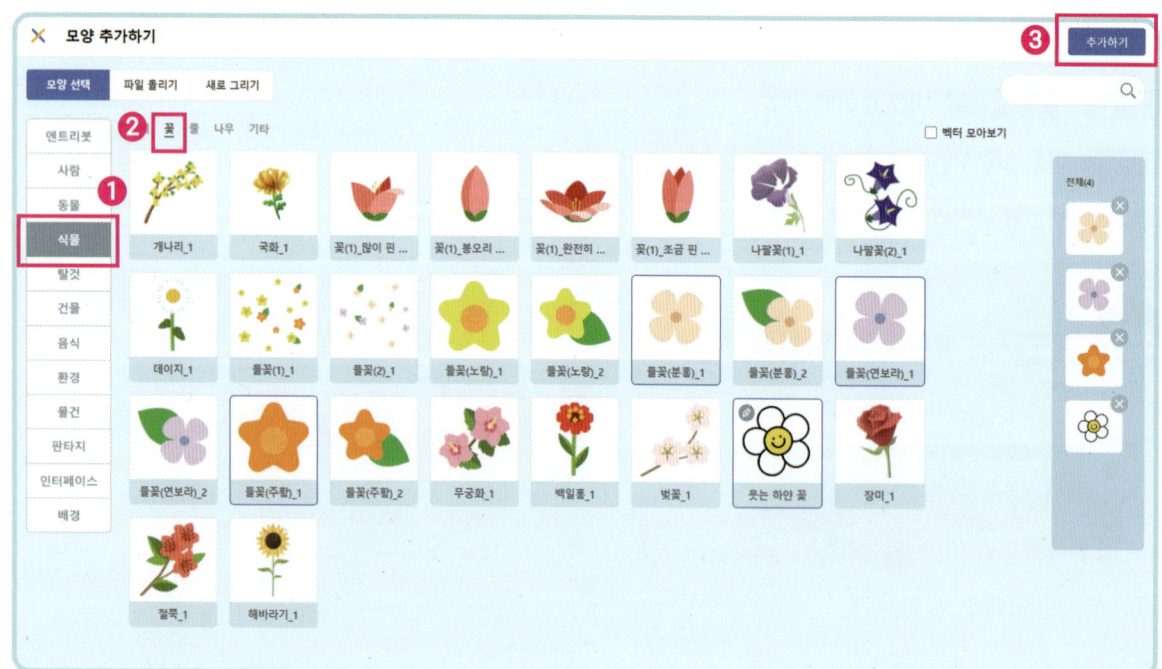

STEP 26 ❶ 식물 항목을 누른다.

STEP 27 ❷ 꽃 항목을 누른 후, 원하는 꽃 모양을 선택한다.

STEP 28 ❸ 추가하기 를 눌러 선택한 오브젝트를 추가한다.

⭐ **오브젝트가 없어요.**
엔트리 버전에 따라 보여지는 오브젝트가 다를 수 있어요. 다른 오브젝트를 사용해도 됩니다.

 **TIP** 모양 추가하기와 오브젝트 추가하기가 어떻게 다른가요?

오브젝트 추가하기는 새로운 오브젝트를 추가하는 것이고 모양 추가하기는 선택한 오브젝트 안에 새로운 모양을 추가하는 것이에요! 하나의 오브젝트는 1개 이상의 모양을 가지고 있는 것이죠.

03 추가된 모양 확인하기

STEP 29 선택한 모양이 잘 추가된 것을 확인한다.

STEP 30 ❶ 블록 탭을 클릭한다.

 **TIP** 확인 메시지가 나타나요.

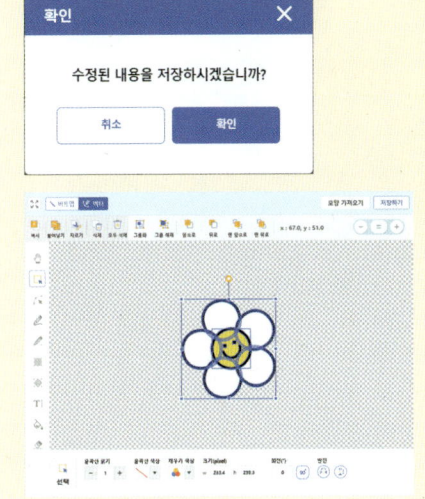

모양 에서 다른 탭으로 이동하면 "수정된 내용을 저장하시겠습니까?"라는 확인 메시지가 나오기도 해요.

모양 탭에 있는 엔트리 그림판을 건드리면 모양이 변경될 수 있기 때문에 저장을 묻는 확인 메시지가 나타나는 건데요. 일부러 변경한 게 아니라면 취소 를 누르면 돼요.

물론 확인 을 눌러도 크게 상관 없어요. 혹시 모양이 변경되었다면 그냥 X 를 눌러 지우고 다시 모양 추가하기 를 눌러 진행하면 돼요.

3장 코딩으로 그림을 그릴 수 있다고? **67**

미션6 블록 조립하기 - 도장 모양 바꾸기

01 모양 탭 들어가기

STEP 31 생김새 에서 `다음 모양으로 바꾸기` 를 드래그 한다.

STEP 32 `마우스를 클릭했을 때` 와 `크기를 40 부터 60 사이의 무작위 수 (으)로 정하기` 사이에 넣는다.

완성

STEP 33 ▶시작하기 버튼을 클릭해서 작품을 실행한다.

STEP 34 실행화면을 클릭해서 나만의 꽃밭을 만든다.

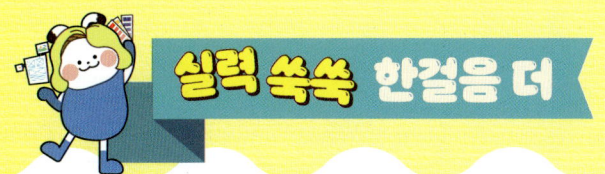

★ 꽃 모양 직접 그려 사용하기

엔트리에 없는 다양한 꽃 그림을 사용해 보세요.

직접 꽃을 그리거나 인터넷에서 꽃 그림을 다운받아 작품에 추가하면 더 풍성한 꽃밭을 만들 수 있겠죠?
영상을 통해서 어떻게 엔트리에 없는 모양을 추가할 수 있는지 확인해 보세요!

▶ 엔트리 그림판을 사용해 보세요.
▶ 파일 올리기를 사용해 보세요.

02 각도 – 도형 그리기를 도와주는 친구

개념1 각도

여러분은 삼각형, 사각형 등 도형을 그릴 때 어떤 방식으로 그리나요?

도형을 아름답고 간편하게 그리기 위해서는 각도의 도움이 필요해요.
그럼 각도는 무엇일까요?

각도는 평면에서 두 직선이 서로 만나 교차할 때, 이 두 직선이 얼마만큼 벌어져 있는가를 의미해요. 직선이 벌어진 정도를 각이라고 하고, 각의 크기를 각도라고 한답니다.

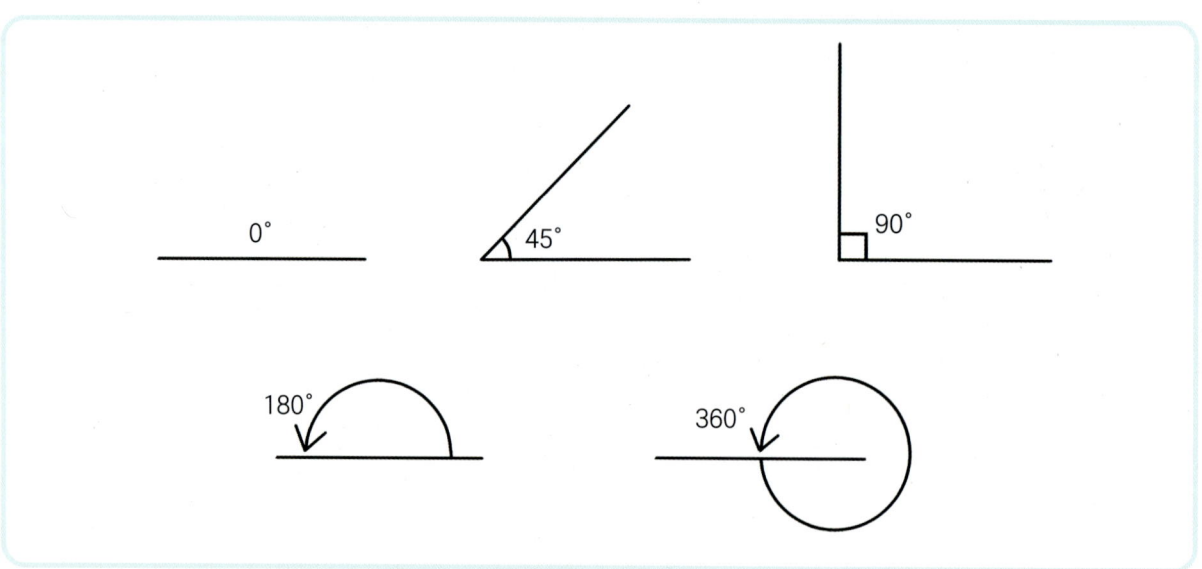

각도의 단위는 °(도)이고, '0'부터 '360' 사이의 값으로 표현해요.
따라서 각은 0°~360° 사이의 값을 가질 수 있어요.
한 바퀴를 돌면 360°이고, 반 바퀴를 돌면 180°가 돼요.

개념2 각도로 도형 그리기

특정 각도를 이용하면 도형을 간편하게 그릴 수 있어요.

모든 변의 길이가 같은 정다각형을 만든다고 가정하면, 삼각형의 한 각은 60°, 사각형의 한 각은 90°, 오각형의 한 각은 108°, 육각형의 한 각은 120°에요.

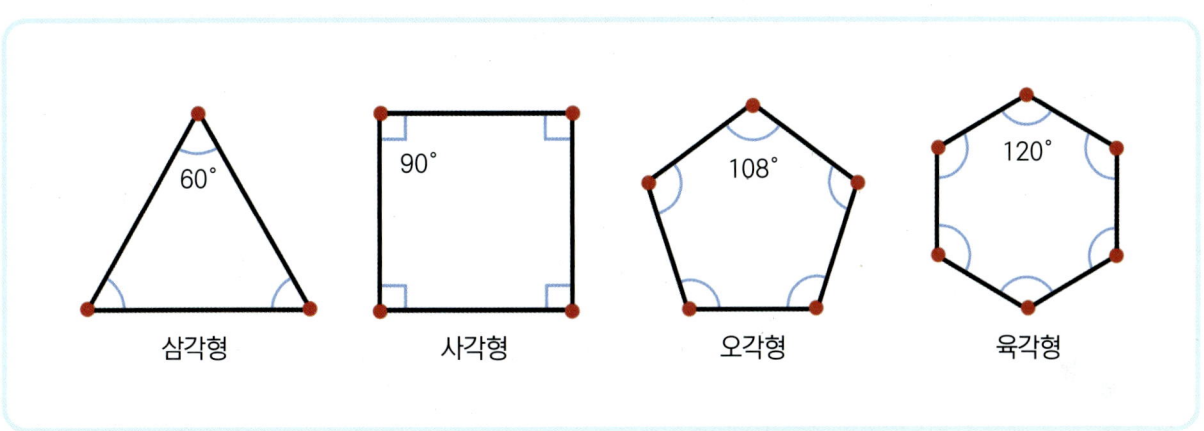

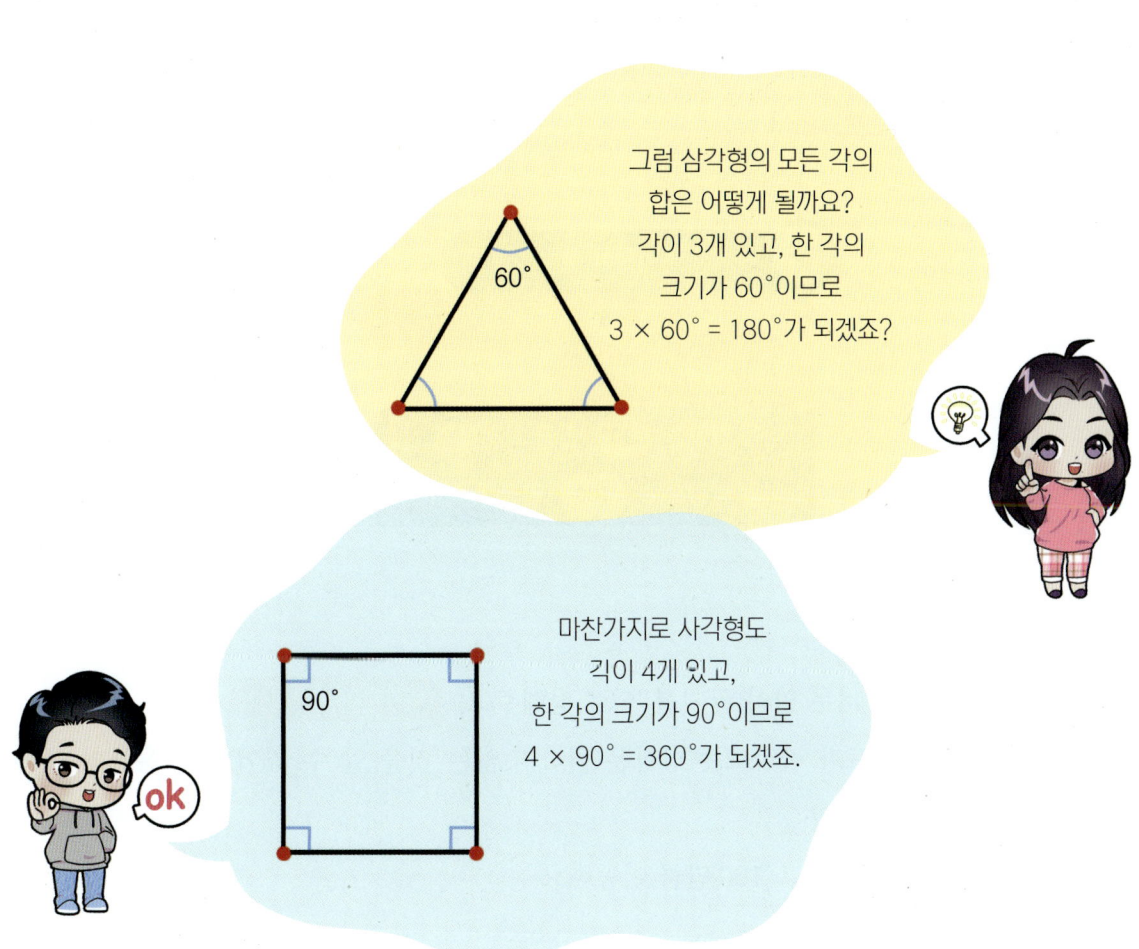

| 블록1 | 이동 방향을 90° 만큼 회전하기 |

엔트리에서는 오브젝트의 **이동 방향**과 **방향을 회전하는 것**으로 각도를 표현하고 있어요.
오브젝트가 이동하는 방향을 입력한 각도만큼 회전시키는 블록이에요.
입력한 각도만큼 시계 방향으로 회전하고, 그 앞에 '-(빼기 기호)'를 붙이면 반대 방향으로 회전해요.

붓의 기본 굵기는 '1'이라 너무 얇아 굵기를 '5'로 정해주고, 그리기 시작하기 블록을 넣어줬어요.
실행 화면을 보면 오브젝트가 바라보는 방향은 변하지 않는 것을 알 수 있어요. 처음부터 끝까지 계속 오른쪽을 응시하고 있죠?
즉, 이동 방향만 '90°'만큼 바꾸고 '100'만큼 이동해요.

블록2 방향을 90° 만큼 회전하기

오브젝트의 중심점을 기준으로 오브젝트의 방향을 입력한 각도만큼 회전시키는 블록이에요.
입력한 각도만큼 시계 방향으로 회전하고, 그 앞에 '-(빼기 기호)'를 붙이면 반대 방향으로 회전해요.

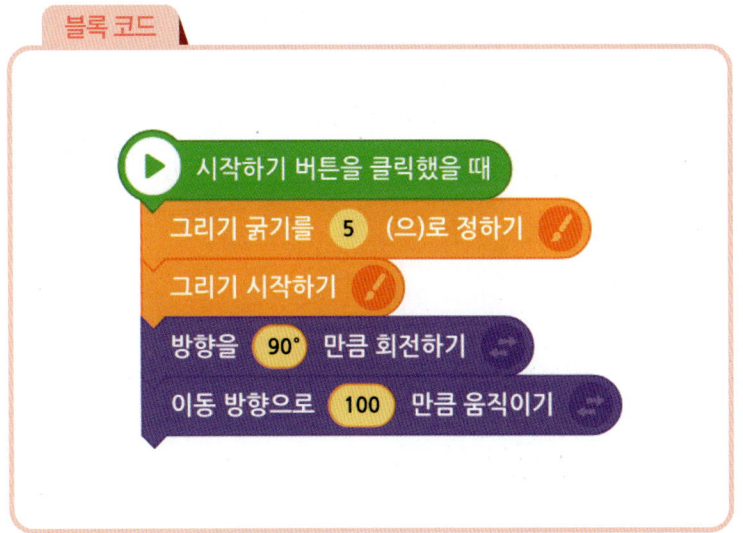

붓의 기본 굵기는 '1'이라 너무 얇아 굵기를 '5'로 정해주고, `그리기 시작하기` 블록을 넣어줬어요.
이번에는 오른쪽을 바라보던 오브젝트가 바라보는 방향이 '90°'만큼 바뀌어서 아래쪽을 보고 있네요. 오브젝트가 바라보는 방향이 직접 영향을 받는군요. 그리고 이 방향으로 '100'을 이동해요.

이 둘은 서로 비슷해 보이나, 작동할 때는 차이가 있으니 필요한 것을 잘 골라 쓸 수 있도록 유의해서 사용해주세요!
이번 단원에서 각도와 `이동 방향을 90° 만큼 회전하기` `방향을 90° 만큼 회전하기` 를 이용해 별을 그려 보아요.

3장 코딩으로 그림을 그릴 수 있다고? 73

개념3 별의 각도

별의 각도는 어떻게 될까요?

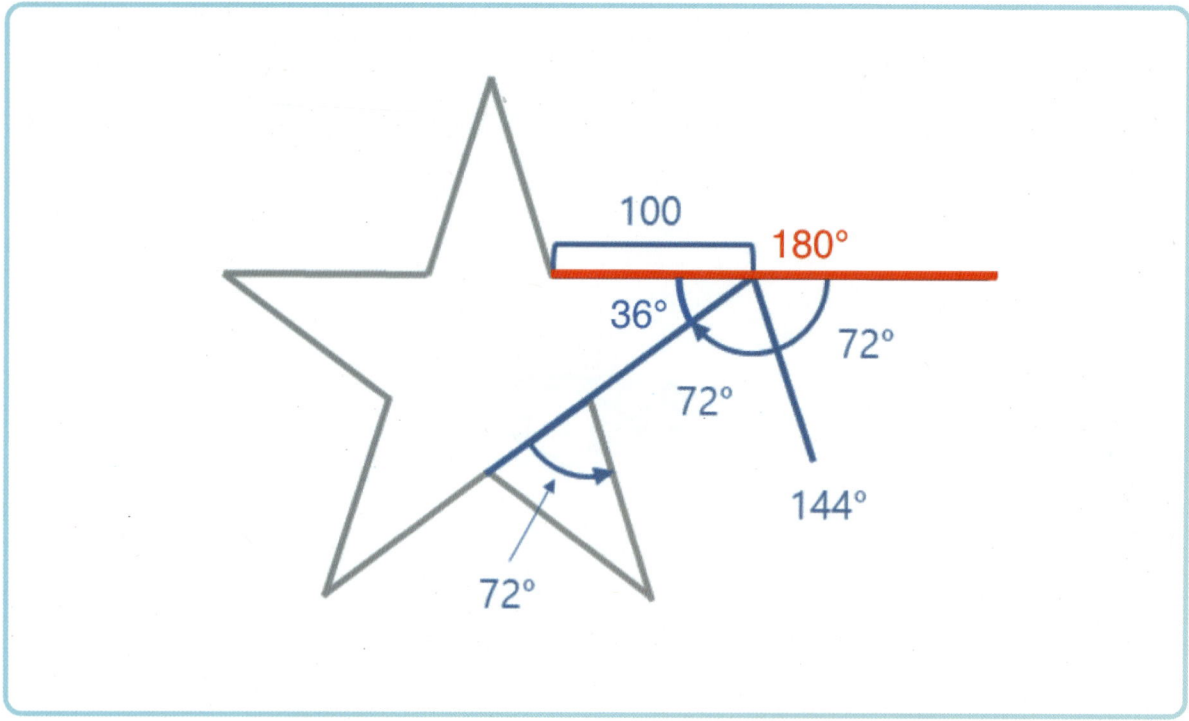

위 이미지에서 빨간색으로 표시된 부분은 반 바퀴에 대한 각이므로 180°가 돼요. 별은 180° - 72° - 72° = 36°의 각을 가지게 되겠죠. 그리고 남는 부분은 144°가 돼요. 별을 그리기 위해 필요한 36°와 144°를 꼭 기억하세요.

'각도'라는 개념을 잘 이해했나요? 이제 도형을 직접 그리러 가봐요.

02 반짝반짝 빛나는 눈 그리기

이번 시간에는 붓을 이용해서 캐릭터의 눈에 별을 그려봅시다.

목표
오브젝트를 배치하여 나만의 캐릭터를 만들고 붓 기능을 사용하여 눈에 별을 그려 넣는다.

완성 예시

▶ 어떤 것들을 사용할까요?

그리기 시작하기	투명 오브젝트	머리/입/코/얼굴
오브젝트의 이동 경로를 붓으로 그려요.	왼쪽 눈/오른쪽 눈 별을 그려서 눈을 만들어요.	나만의 캐릭터의 얼굴을 만들어요.

3장 코딩으로 그림을 그릴 수 있다고? **75**

미션1 오브젝트 추가하기 - 얼굴모양, 머리, 입, 코

01 엔트리봇 삭제하기

STEP 1 ① 엔트리봇 오브젝트를 선택한다.
STEP 2 ② ✕를 클릭해서 오브젝트를 삭제한다.
STEP 3 ③ [오브젝트 추가하기]를 클릭한다.

02 오브젝트 추가하기

STEP 4 ❶ 사람 항목을 누른다.
STEP 5 '얼굴모양, 머리, 입, 코'를 찾아 선택한다.
STEP 6 ❷ 추가하기 버튼을 눌러 선택한 오브젝트를 추가한다.

머리는 남자 머리와 여자 머리로 구분되어 있어요. 둘 중 하나를 선택하면 돼요. 여기서는 여자 머리를 사용해 볼게요.

⭐ 눈 오브젝트는 추가하지 마세요!

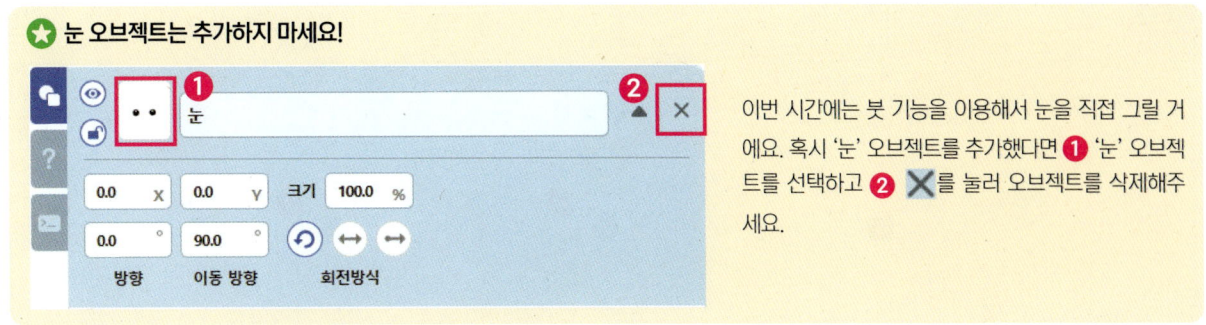

이번 시간에는 붓 기능을 이용해서 눈을 직접 그릴 거에요. 혹시 '눈' 오브젝트를 추가했다면 ❶ '눈' 오브젝트를 선택하고 ❷ ✕를 눌러 오브젝트를 삭제해주세요.

03 추가된 오브젝트 확인하기

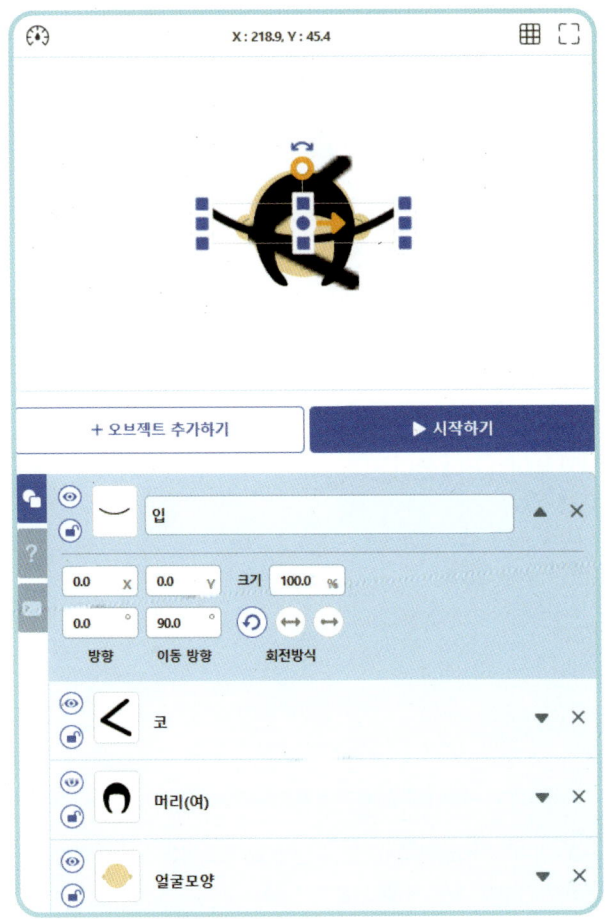

STEP 7 선택한 오브젝트가 잘 추가된 것을 확인한다.

3장 코딩으로 그림을 그릴 수 있다고? **77**

미션2 오브젝트 배치하기

01 오브젝트 배치하는 법

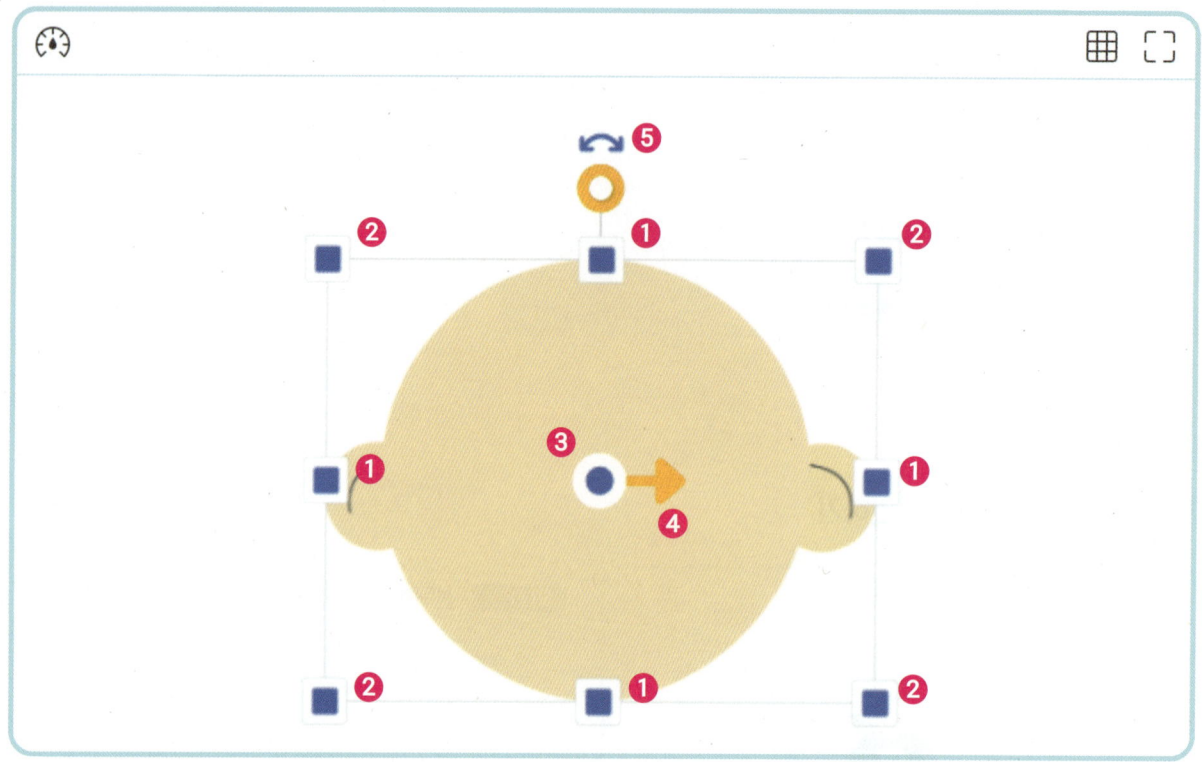

STEP 8 실행화면에서 오브젝트를 클릭하거나 오브젝트 목록에서 오브젝트를 선택한다.
STEP 9 오브젝트 위에 9개의 점을 확인한다.
STEP 10 ❶❷ ■ 파란색 네모 점은 드래그하여 오브젝트의 크기를 변경할 수 있다.
STEP 11 ❶ 면에 위치한 점은 가로나 세로 방향으로만 크기를 늘리거나 줄일 수 있다.
STEP 12 ❷ 꼭짓점에 위치한 점은 가로와 세로의 크기가 동시에 늘어나거나 줄어든다.
STEP 13 ❸ ● 중심점은 오브젝트의 중심점이다.
STEP 14 ❹ 화살표를 회전하면 오브젝트의 이동방향을 변경할 수 있다.
STEP 15 ❺ 주황색 점은 오브젝트를 회전시킬 수 있다.

TIP 회전방식 확인하기

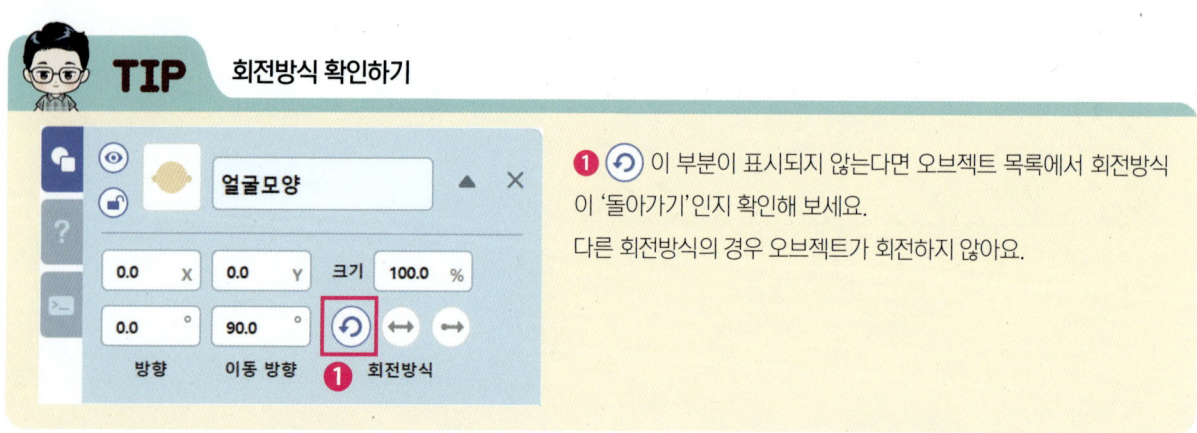

❶ 이 부분이 표시되지 않는다면 오브젝트 목록에서 회전방식이 '돌아가기'인지 확인해 보세요.
다른 회전방식의 경우 오브젝트가 회전하지 않아요.

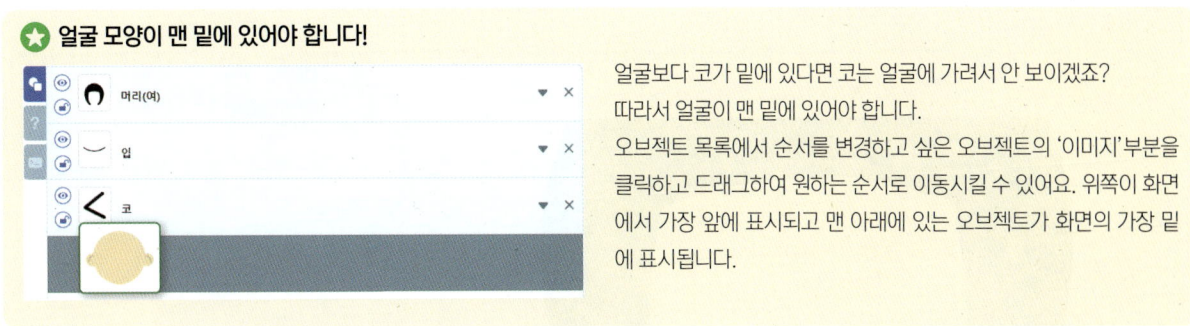

얼굴보다 코가 밑에 있다면 코는 얼굴에 가려서 안 보이겠죠? 따라서 얼굴이 맨 밑에 있어야 합니다.
오브젝트 목록에서 순서를 변경하고 싶은 오브젝트의 '이미지' 부분을 클릭하고 드래그하여 원하는 순서로 이동시킬 수 있어요. 위쪽이 화면에서 가장 앞에 표시되고 맨 아래에 있는 오브젝트가 화면의 가장 밑에 표시됩니다.

미션3 나만의 캐릭터 만들기

01 기본 오브젝트 배치

STEP 16 붓기능을 이용해 눈을 그리기 위해서 눈 위치를 비우고 오브젝트를 배치한다.

3장 코딩으로 그림을 그릴 수 있다고? **79**

02 오브젝트 이미지 변경하기

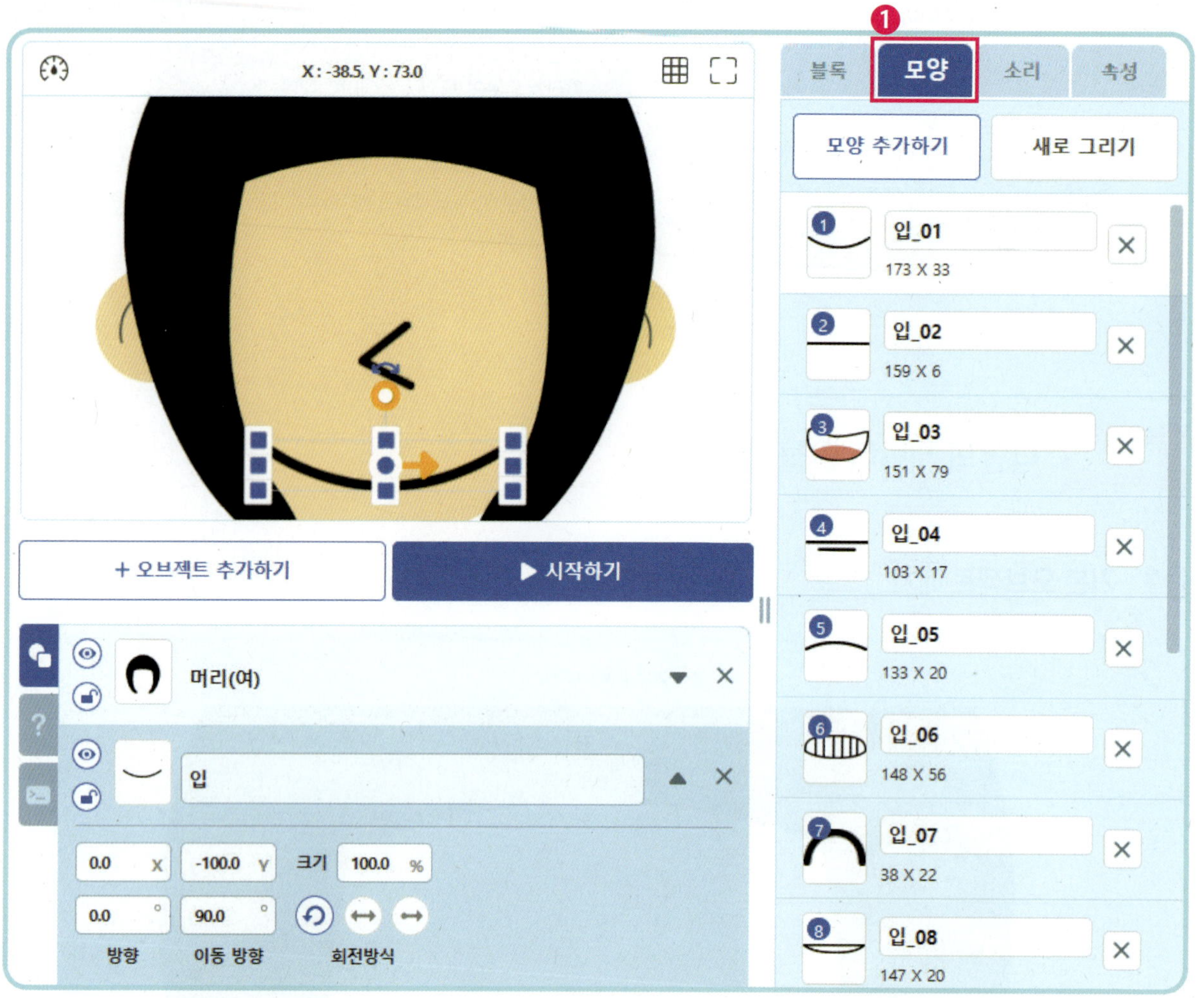

STEP 17 '입' 오브젝트를 클릭한다.
STEP 18 ❶ 모양 탭을 클릭한다.
STEP 19 원하는 모양을 선택한다.
STEP 20 '코, 머리, 얼굴' 오브젝트도 원하는 모양으로 고른다.

TIP 원하는 모양이 없나요?

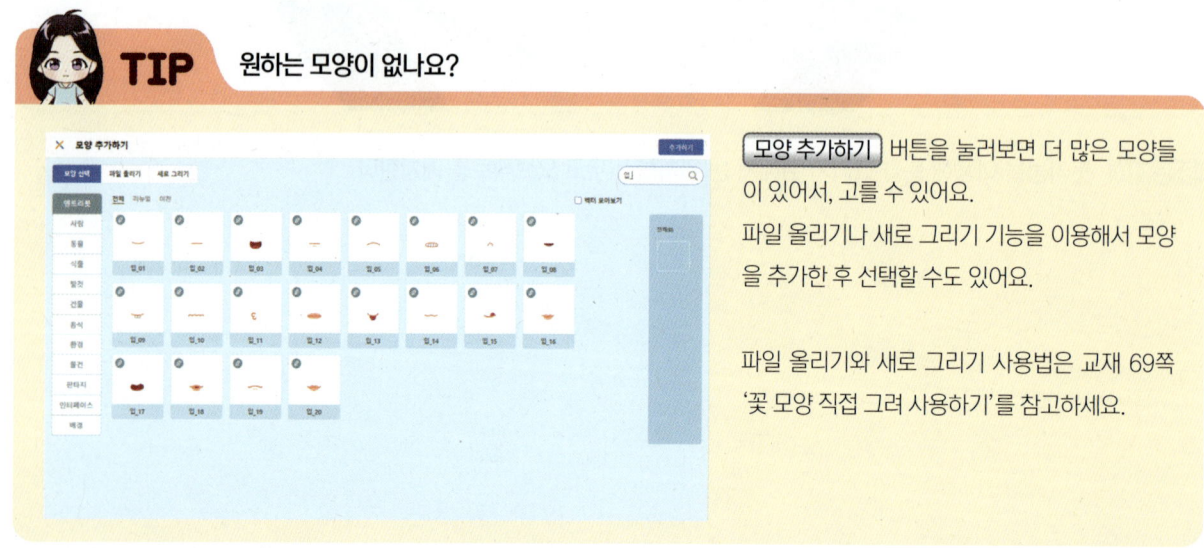

모양 추가하기 버튼을 눌러보면 더 많은 모양들이 있어서, 고를 수 있어요.
파일 올리기나 새로 그리기 기능을 이용해서 모양을 추가한 후 선택할 수도 있어요.

파일 올리기와 새로 그리기 사용법은 교재 69쪽 '꽃 모양 직접 그려 사용하기'를 참고하세요.

03 중간 점검하기

STEP 21 나만의 캐릭터를 확인한다.
STEP 22 필요하다면 배치를 다듬는다.

눈을 제외한 기본 캐릭터 형태를 만들어 보았어요. 여러분들은 잘 만드셨나요?

아직 뭔가 허전하죠? 눈이 없어서 그런 것 같은데요. 이제 코딩으로 눈을 그려봐요.

미션4 눈을 그리기 위한 투명 오브젝트 불러오기

01 직접 그리기 화면으로 이동하기

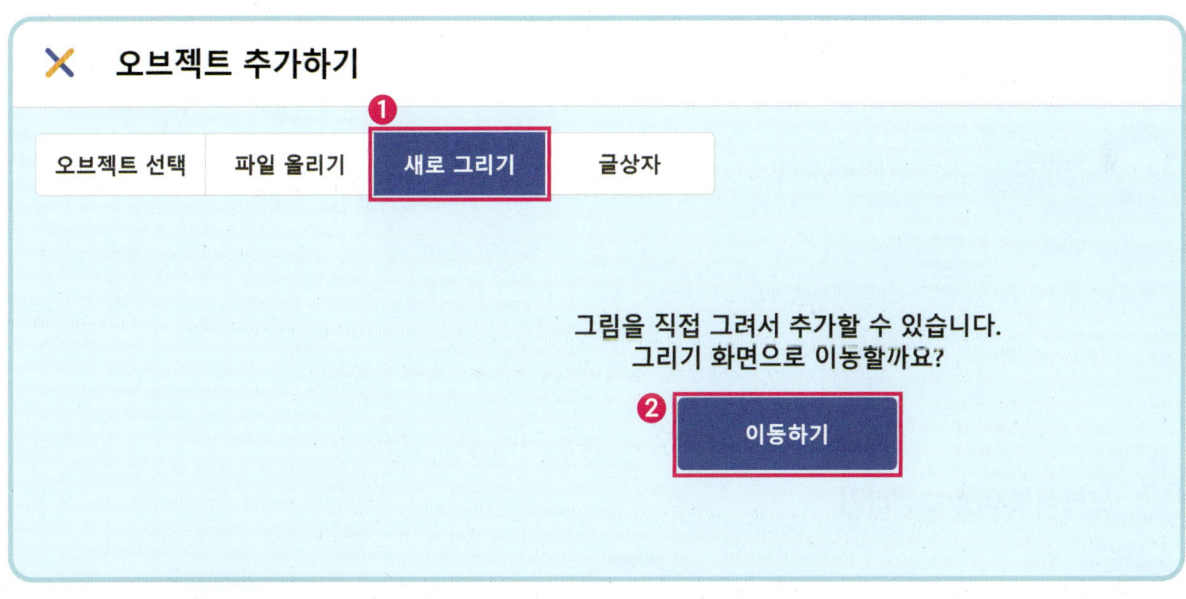

STEP 23 오브젝트 추가하기 를 클릭해서 오브젝트 추가하기 화면으로 이동한다.
STEP 24 ❶ 새로 그리기 를 클릭한다.
STEP 25 ❷ 이동하기 를 클릭한다.

3장 코딩으로 그림을 그릴 수 있다고? **81**

02 투명한 오브젝트 저장하기

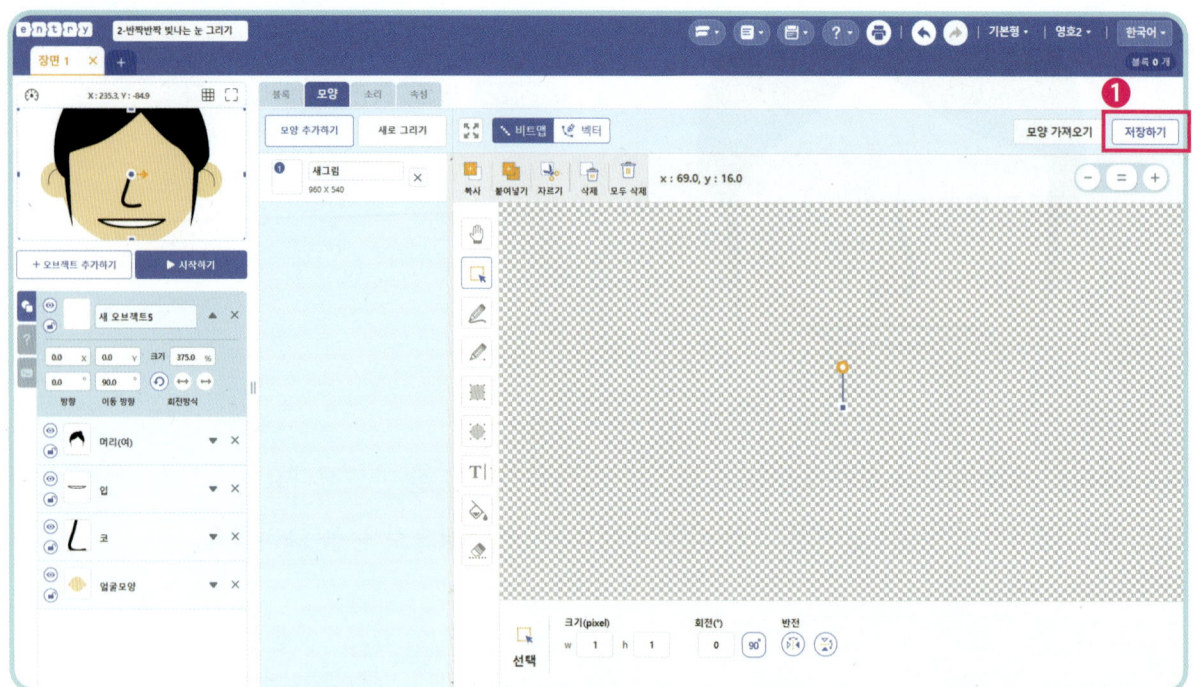

STEP 26 그림 그리기 페이지가 나온다.

STEP 27 ❶ 저장하기 버튼을 클릭한다.

STEP 28 '저장하기'와 '새 모양으로 저장하기' 중 '저장하기'를 클릭한다.

STEP 29 투명한 오브젝트가 추가된다.

⭐ **투명한 오브젝트**
아무것도 그리지 말고 저장하기 때문에 모양이 없는 투명한 오브젝트가 되는 거랍니다.

⭐ **주의**
오프라인 버전에서는 저장하기를 누르지 말아주세요.

 **TIP** 저장하기 버튼 찾기

화면의 크기에 따라 저장하기 버튼이 보이지 않을 수 있어요. 키보드의 왼쪽 아래에 있는 Ctrl키를 누르면서 마우스 휠을 굴려 보세요. 화면의 크기가 변하며 버튼이 보여져요.

03 오브젝트 이름 수정하기

STEP 30 오브젝트를 선택한다.

STEP 31 이름 부분을 클릭한다.

STEP 32 원래 이름을 지우고 '왼쪽 눈'을 입력한다.

04 오브젝트 위치 지정하기

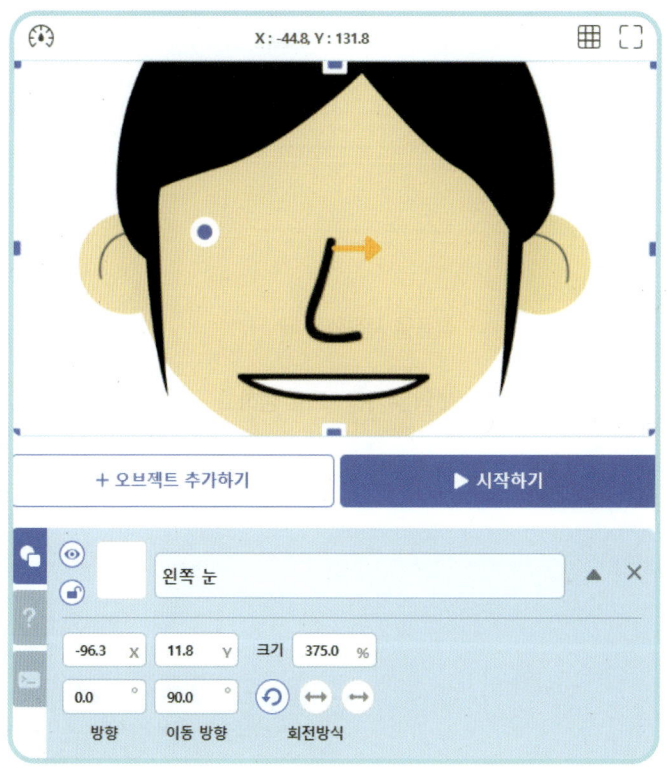

STEP 33 ● 동그란 파란점(중심점)을 드래그한다.

STEP 34 눈의 위치보다 살짝 왼쪽 위에 놓는다.

> ⭐ **중심점 기준**
> 중심점을 기준으로 위치가 정해지고 붓이 그려지기 때문에 중심점의 위치만 이동시켜주면 됩니다.

TIP 오브젝트가 화면과 다를 때

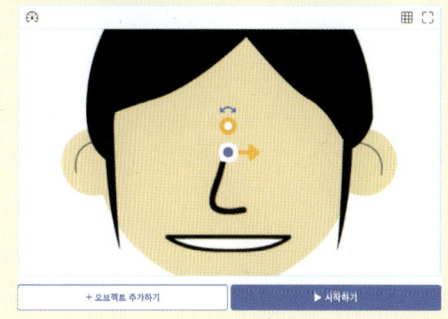

오브젝트가 뭉쳐서 생성되는 이유는 투명한 오브젝트를 저장할 때 그림판에 한 번이라도 클릭이 되면 이렇게 생성되는데요. 이때는 추가한 투명 오브젝트의 네모난 파란점을 펼쳐준 뒤 STEP 33 부터 다시 합니다.

미션5 붓으로 별 모양 눈 그리기(왼쪽 눈)

01 붓의 색과 굵기를 정하기

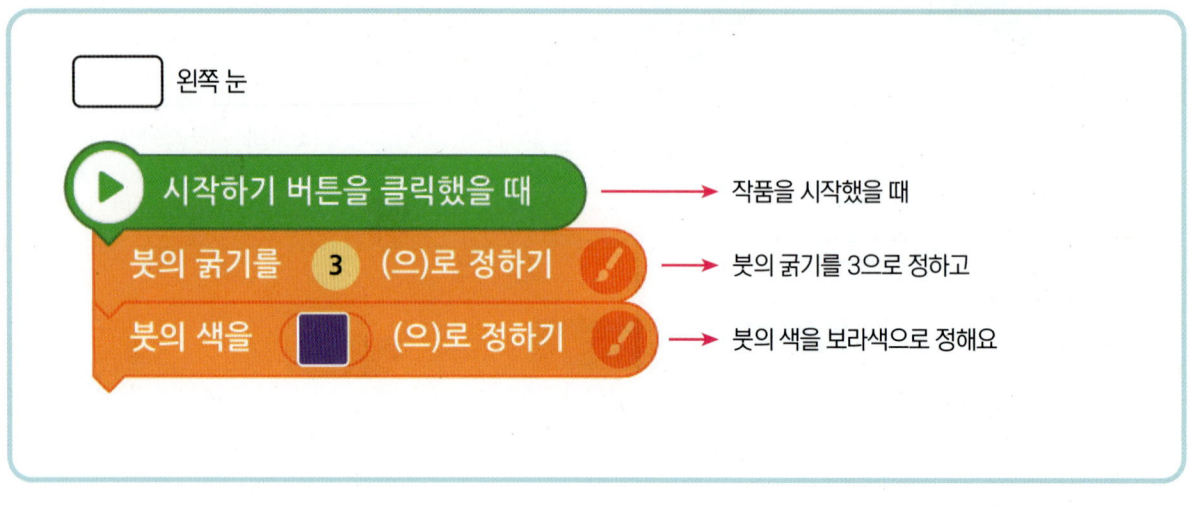

STEP 35 블록 탭을 클릭한다.
STEP 36 '왼쪽 눈' 오브젝트를 클릭한다.
STEP 37 시작에서 마우스를 클릭했을 때 를 드래그 해 놓는다.
STEP 38 붓에서 붓의 굵기를 1 (으)로 정하기 드래그 해 연결한다.
STEP 39 붓의 굵기를 1 (으)로 정하기 에서 '1'을 '3'으로 바꾼다.
STEP 40 붓에서 붓의 색을 (으)로 정하기 드래그 해 연결한다.
STEP 41 붓의 색을 (으)로 정하기 에서 빨간색을 보라색으로 바꾼다.

> 여기서는 보라색을 골랐는데요. 원하는 색상을 사용해도 돼요.

02 선 그리기

STEP 41 붓 에서 `그리기 시작하기` 드래그 해 연결한다.

STEP 42 움직임 에서 `이동 방향으로 10 만큼 움직이기` 를 드래그 해 연결한다.

STEP 43 `이동 방향으로 10 만큼 움직이기` 에서 '10'을 '40'으로 바꾼다.

STEP 44 `▶시작하기` 버튼을 클릭한다.

STEP 45 마우스로 화면을 클릭해본다.

STEP 46 선이 그려지는 것을 확인한다.

TIP 왼쪽 눈의 이동 방향을 확인하세요!

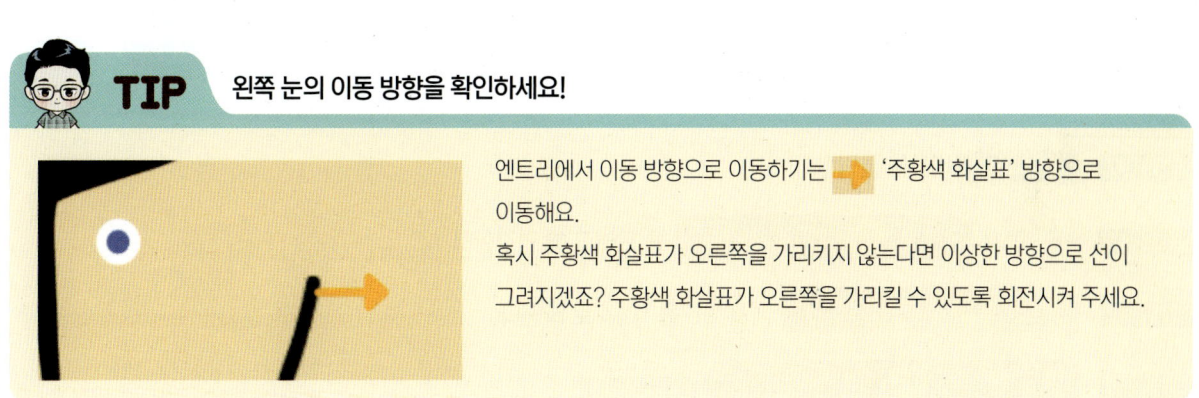

엔트리에서 이동 방향으로 이동하기는 ➡ '주황색 화살표' 방향으로 이동해요.
혹시 주황색 화살표가 오른쪽을 가리키지 않는다면 이상한 방향으로 선이 그려지겠죠? 주황색 화살표가 오른쪽을 가리킬 수 있도록 회전시켜 주세요.

03 별 만들기

실행 화면

블록 코드

STEP 47 ■ 정지하기 버튼을 클릭한다.

STEP 48 움직임 에서 방향을 90° 만큼 회전하기 를 드래그 해 연결한다.

STEP 49 방향을 90° 만큼 회전하기 에서 '90'을 '144'로 바꾼다.

STEP 50 이동 방향으로 40 만큼 움직이기 를 클릭한다.

STEP 51 마우스 오른쪽을 클릭한다.

STEP 52 코드 복사 & 붙여넣기 를 클릭한다.

STEP 53 복사된 이동 방향으로 40 만큼 움직이기 / 방향을 144° 만큼 회전하기 블록을 연결한다.

STEP 54 이동 방향으로 40 만큼 움직이기 / 방향을 144° 만큼 회전하기 을 5개 연결한다.

⭐ **별 모양눈 블록**
별은 선이 5개이므로 블록을 다섯 번 반복해요.

STEP 55 ▶시작하기 버튼을 클릭한다.

STEP 56 마우스로 화면을 클릭해본다.

STEP 57 왼쪽 눈에 별이 그려지는 것을 확인한다.

TIP 눈의 크기와 위치를 바꾸고 싶어요

둥근 파란점(중심점)의 위치를 옮겨서 별이 그려지는 위치를 바꿀 수 있어요.

코드에서 한 번에 이동하는 숫자를 변경해서 눈의 크기를 변경할 수 있어요. 40 부분을 클릭하고 숫자를 바꿔보세요. 다만 여기서 한 번에 이동하는 숫자는 5개의 블록이 모두 같아야 해요!

미션6 오른쪽 눈 만들기

> 오브젝트를 복제하면 모양과 코드를 포함한 모든 게 같은 오브젝트가 만들어져요.

01 복제하기

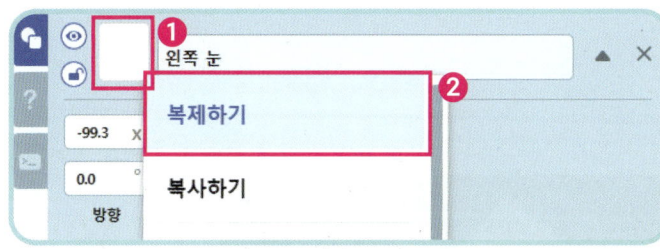

STEP 58 오브젝트 목록에서 ❶ 왼쪽 눈을 클릭한다.

STEP 59 클릭한 오브젝트 위에서 마우스 오른쪽을 클릭한다.

STEP 60 ❷ 복제하기를 선택한다.

02 오브젝트 이름 수정하기

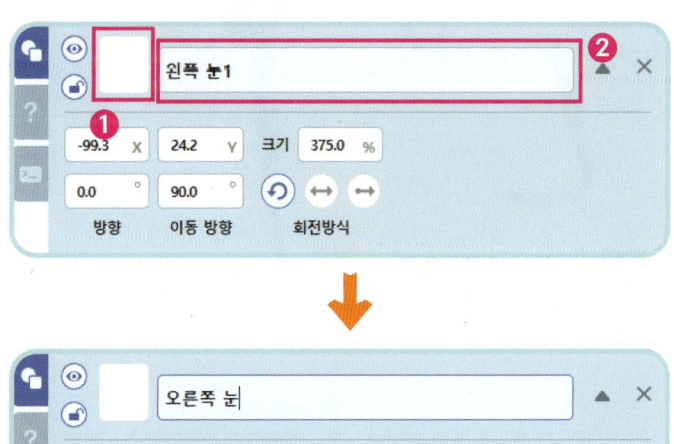

STEP 61 '왼쪽 눈1'이라는 오브젝트가 생기는 것을 확인한다.

STEP 62 ❶ '왼쪽 눈1'을 선택한다.

STEP 63 ❷ 이름 부분을 클릭한다.

STEP 64 '왼쪽 눈1'을 지우고 '오른쪽 눈'을 입력한다.

03 오브젝트 위치 지정하기

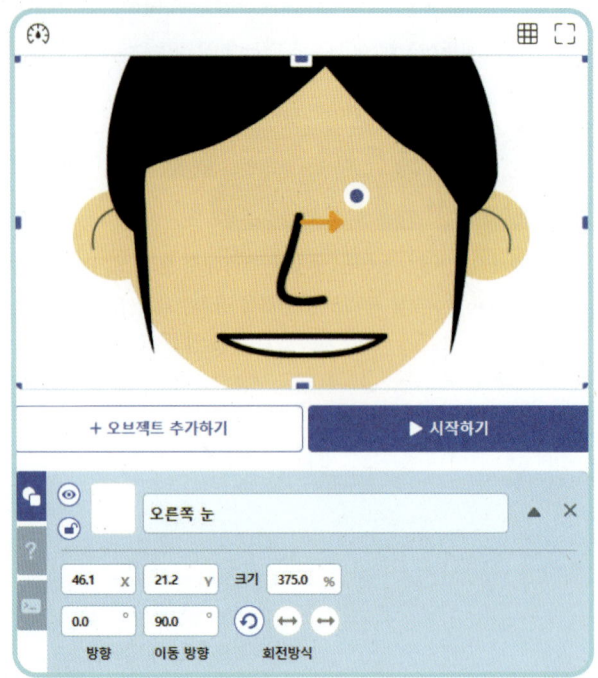

STEP 65 오른쪽 눈 오브젝트의 네모난 파란점을 펼쳐 준다.

STEP 66 ● 동그란 파란점(중심점)을 드래그한다.

STEP 67 오른쪽 눈의 위치보다 살짝 왼쪽 위에 놓는다.

완성

STEP 68 ▶시작하기 버튼을 클릭해서 별 모양 눈이 그려지는 것을 확인한다.

컴퓨터는 이미지를 어떻게 표현할까? - 비트와 벡터

우리는 그림을 그리거나 사진을 찍어서 이미지를 표현해요. 그럼 컴퓨터는 이미지를 어떤 방식으로 표현할까요? 우선 이미지에 대해 알아봐요. 이미지image는 디지털 카메라 등으로 얻은 시각 정보를 말해요. 일반적으로 사진, 그림, 도형 등과 같은 형태로 저장되며, '픽셀'이라는 단위로 표현해요.

그림처럼 픽셀로 된 이미지를 확대해 보면 모눈종이에 그림을 그린 것처럼 네모난 점들을 볼 수 있어요. 이처럼 픽셀이라는 바둑판 모양의 미세한 격자 위에 이미지를 표현하는 방식을 '비트맵 방식'이라고 해요. 속도가 빠르고 효율이 좋아서 자주 쓰인답니다.

▶ 확대하면 픽셀이 깨져 보여요.

하지만 확대를 하면 화질의 해상도가 떨어지기 때문에 등장한 다른 방식이 있어요. 바로 '벡터 방식'이에요. 이미지를 복잡한 수학적인 공식으로 표현하여 곡선 부분을 매끈하고 선명하게 표현할 수 있어요.
컴퓨터는 이와 같이 이미지를 표현한답니다. 신기하죠?

비트맵 방식

벡터 방식

4장

100개의 도형은 어떻게 만들까?
반복하기

핵심쏙쏙 개념 알기

01 반복하기를 사용하는 이유
02 좌표 – 위치를 표현하는 방법

코딩술술 직접 해보기

01 하트 패턴 만들기
+실력쑥쑥 한걸음 더 불규칙한 패턴 만들기

02 회전하는 무늬 만들기
+실력쑥쑥 한걸음 더 대답기능을 사용해서 내 마음대로 도형 바꾸기

재미솔솔 쉬어가기

반복의 아름다움 – 테셀레이션

> **개념1** 반복하기를 사용하는 이유

우리는 일상에서 특정 행위를 반복해야 하는 경우가 생겨요. 컴퓨터에서는 이러한 반복을 어떻게 다루고 있을까요?

엔트리에는 반복하기라는 기능이 있어요. 반복하기는 같은 동작을 반복할 때 사용해요. 반복하기는 왜 사용할까요?

반복을 사용하는 이유는 크게 3가지로 볼 수 있어요.
1. 효율적으로 코딩할 수 있고, 낭비되는 블록이 생기지 않는다.
2. 다른 사람이 코드를 볼 때 알아보기 쉽다.
3. 코드가 훨씬 간단해진다.

반복하기를 사용하지 않았을 때

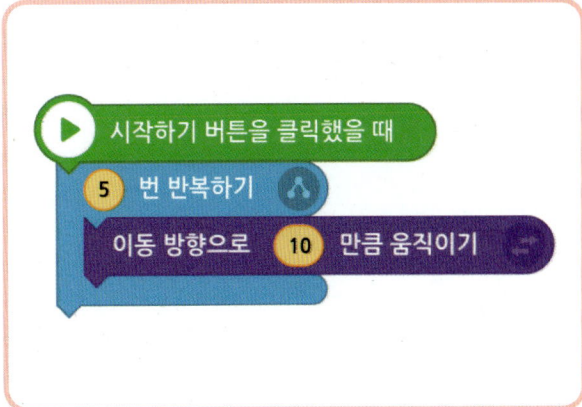

반복하기를 사용했을 때

이동 방향으로 '10'만큼 움직이는 행동이 5번 필요하다고 할 때, 똑같은 블록을 5개 붙이는 코드보다 반복하기 기능을 사용하는 코드가 훨씬 간단한 것을 볼 수 있어요.

블록1 반복하기 코드 종류

반복하기는 크게 횟수 반복, 무한 반복, 조건 반복 이렇게 3가지로 종류로 나뉜답니다. 블록 탭에서 을 찾아 클릭하면 다음과 같은 블록들이 나오는데, 아래의 표에 있는 예시 코드를 하나씩 같이 공부해 볼까요?

엔트리 반복하기 종류	예시 코드	쓰임
횟수 반복	시작하기 버튼을 클릭했을 때 / 그리기 시작하기 / 3번 반복하기 / 이동 방향으로 200만큼 움직이기 / 방향을 120°만큼 회전하기	감싸고 있는 블록을 특정 횟수만큼 반복 예 다각형 그리기
무한 반복	시작하기 버튼을 클릭했을 때 / 계속 반복하기 / 마우스포인터 위치로 이동하기	감싸고 있는 블록을 계속 반복 예 마우스 위치로 계속 이동
조건 반복	시작하기 버튼을 클릭했을 때 / 이동 방향을 180°(으)로 정하기 / 아래쪽 벽 에 닿았는가? 이 될 때까지 반복하기 / 이동 방향으로 10만큼 움직이기	감싸고 있는 블록을 특정 조건에 따라 반복 예 떨어지는 공

4장 100개의 도형은 어떻게 만들까? 93

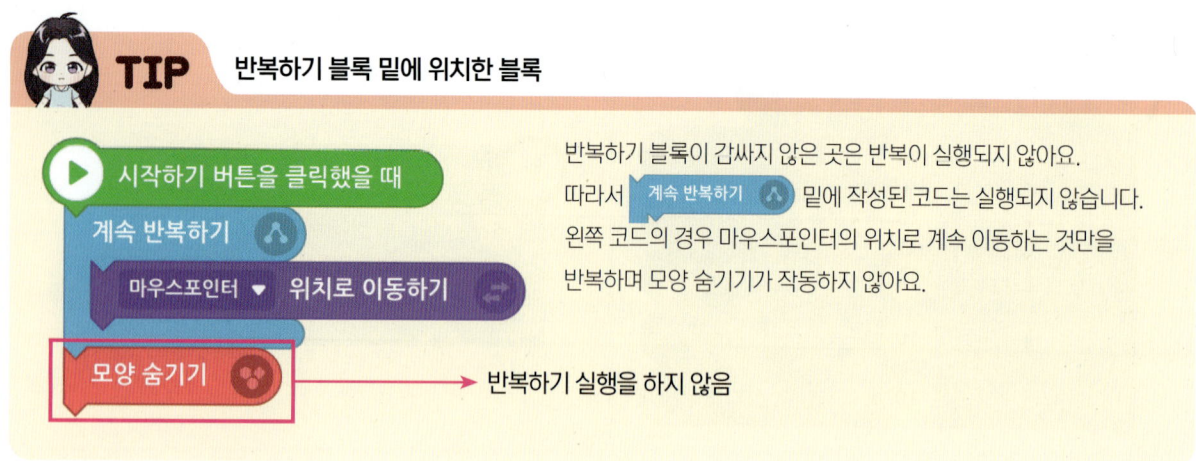

블록2 별 그리는 코드

교재 75쪽 '반짝반짝 빛나는 눈 그리기'에서 우리는 아래와 같이 별을 그리기 위한 코드를 사용했어요. 이걸 횟수 반복으로 바꾸면 훨씬 효율적으로 바뀌어요. 코드가 간단해졌죠?

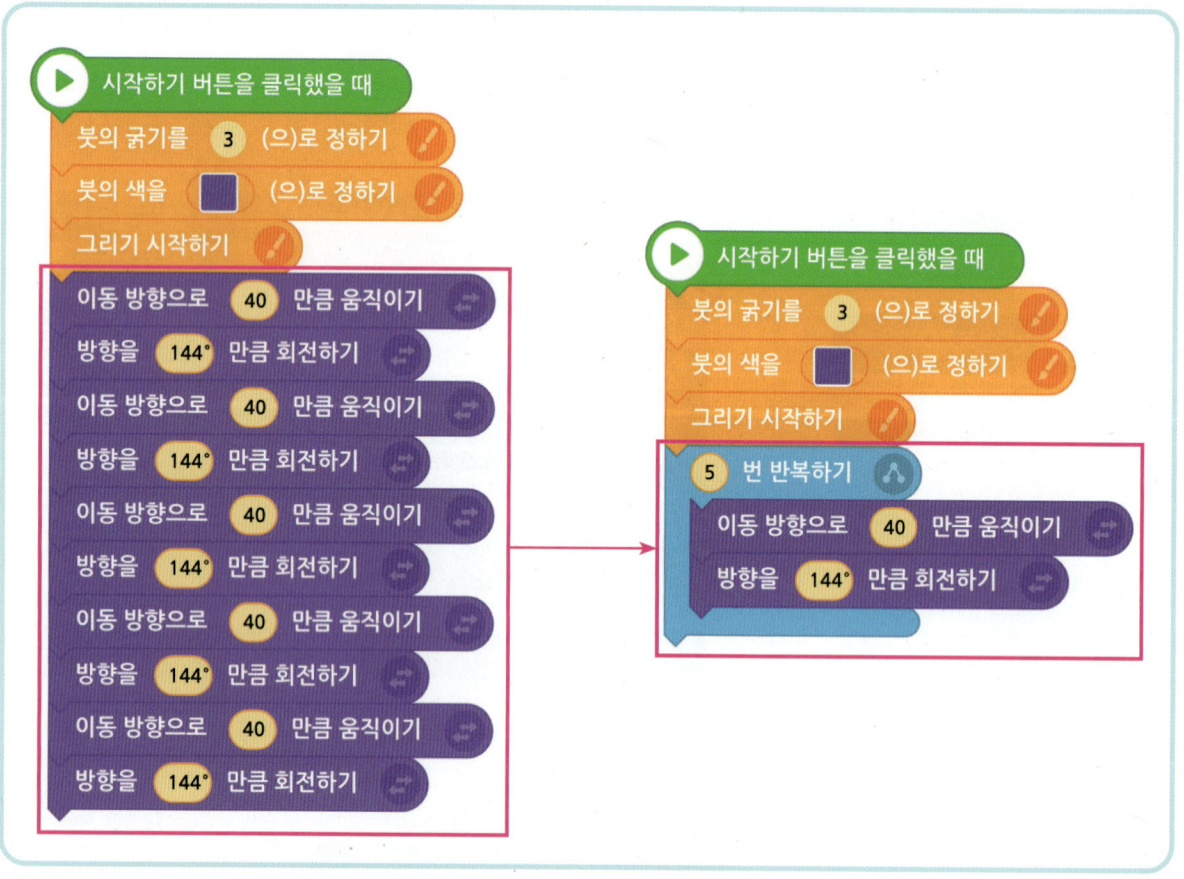

94 나는야 엔트리 화가

개념2 좌표 – 위치를 표현하는 방법

책상 위가 정말 지저분하네요! 책상의 물건들을 정리하기 위해서는 물건의 위치를 알아야겠죠? 위치는 어떤 방법으로 표현할 수 있을까요?

우리는 '좌표'를 이용해서 위치를 표현할 수 있어요. 좌표는 '특정 위치를 지정하기 위해 사용되는 값'을 말해요. 조금 어렵게 들릴 수 있으나, 사실은 간단한 개념이에요.

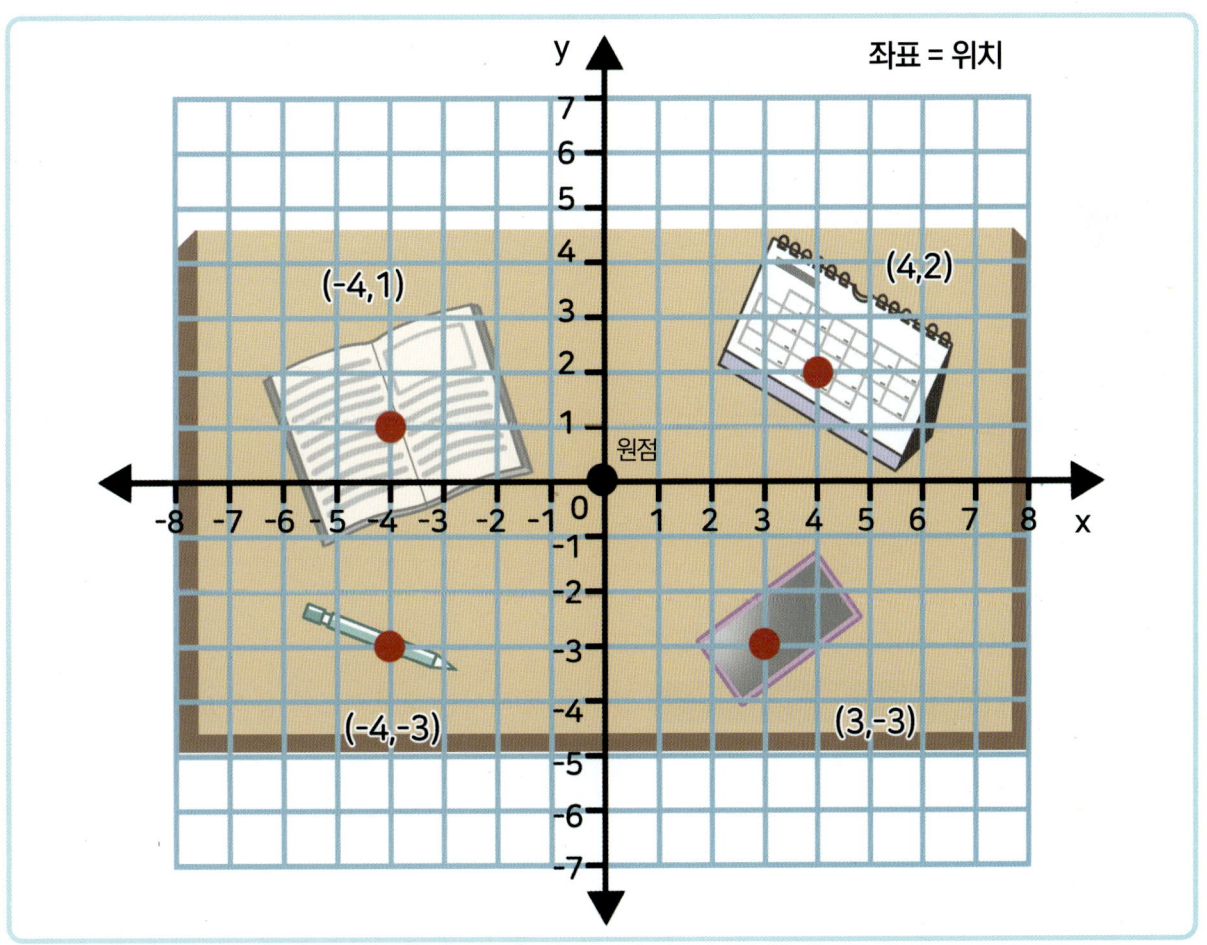

4장 100개의 도형은 어떻게 만들까?

아까의 책상에 좌표를 입혀볼까요? 기본적으로 원점(0, 0)을 기준으로 가로축(x)과 세로축(y)을 이용해 (x, y)의 형태로 위치를 나타내요. 예를 들어, 아래의 '책'의 좌표는 가로축에서 −4, 세로축에서 1을 가져와서 (−4, 1)이 되고, '달력'의 좌표는 가로축에서 4, 세로축에서 2를 가져와서 (4, 2)가 돼요.

참고로, 위의 좌표를 평면좌표(2차원)라고 하는데, 2차원(평면) 좌표는 (x, y)의 형태로 표현하고, 3차원(공간) 좌표는 (x, y, z) 형태로 표현해요.

평면좌표는 엔트리에서 자주 쓰일 개념이니 알고 있으면 좋겠죠?

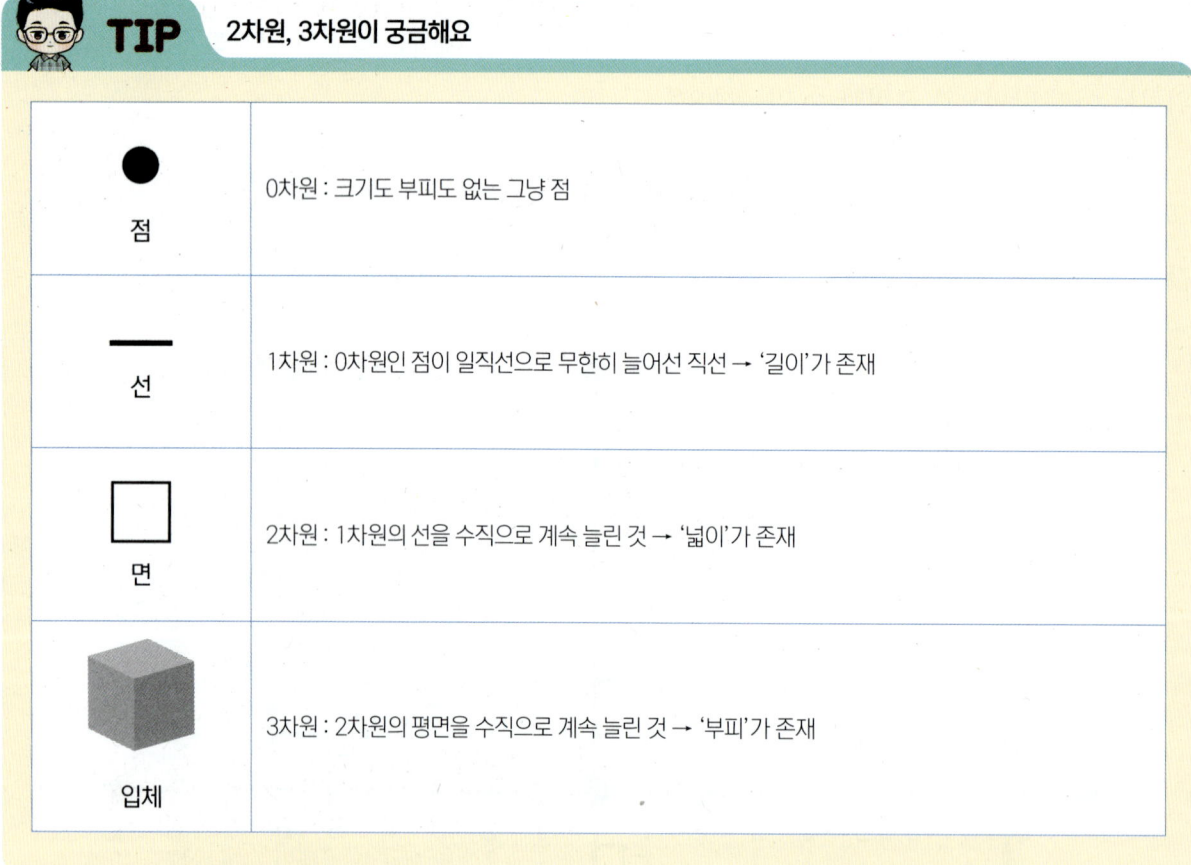

그렇다면 엔트리에서 좌표는 어떻게 사용될까요?

우리는 지금까지 `이동 방향으로 ● 만큼 움직이기` 블록을 통해서만 오브젝트를 움직였어요.

하지만 좌표를 이용하면 더 쉽게 오브젝트를 원하는 위치로 움직일 수 있어요!

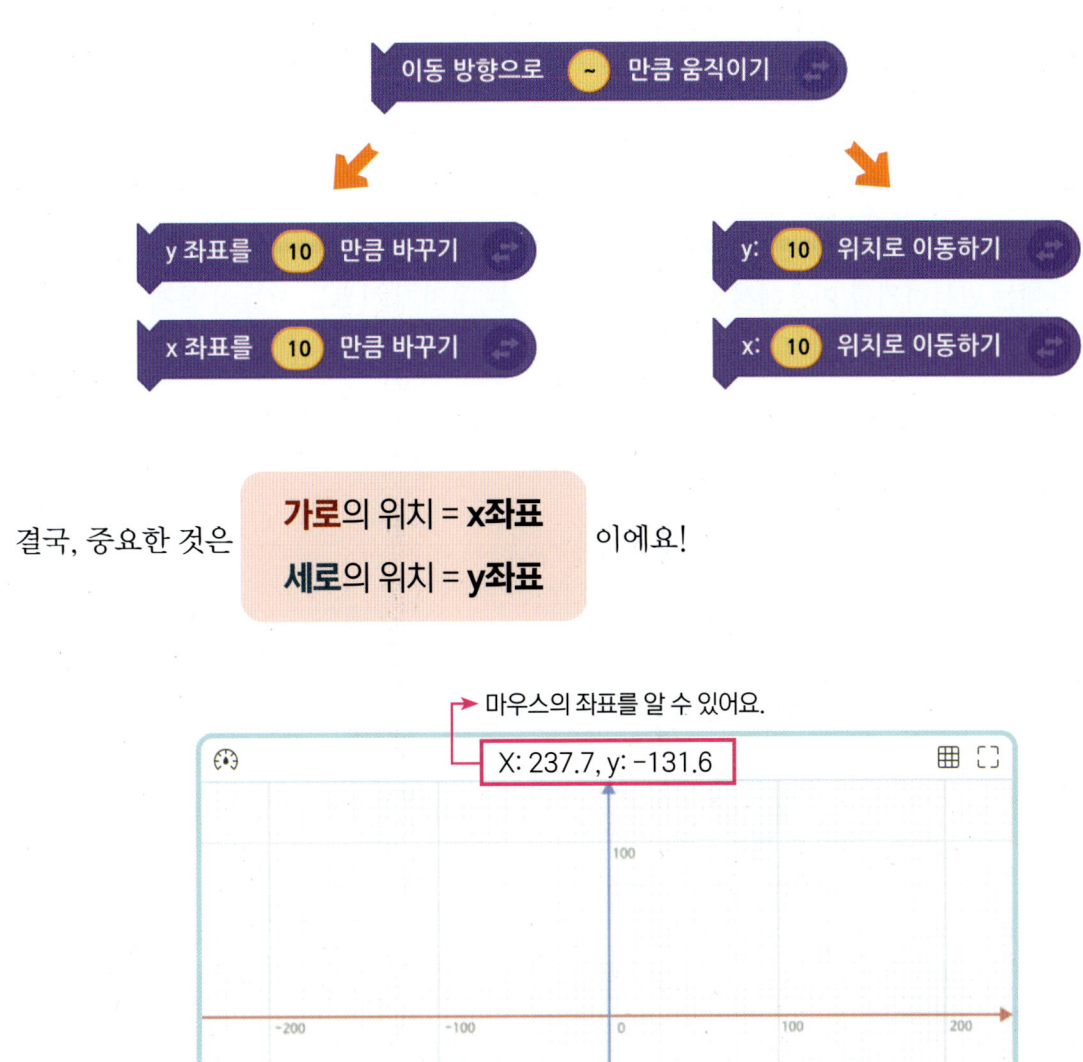

결국, 중요한 것은 **가로**의 위치 = **x좌표** / **세로**의 위치 = **y좌표** 이에요!

엔트리는 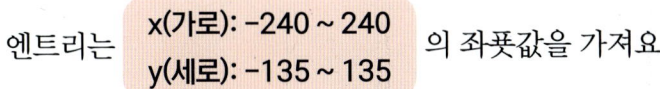 의 좌푯값을 가져요.

x(가로): -240 ~ 240
y(세로): -135 ~ 135

01 하트 패턴 만들기

이번 시간에는 반복하기를 이용해서 화면을 가득 채우는 무지개 하트를 만들어 봅시다.

목표
반복하기를 이용해서 하트로 화면을 가득 채운다.

완성 예시

▶ 어떤 것들을 사용할까요?

도장 찍기
도장을 찍어 오브젝트의 모양을 그 자리에 남겨요.

좌표
좌표를 이용하면 원하는 위치로 쉽게 이동할 수 있어요.

기본하트
이동하고 도장찍기를 반복해서 화면을 가득 채워요.

미션1 오브젝트 추가하기 - 기본하트

01 엔트리봇 삭제하기

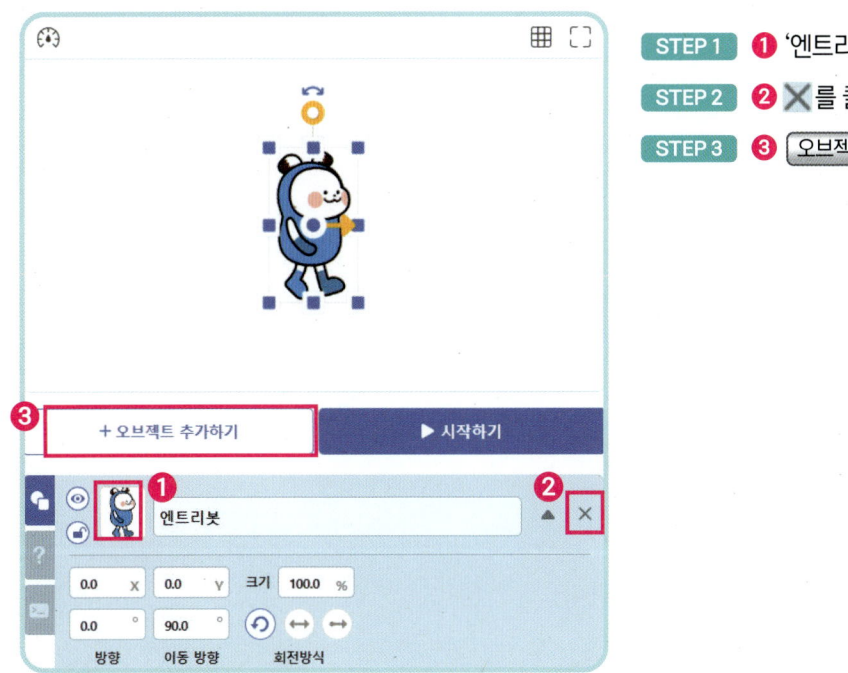

STEP 1 ❶ '엔트리봇' 오브젝트를 선택한다.
STEP 2 ❷ ✕를 클릭해서 오브젝트를 삭제한다.
STEP 3 ❸ 오브젝트 추가하기 를 클릭한다.

02 오브젝트 추가하기

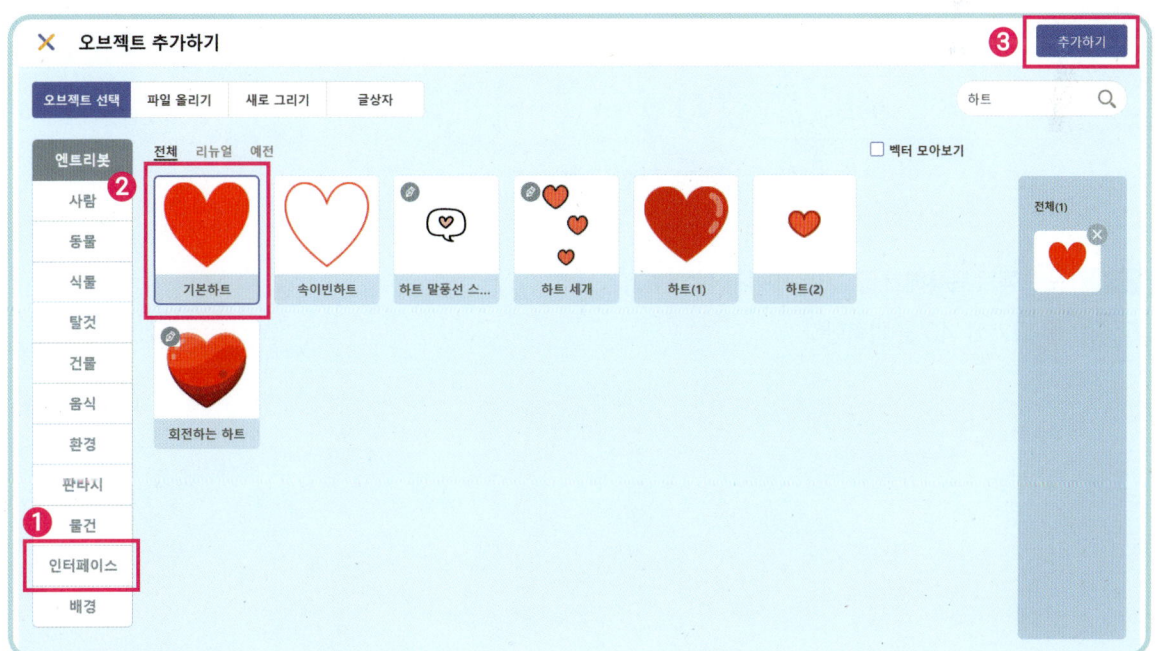

STEP 4 ❶ 인터페이스 항목을 누른다.
STEP 5 ❷ '기본하트'를 찾아 선택한다.
STEP 6 ❸ 추가하기 버튼을 눌러 선택한 오브젝트를 추가한다.

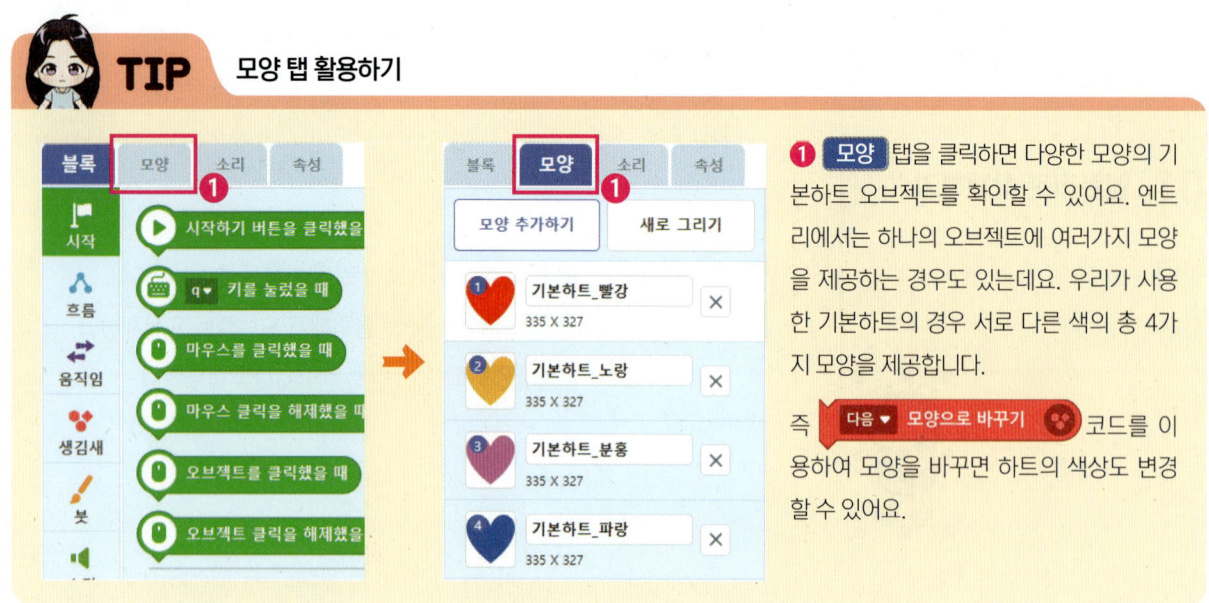

03 기본하트 크기 변경하기

기본하트의 크기가 너무 크니 크기를 줄여주겠습니다.

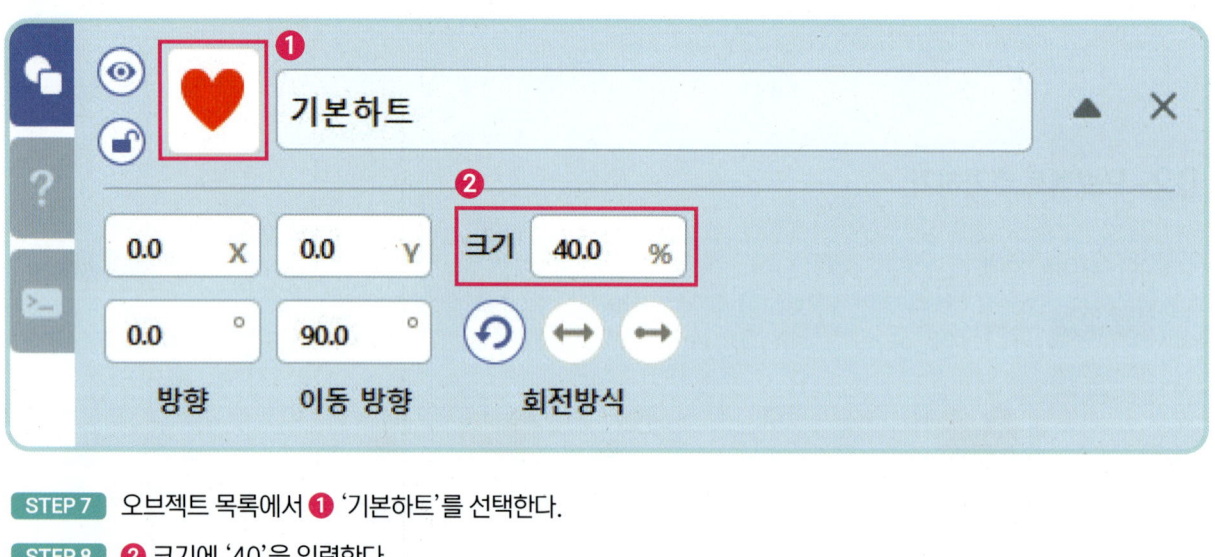

STEP 7 오브젝트 목록에서 ❶ '기본하트'를 선택한다.
STEP 8 ❷ 크기에 '40'을 입력한다.

미션2 코딩하기

01 기본하트 하나 만들기

하트 가로줄을 만들기 위해서 하트의 위치를 왼쪽 위로 이동시켜야 해요.

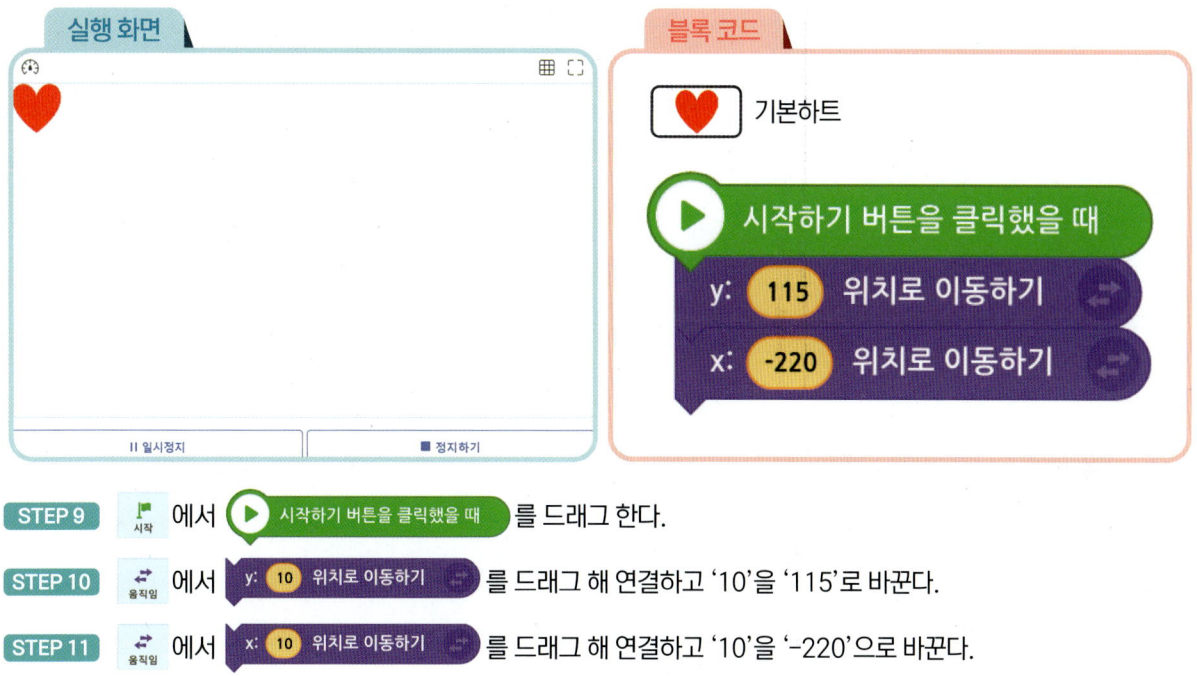

STEP 9 시작 에서 『시작하기 버튼을 클릭했을 때』를 드래그 한다.
STEP 10 움직임 에서 『y: 10 위치로 이동하기』를 드래그 해 연결하고 '10'을 '115'로 바꾼다.
STEP 11 움직임 에서 『x: 10 위치로 이동하기』를 드래그 해 연결하고 '10'을 '-220'으로 바꾼다.

TIP 왜 좌표 입력 숫자가 -220, 115일까요?

엔트리의 실행화면은 x좌표 -240~240 이고 y좌표는 -135~135 입니다. 또한 엔트리에서의 오브젝트의 크기가 40%일 경우 한 변의 길이가 40정도 됩니다. 따라서 왼쪽 꼭지점의 좌표는 (-240, 135)이고 하트의 중심 좌표는 (-220, 115)입니다.

02 하트 하나 더 그리기

하트를 하나 더 그리는 코드를 만듭니다.

STEP 12 붓 에서 도장 찍기 를 드래그 한다.

STEP 13 생김새 에서 다음 모양으로 바꾸기 를 드래그 해 연결한다.

STEP 14 움직임 에서 x 좌표를 10 만큼 바꾸기 를 드래그 해 연결하고 '10'을 '40'으로 바꾼다.

03 하트 가로 한줄 만들기

하트를 하나 더 그리고 오른쪽으로 한 칸 이동하는 것을 12번 반복하면 가로줄을 완성할 수 있겠죠?

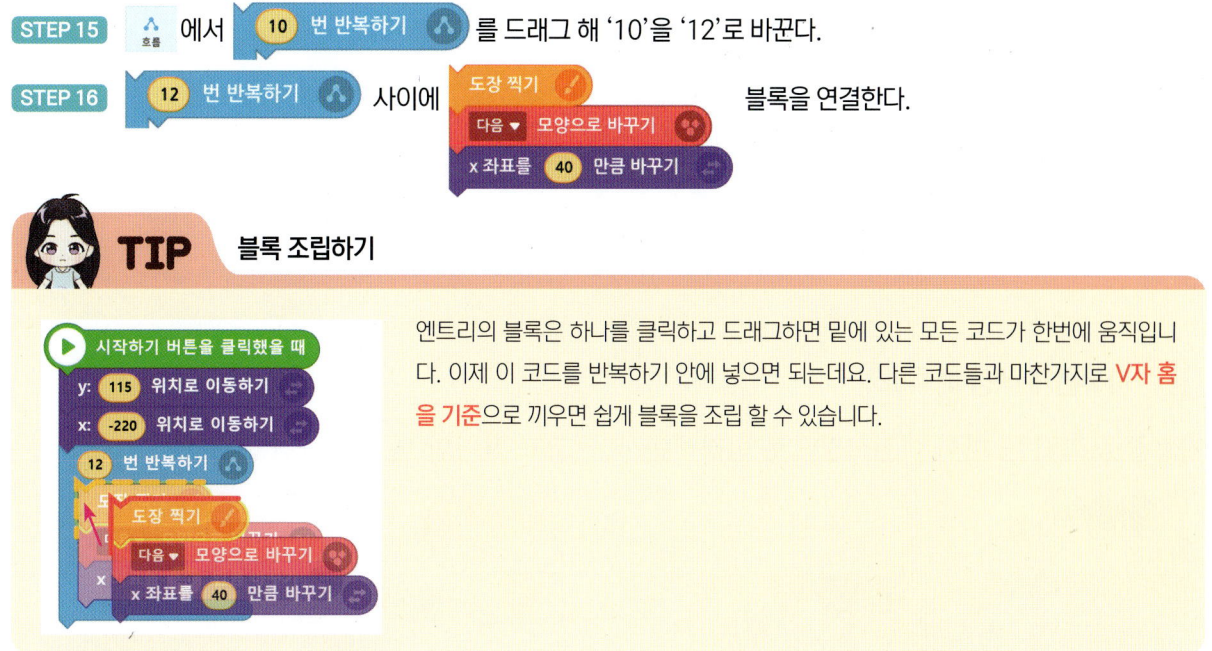

04 하트를 화면 전체에 채우기

가로줄을 그린 후 밑으로 한 칸 이동을 7번 반복하면 하트를 화면 가득 채울 수 있습니다.

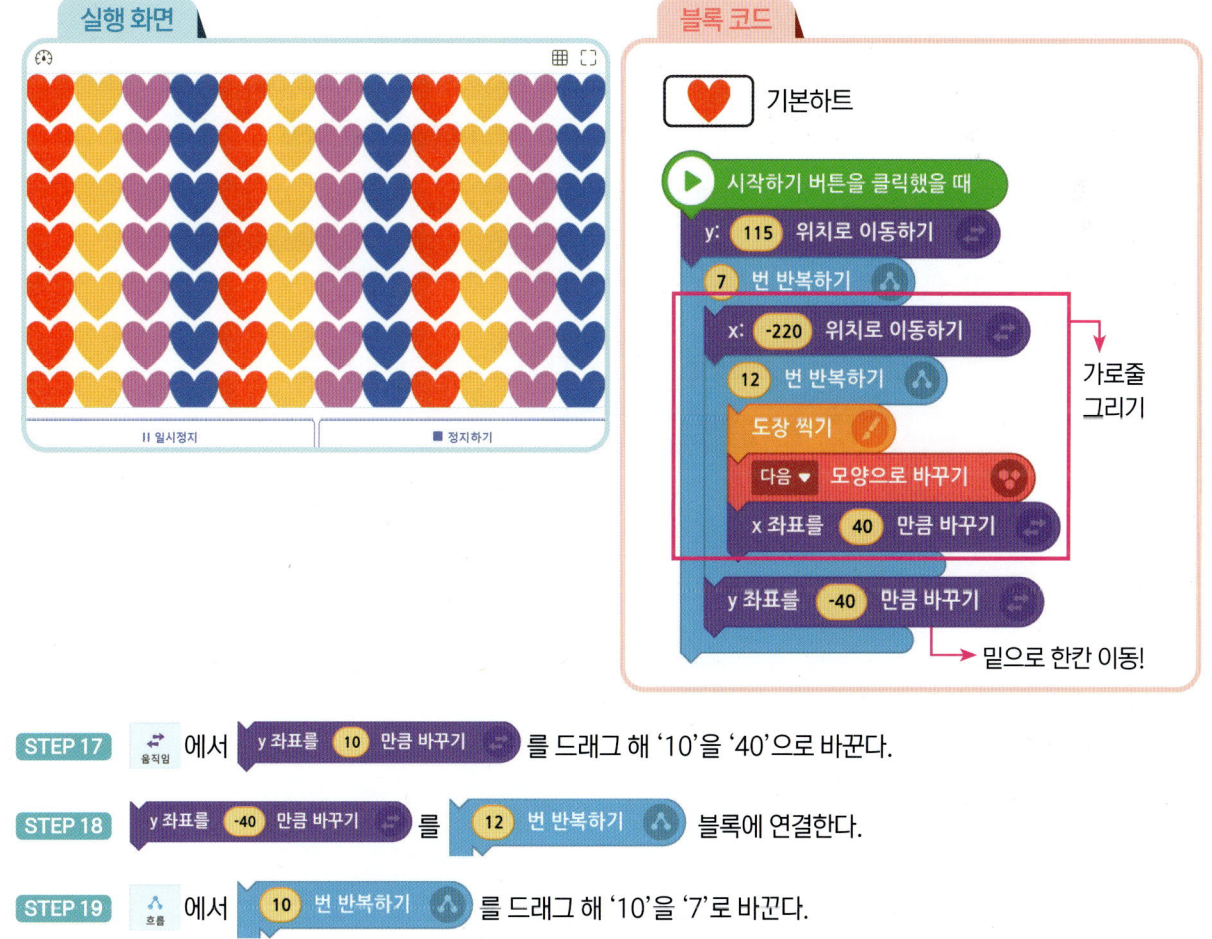

STEP 17 음직임 에서 y좌표를 10 만큼 바꾸기 를 드래그 해 '10'을 '40'으로 바꾼다.

STEP 18 y좌표를 -40 만큼 바꾸기 를 12 번 반복하기 블록에 연결한다.

STEP 19 흐름 에서 10 번 반복하기 를 드래그 해 '10'을 '7'로 바꾼다.

4장 100개의 도형은 어떻게 만들까? 103

STEP 20  를 연결한다.

05 자유롭게 색상 배치하기

가로줄을 그릴 때 마다 이전모양으로 변경해봅시다. 코드 하나만 더 추가하면 되겠죠?

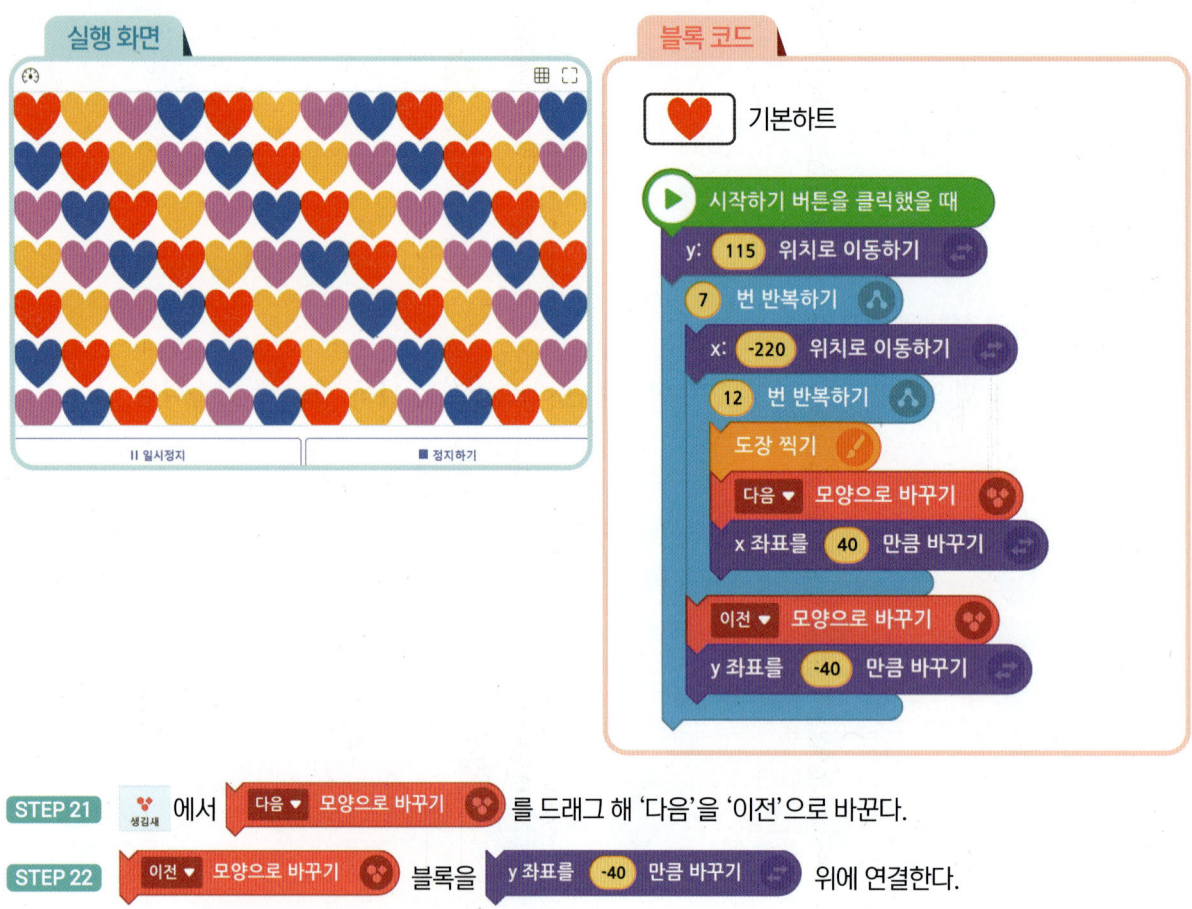

STEP 21 생김새 에서 다음▼ 모양으로 바꾸기 를 드래그 해 '다음'을 '이전'으로 바꾼다.

STEP 22 이전▼ 모양으로 바꾸기 블록을 y 좌표를 -40 만큼 바꾸기 위에 연결한다.

완성

STEP 23 ▶시작하기 버튼을 클릭해서 완성 작품을 감상한다.

우리 친구들 지금까지 잘 따라왔나요? 다음에 배울 한 걸음 더 코너의 미션도 선생님과 함께 차근차근 해봐요.

4장 100개의 도형은 어떻게 만들까? **105**

★ 불규칙한 패턴 만들기

하트를 무작위로 그려 보세요.

작품 예시

하트를 규칙적으로 그리는 것도 좋지만 이번에는 무작위로 하트를 그려볼까요?

작품을 실행할 때 마다 무작위로 그려져서 그때 그때 서로 다른 그림이 그려지는 것도 아름답지 않나요?

힌트

▶ 무작위수 블록을 사용해 보세요.

02 회전하는 무늬 만들기

이번 시간에는 반복문과 도형 그리기를 이용해서 회전하는 무늬를 만들어 봅시다.

목표
사각형을 그리고 이를 반복해서 반복 무늬를 그린다.

완성 예시

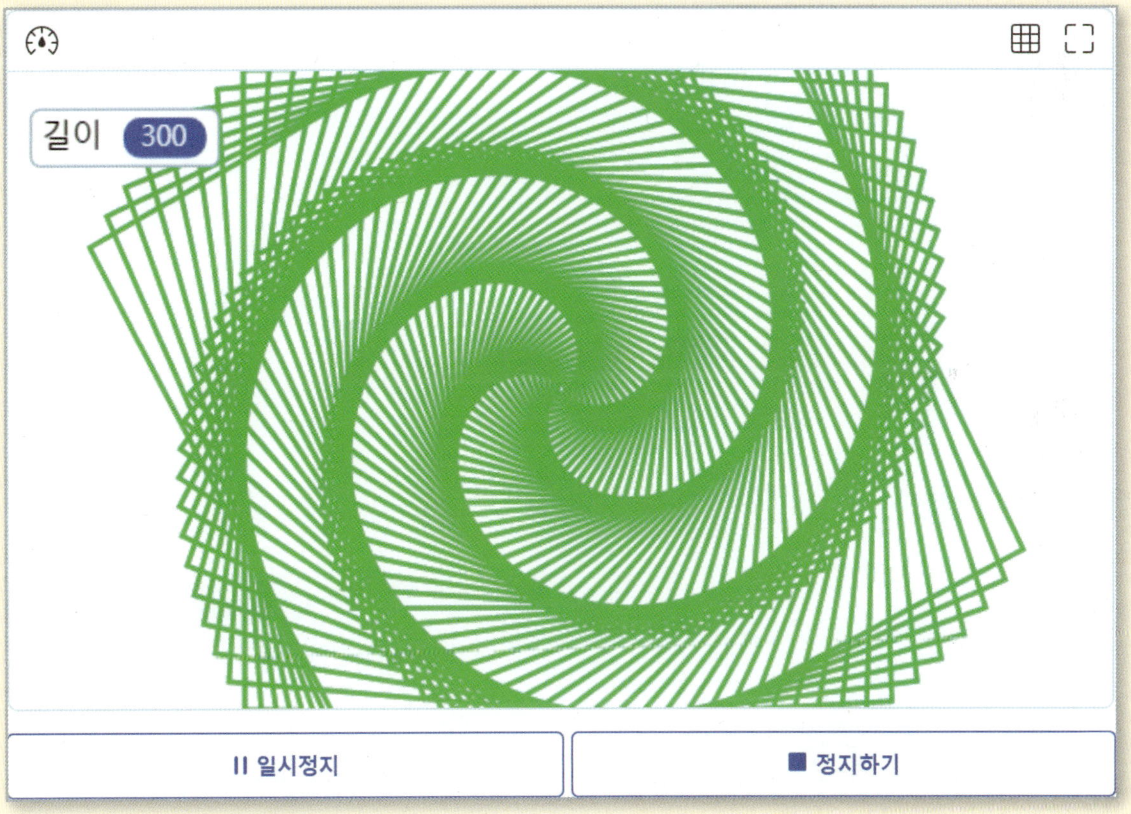

길이 300

▶ 어떤 것들을 사용할까요?

그리기 시작하기
오브젝트가 이동한 경로를 선으로 그려서 회전 무늬를 만들어요.

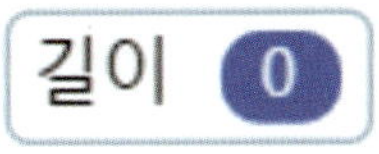

길이 0
'길이'변수를 이용해서 점점 길어지는 선을 그려요.

엔트리봇
이동하고 회전하기를 여러 번 반복하면서 회전무늬를 그려요.

4장 100개의 도형은 어떻게 만들까? **107**

미션1 오브젝트 추가하기

01 엔트리봇 사용하기

STEP 1 엔트리봇 오브젝트를 삭제하지 않는다.

미션2 코딩하기

01 붓의 기본 설정

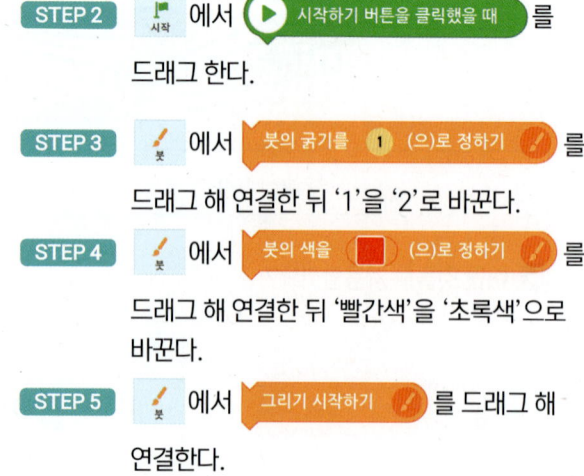

STEP 2 에서 시작하기 버튼을 클릭했을 때 를 드래그 한다.

STEP 3 에서 붓의 굵기를 1 (으)로 정하기 를 드래그 해 연결한 뒤 '1'을 '2'로 바꾼다.

STEP 4 에서 붓의 색을 (으)로 정하기 를 드래그 해 연결한 뒤 '빨간색'을 '초록색'으로 바꾼다.

STEP 5 에서 그리기 시작하기 를 드래그 해 연결한다.

02 300번 반복하기

이동방향으로 이동하고 회전하는 것을 300번 반복하기 위한 코드설정을 알아봅시다.

STEP 6 움직임에서 `이동 방향으로 10 만큼 움직이기`를 드래그 해 '10'을 '100'으로 바꾼다.

STEP 7 움직임에서 `방향을 90° 만큼 회전하기`를 드래그 해 '90°'을 '89°'로 바꾼다.

STEP 8 흐름에서 `10 번 반복하기`를 드래그 해 '10'을 '300'으로 바꾼다.

STEP 9 `300 번 반복하기` 블록 사이에 `이동 방향으로 100 만큼 움직이기` `방향을 89° 만큼 회전하기` 블록을 연결한다.

TIP 왜 89도일까요?

90°로 설정했을 경우에는 도형이 회전하지 않고, 그 위에 그림이 겹쳐져서 그려지므로 사각형 모양이 그대로 나오기 때문에 (각 도형의 외각 – 1°)만큼으로 방향을 회전시켜야 해요. 사각형은 89°, 삼각형은 119°, 육각형은 59°로 방향을 설정해야 해요. 실행 결과를 보면, 지금 단계에서는 원 모양이 나온다는 것을 알 수 있어요.

4장 100개의 도형은 어떻게 만들까? **109**

TIP 변수란?

한번에 그리는 선의 길이를 변화시키면 더 예쁜 회전 무늬를 만들 수 있습니다. 이럴 때 필요한 것이 바로 '변수' 입니다.

변수 = 값을 담는 그릇

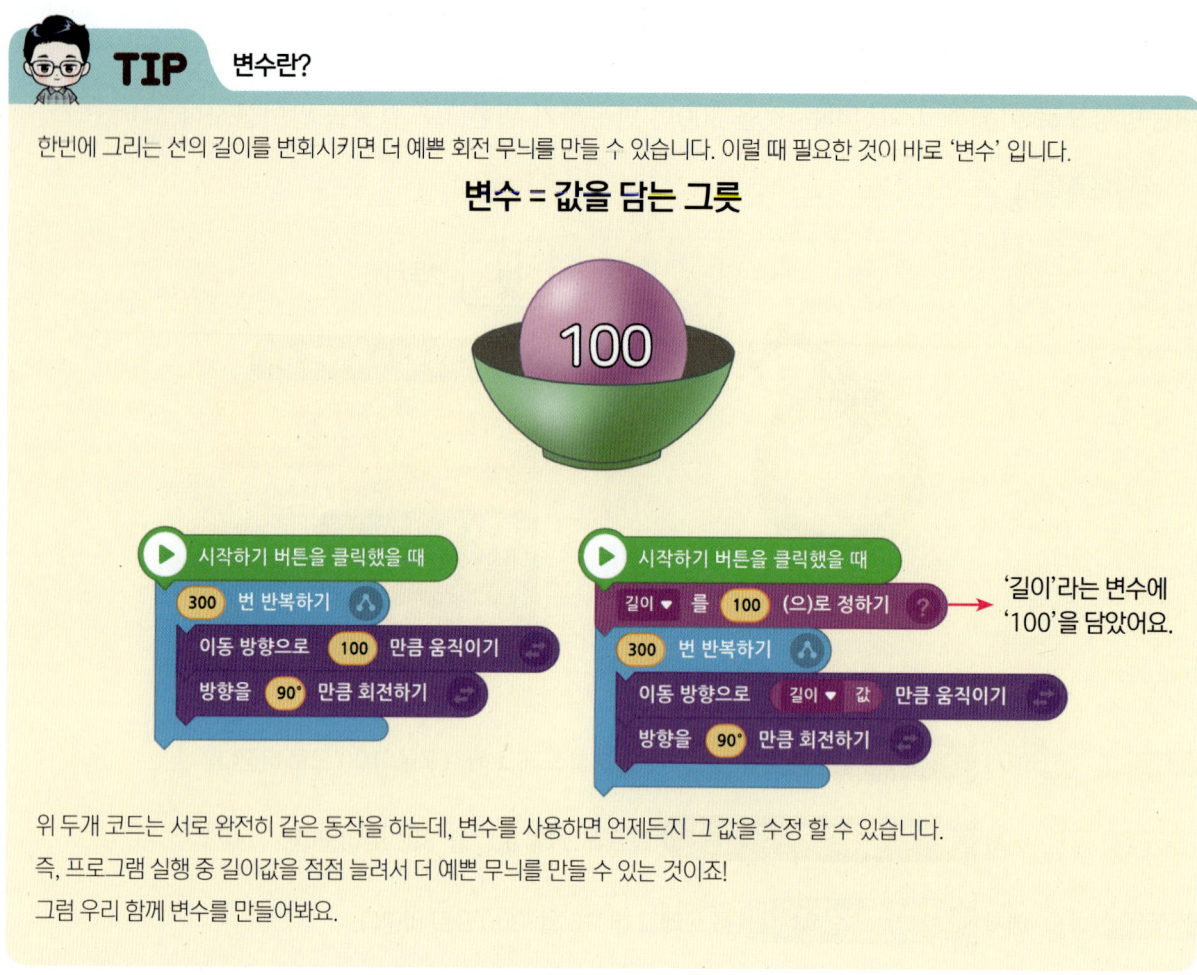

위 두개 코드는 서로 완전히 같은 동작을 하는데, 변수를 사용하면 언제든지 그 값을 수정 할 수 있습니다.
즉, 프로그램 실행 중 길이값을 점점 늘려서 더 예쁜 무늬를 만들 수 있는 것이죠!
그럼 우리 함께 변수를 만들어봐요.

03 변수 추가하기1

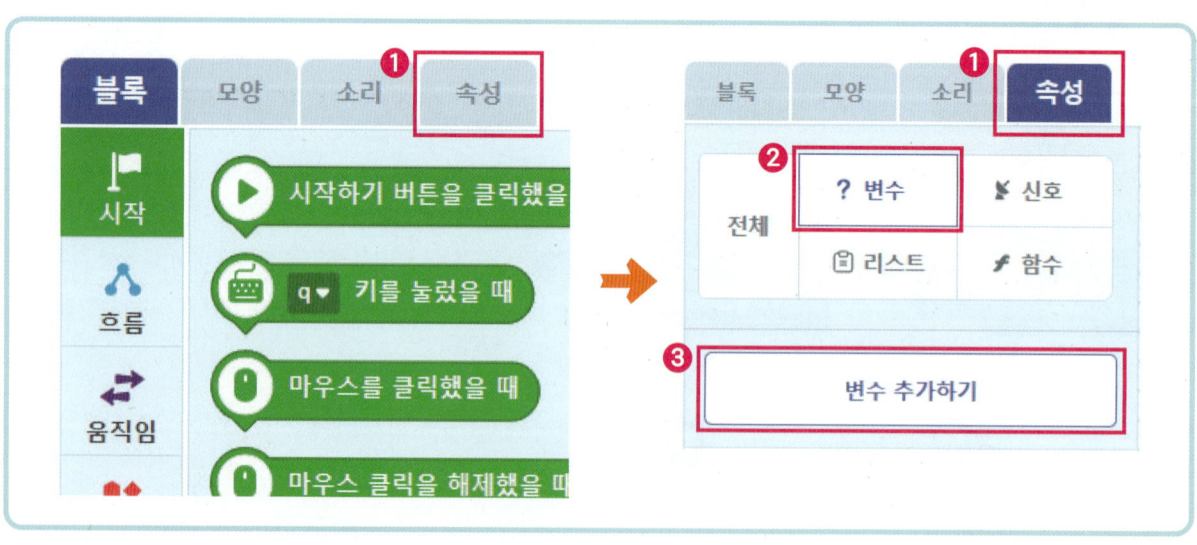

STEP 10 ❶ 속성 탭으로 이동한다.
STEP 11 ❷ 변수 를 클릭한다.
STEP 12 ❸ 변수 추가하기 를 클릭한다.

04 변수 추가하기2

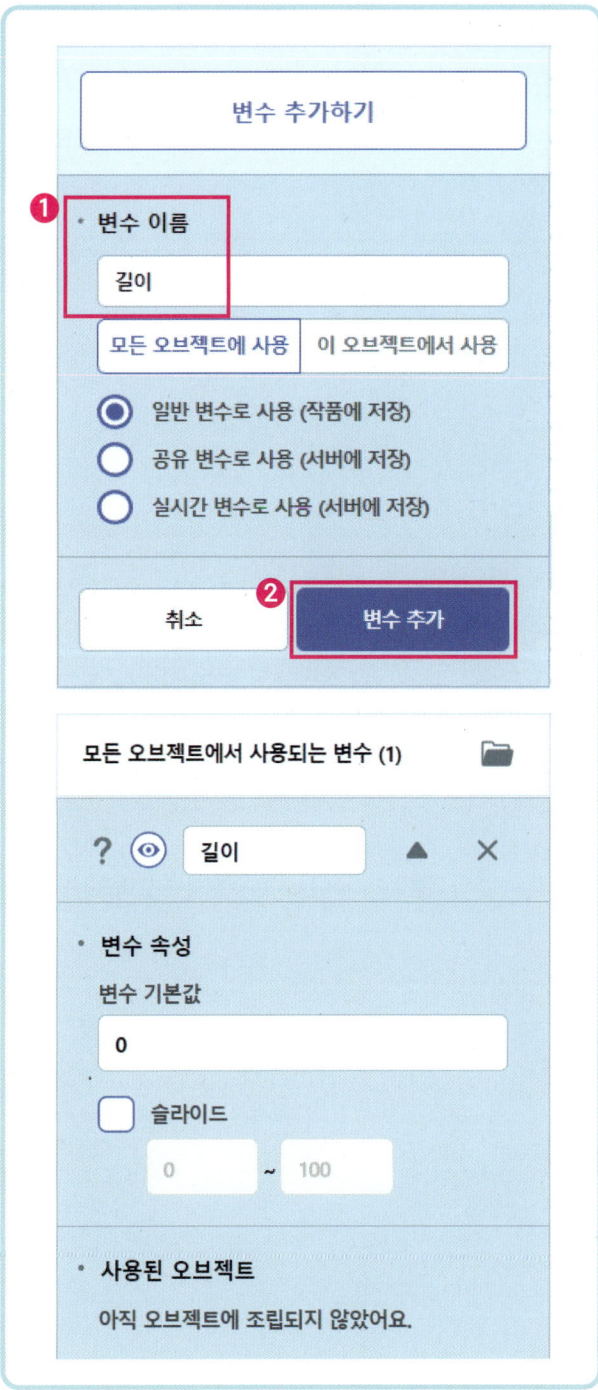

STEP 13 ❶ 변수 이름에 '길이'라고 입력한다.
STEP 14 ❷ 변수 추가 버튼을 눌러 변수를 추가한다.
STEP 15 블록 탭을 클릭한다.

05 변수 반영 확인

STEP 16 ❶ 변수가 추가된 것을 확인한다.

변수가 담고 있는 값을 실시간으로 확인할 수 있어요.

TIP 변수이름은 정말 중요해요!

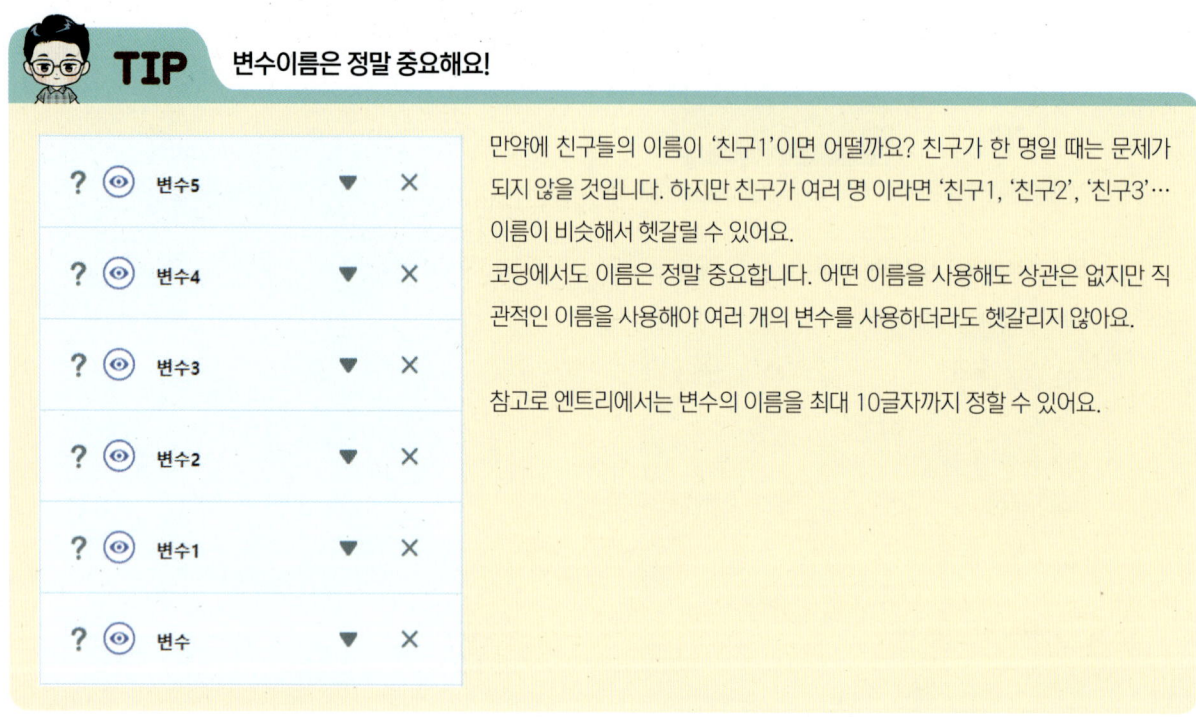

만약에 친구들의 이름이 '친구1'이면 어떨까요? 친구가 한 명일 때는 문제가 되지 않을 것입니다. 하지만 친구가 여러 명 이라면 '친구1', '친구2', '친구3'… 이름이 비슷해서 헷갈릴 수 있어요.

코딩에서도 이름은 정말 중요합니다. 어떤 이름을 사용해도 상관은 없지만 직관적인 이름을 사용해야 여러 개의 변수를 사용하더라도 헷갈리지 않아요.

참고로 엔트리에서는 변수의 이름을 최대 10글자까지 정할 수 있어요.

06 변수 적용하기

변수 '길이' 값을 '0'으로 정하고 이후 길이를 '1씩' 늘리며 '길이'만큼 이동하면 그려지는 선의 길이가 '1씩' 늘어나는 반복무늬를 만들 수 있어요.

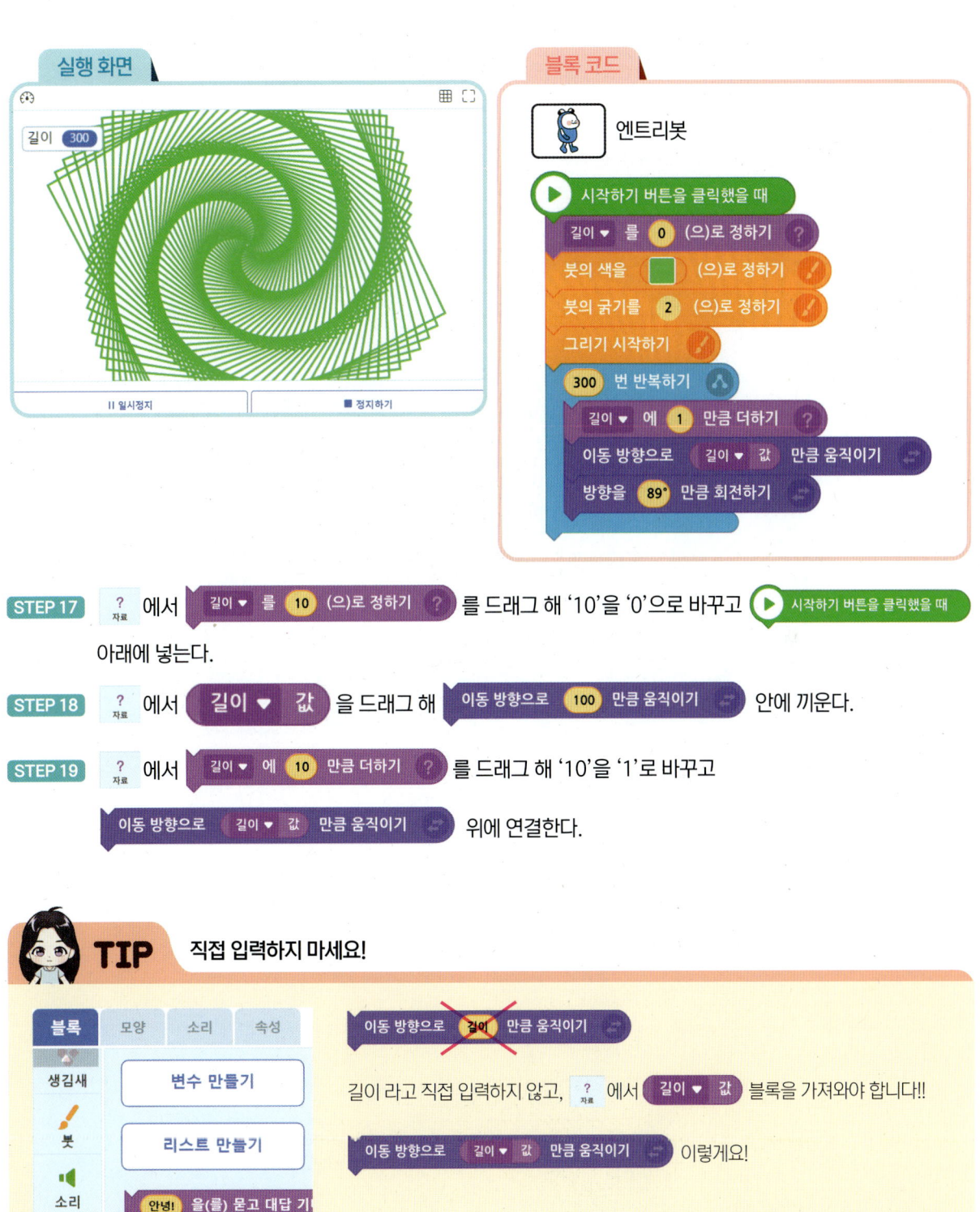

STEP 17 ?자료 에서 `길이를 10 (으)로 정하기` 를 드래그 해 '10'을 '0'으로 바꾸고 `시작하기 버튼을 클릭했을 때` 아래에 넣는다.

STEP 18 ?자료 에서 `길이 값` 을 드래그 해 `이동 방향으로 100 만큼 움직이기` 안에 끼운다.

STEP 19 ?자료 에서 `길이에 10 만큼 더하기` 를 드래그 해 '10'을 '1'로 바꾸고 `이동 방향으로 길이 값 만큼 움직이기` 위에 연결한다.

TIP 직접 입력하지 마세요!

길이 라고 직접 입력하지 않고, ?자료 에서 `길이 값` 블록을 가져와야 합니다!!

`이동 방향으로 길이 값 만큼 움직이기` 이렇게요!

완성

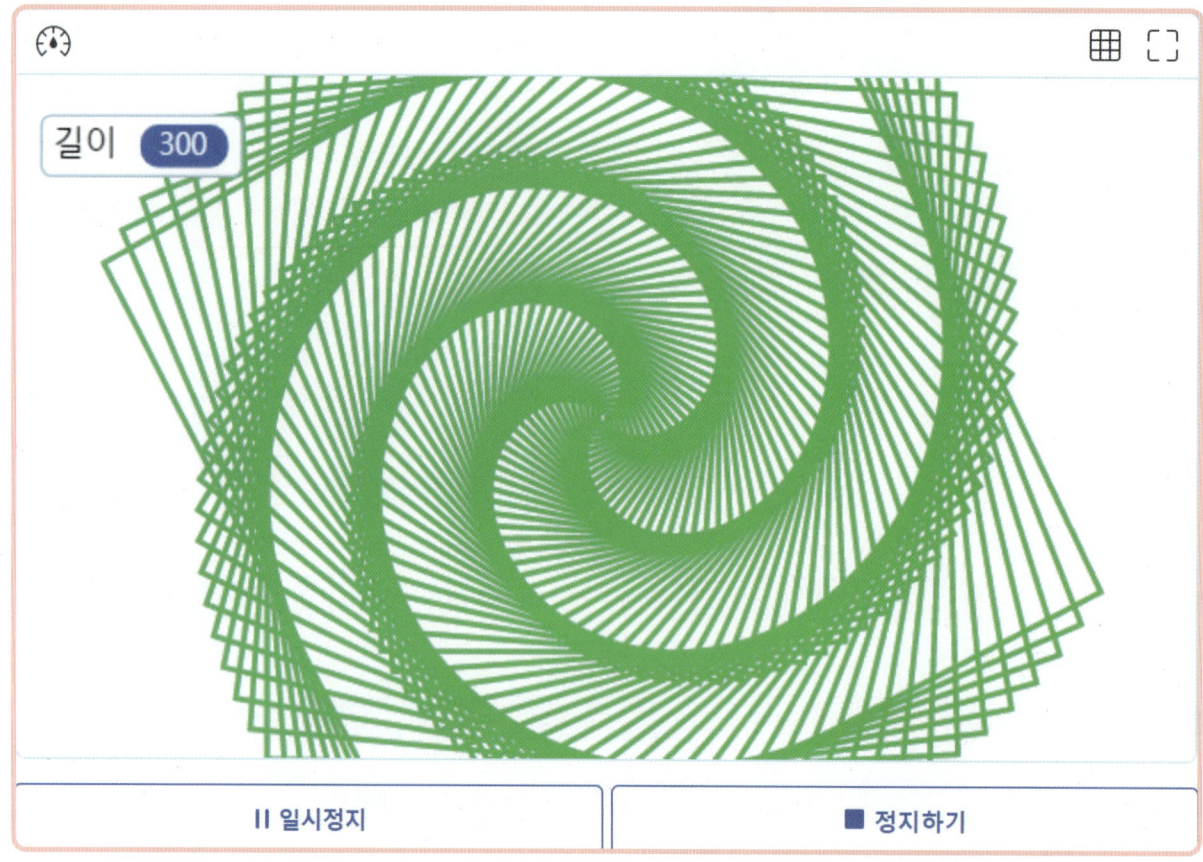

STEP 20 ▶시작하기 를 클릭해서 직접 만든 작품을 실행한다.

작품 QR
강의영상

 대답기능을 사용해서 내 마음대로 도형 바꾸기

각도를 조금 변경하면 다양한 무늬를 만들 수 있어요!

선생님 강의 영상을 보면서 함께 풀어봐요.

작품 예시

사각형을 조금씩 회전하며 반복 무늬를 만들어 봤는데요. 다른 도형을 회전시키면 어떤 그림이 만들어 질까요?

사용자에게 어떤 도형을 그릴지 물어보고 그려봅시다!

- 묻고 대답기다리기 블록을 이용하면 사용자에게 질문을 할 수 있어요.
- 삼각형은 119도, 육각형은 59도 회전하면서 그려져요.

반복의 아름다움 - 테셀레이션

예술 작품을 더 멋지고 특별하게 만들기 위해서 우리는 점묘법, 그라데이션, 낯설게 하기 등 다양한 기법을 사용해요. 여러 기법 중에서도 '반복하기'는 자주 쓰이는 기법 중 하나예요.

예를 들어, 이미지의 반복은 새로운 권위, 시각적 정체성과 다양한 의미를 부여할 수 있죠.

*반복의 기능
중복성: 끊임없는 의미 제시
장식적: 반복된 이미지들은 장식적인 것이 되기 쉬움
일회성: 무상함, 일회성의 느낌을 동반
반복을 깨뜨림: 변화를 도입해서 반복을 깨뜨리는 것은 흥미를 유발할 수 있는데, 보는 사람의 예상을 허물어뜨림
힘으로의 반복: 반복되는 이미지나 요소는 힘이 있어 보임
형식적 모티프: 반복된 이미지들은 미술 작품에 이용할 수 있는 다른 변수를 탐구하기 위해 안정적인 구조를 제공

대표적인 반복 예술 기법으로 테셀레이션tessellation이 있어요. 우리 말로는 쪽 맞추기라고도 하며, 같은 모양의 조각들을 서로 겹치거나 틈이 생기지 않게 늘어놓아 평면이나 공간을 덮는 것을 말해요. 테셀레이션의 원리는 모양을 밀고 뒤집고 돌리면서 다양한 무늬를 만드는 것이에요.

테셀레이션은 주변에서도 흔히 볼 수 있어요. 이불, 옷, 욕실의 타일 등 이용되는 곳이 많죠.

　　　이불　　　　　　　　　옷　　　　　　　　욕실 타일

에셔의 작품은 테셀레이션 기법으로 유명해요. 에셔M.C.Escher(1898~1972)는 네덜란드의 화가이자 기하학자로, 특이한 모양과 착시 등을 테셀레이션 기법에 적용한 예술가예요. 같은 도형을 단순하게 반복하지 않고, 다양한 수학적 원리를 이용해서 다양한 반복을 시도했어요.

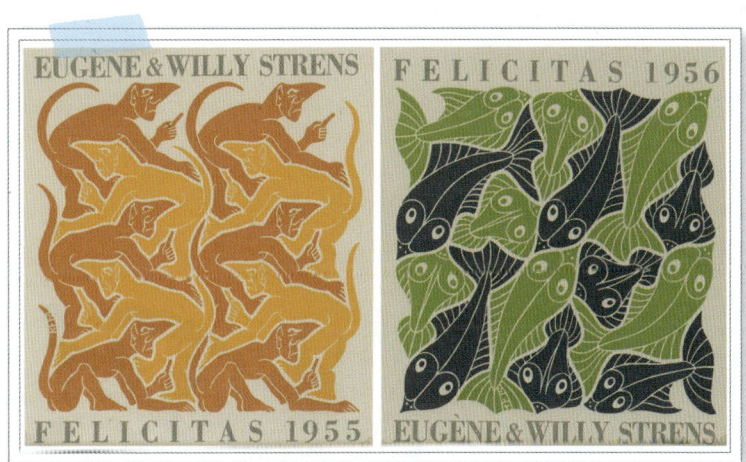

에셔의 작품들(출처: 위키백과)

5장

오브젝트는 어떻게 소통할까?
신호 주고받기

핵심쏙쏙 개념 알기

01 신호 - 동작 타이밍 알려주기

코딩술술 직접 해보기

01 나만의 그림판 만들기
+ **실력쑥쑥 한걸음 더** 그림판에 기능 추가하기

02 밤하늘 속 아름다운 오로라 만들기
+ **실력쑥쑥 한걸음 더** 더 빠르게 오로라 만들기

재미솔솔 쉬어가기

전자기기는 어떻게 소통할까?

> **개념1** 신호 – 동작 타이밍 알려주기

오브젝트끼리는 어떻게 신호를 주고 받을까요?

엔트리에는 '신호' 기능이 있어요. 신호는 어떤 오브젝트가 원하는 때에 다른 오브젝트의 블록이 동작할 타이밍을 알려주는 기능을 말해요. 신호를 이용하면 내가 원하는 시점과 조건에 맞춰 오브젝트가 동작하는 순서를 정할 수 있어요. 이렇게 오브젝트끼리는 신호를 통해 대화를 주고 받으며 순서를 정한답니다.

신호는 속성 탭에서 만들 수 있어요. 속성 탭을 클릭하면 아래와 같이 변수, 신호, 리스트, 함수 이렇게 4개의 카테고리가 나와요.

변수	변수는 숫자나 문자 값을 저장할 수 있는 공간이에요. 변수에는 한 번에 한 가지 값만 저장할 수 있으며, 언제든지 수정·변경할 수 있어요.
리스트	리스트는 숫자나 문자 값을 여러개 저장할 수 있는 공간이에요. 리스트 각 항목에는 한 가지 값만 저장할 수 있으며, 언제든지 수정·변경이 가능해요. 또한 리스트 항목에는 순서대로 번호가 붙어있어서 값을 찾기 쉬워요.
신호	특정 오브젝트가 원하는 때에 다른 오브젝트의 블록이 동작할 타이밍을 알려줘요.
함수	함수를 이용하면 여러 블록의 조립을 하나의 블록처럼 사용할 수 있어요.

01 속성 탭 화면 설명

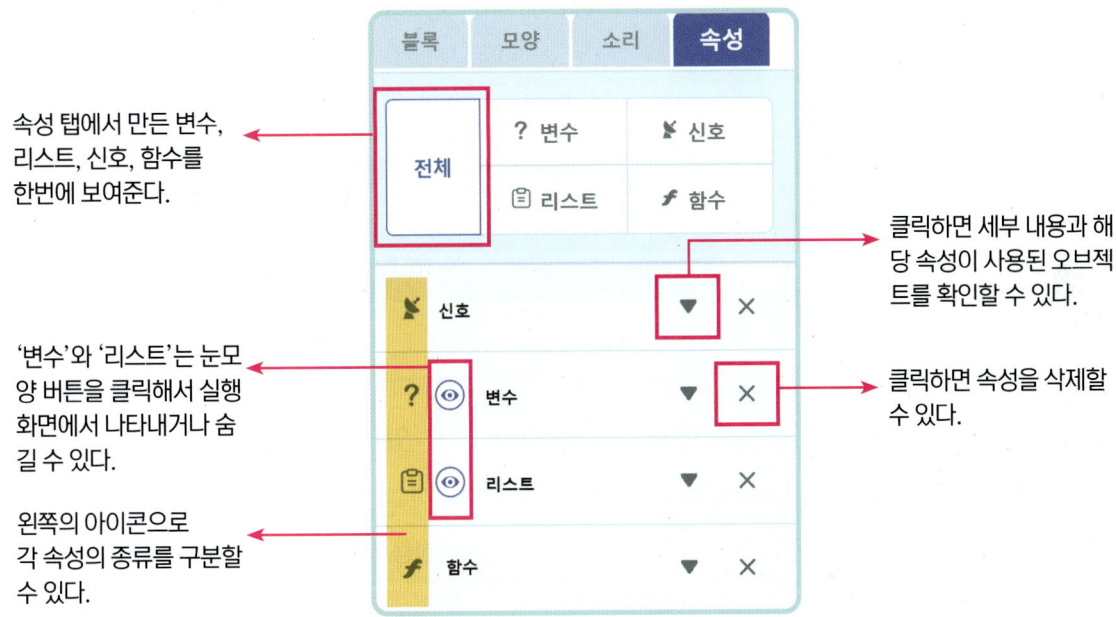

속성 탭에서 만든 변수, 리스트, 신호, 함수를 한번에 보여준다.

클릭하면 세부 내용과 해당 속성이 사용된 오브젝트를 확인할 수 있다.

'변수'와 '리스트'는 눈모양 버튼을 클릭해서 실행 화면에서 나타내거나 숨길 수 있다.

클릭하면 속성을 삭제할 수 있다.

왼쪽의 아이콘으로 각 속성의 종류를 구분할 수 있다.

02 신호의 사용법

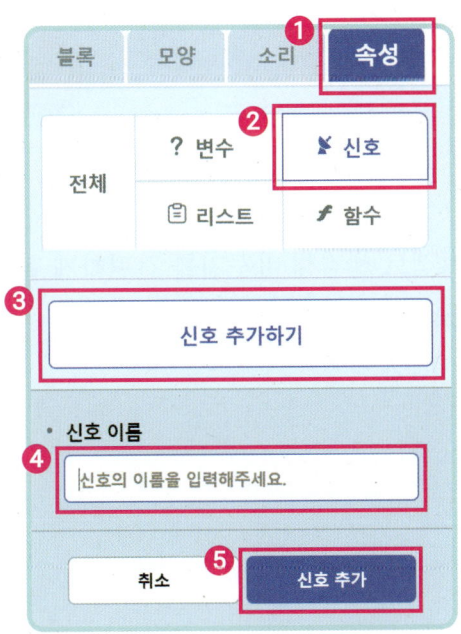

① 속성 → ② 신호 → ③ 신호 추가하기
→ ④ 원하는 이름 입력 → ⑤ 신호 추가 순서로 클릭한다.

블록1   전등 켜기 코드

버튼을 클릭하면 버튼에서 보내는 신호를 이용해 전등의 불을 켜는 코드예요.

실행해보면 버튼을 클릭할 때 전등이 제대로 켜지는 것을 볼 수 있어요.

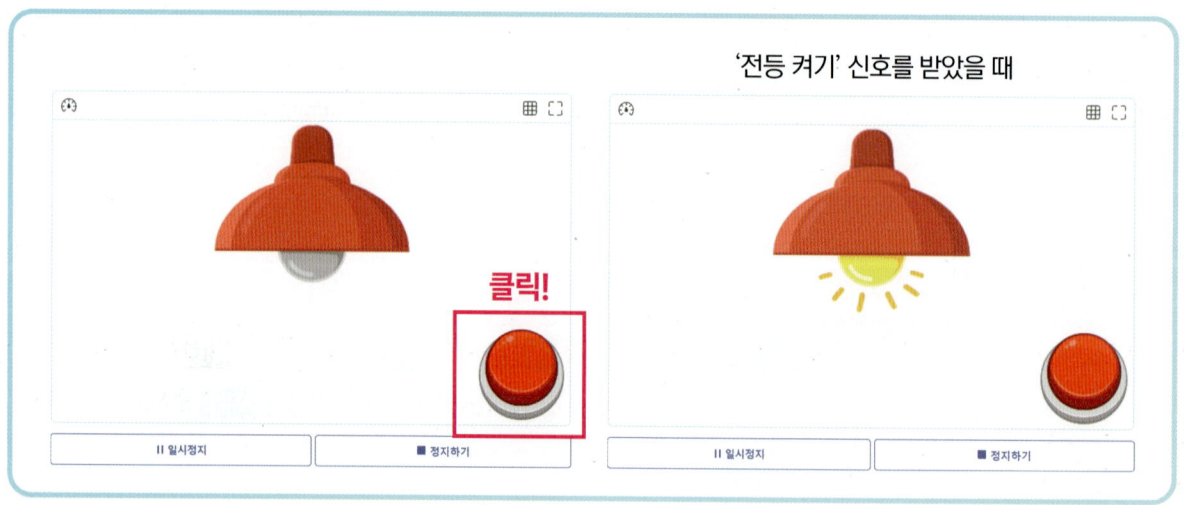

'신호'를 이용하면 장면 전환하기나 원하는 타이밍에 오브젝트 생김새 바꾸기를 간편하게 할 수 있어요. 이제 신호 기능을 통해 효율적인 코딩을 하러 가볼까요?

01 나만의 그림판 만들기

이번 시간에는 직접 원하는 그림을 그릴 수 있는 그림판을 만들어 봅시다.

목표
1. 마우스 클릭으로 원하는 그림을 그린다.
2. 오브젝트를 클릭해서 붓의 색을 변경한다.

완성 예시

어떤 것들을 사용할까요?

- 물약 버튼을 누르면 신호를 보내서 색을 바꿔요.
- 빨강, 초록, 파랑 물약을 클릭하면 신호를 보내요.
- 신호를 받으면 붓의 색을 변경하고 마우스를 클릭해서 그림을 그려요.

미션1   오브젝트 추가하기 – 물약, 연필

01 엔트리봇 삭제하기

STEP 1 ❶ '엔트리봇' 오브젝트를 선택한다.
STEP 2 ❷ ✕를 클릭해서 오브젝트를 삭제한다.
STEP 3 ❸ 오브젝트 추가하기 를 클릭한다.

02 오브젝트 추가하기

STEP 4 ❶ 판타지 에서 ❷ 물약(빨강), 물약(초록), 물약(파랑)을 선택한다.

STEP 5 ❸ 물건 에서 ❹ 연필을 선택한다.

STEP 6 ❺ 추가하기 를 클릭한다.

03 오브젝트 설정하기

STEP 7 오브젝트 위치와 크기를 설정한다.

선생님은 위와 같이 설정했어요. 친구들이 자유롭게 설정해도 돼요.

04 오브젝트 배치하기

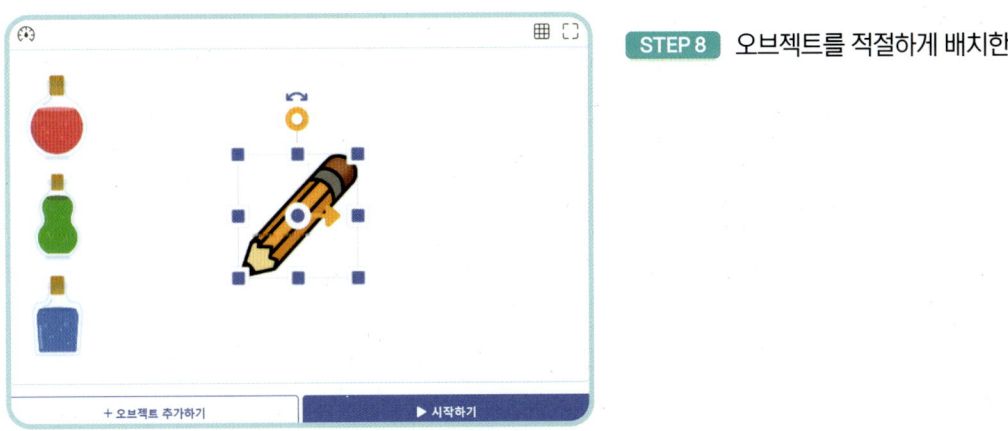

STEP 8 오브젝트를 적절하게 배치한다.

오브젝트 목록에서 원하는 오브젝트를 선택 후, 드래그해서 위치를 옮길 수 있고, 크기도 적당하게 줄일 수 있어요.

미션2　코딩하기

01　연필이 마우스를 따라다니도록 만들기

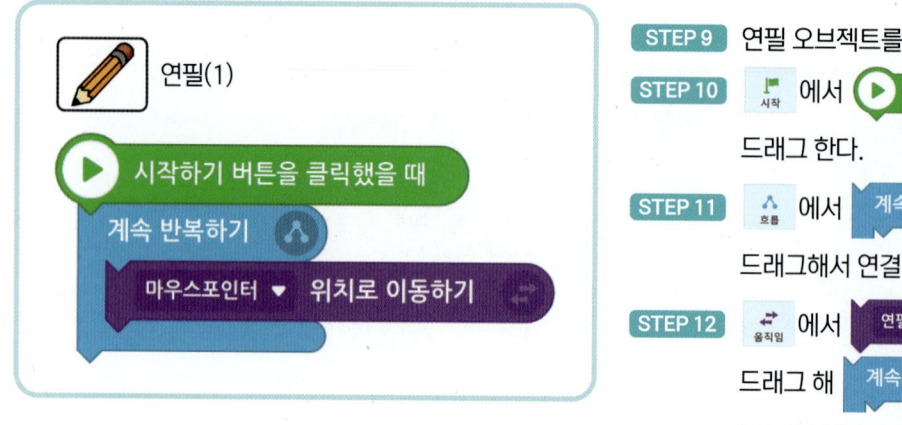

STEP 9　연필 오브젝트를 클릭한다.

STEP 10　시작에서 시작하기 버튼을 클릭했을 때 를 드래그 한다.

STEP 11　흐름에서 계속 반복하기 를 드래그해서 연결한다.

STEP 12　움직임에서 연필(1)▼ 위치로 이동하기 를 드래그 해 계속 반복하기 에 연결한 뒤 '연필(1)'을 '마우스포인터'로 바꾼다.

02　마우스클릭으로 그림 그리기

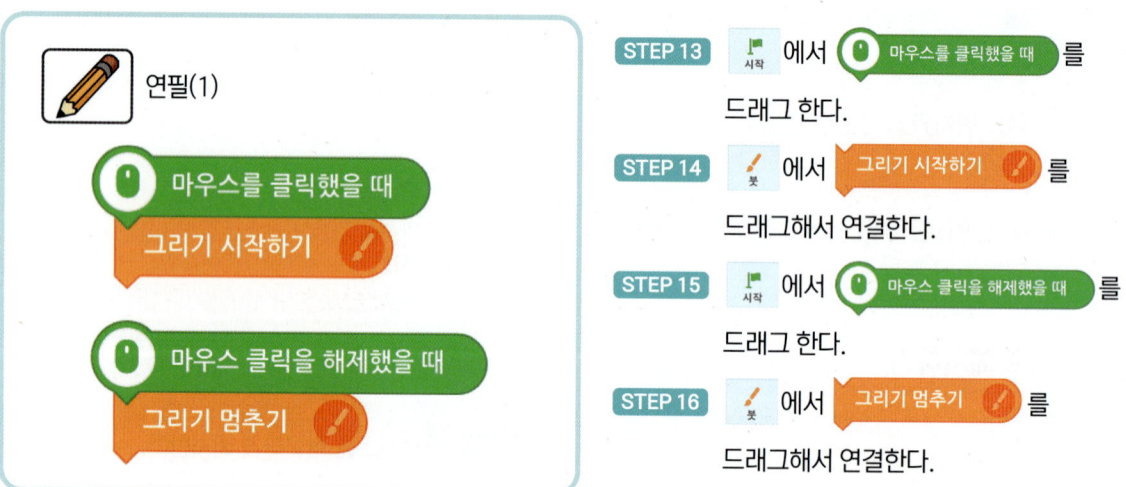

STEP 13　시작에서 마우스를 클릭했을 때 를 드래그 한다.

STEP 14　붓에서 그리기 시작하기 를 드래그해서 연결한다.

STEP 15　시작에서 마우스 클릭을 해제했을 때 를 드래그 한다.

STEP 16　붓에서 그리기 멈추기 를 드래그해서 연결한다.

03 오브젝트 중심점 이동하기

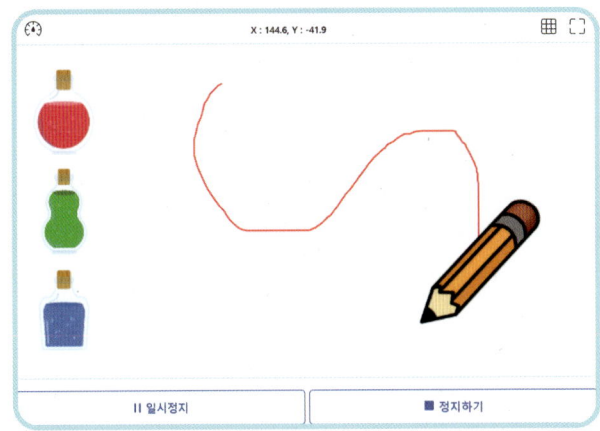

STEP 17 ▶시작하기 를 눌러 작품을 시작하면 연필 오브젝트가 마우스를 따라다니는 것을 확인할 수 있고, 마우스를 클릭해서 그림을 그릴 수 있다.

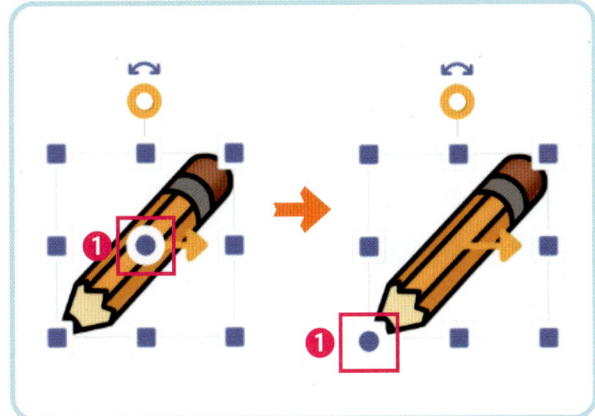

STEP 18 '연필' 오브젝트를 선택한다.

STEP 19 ❶ 둥근 파란점을 드래그 하여 오브젝트의 중심점을 연필의 심지 쪽으로 이동시킨다.

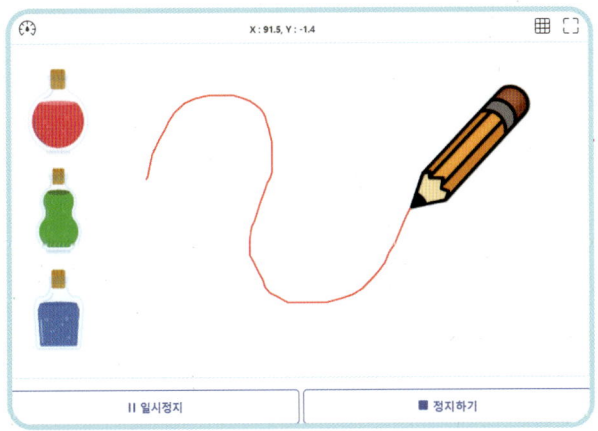

STEP 20 ▶시작하기 를 눌러 중심점을 옮긴 뒤 훨씬 자연스럽게 그림이 그려지는 것을 확인한다.

미션3 물약으로 신호를 보내서 붓의 색을 변경하기

01 색상 변경하는 신호 추가하기

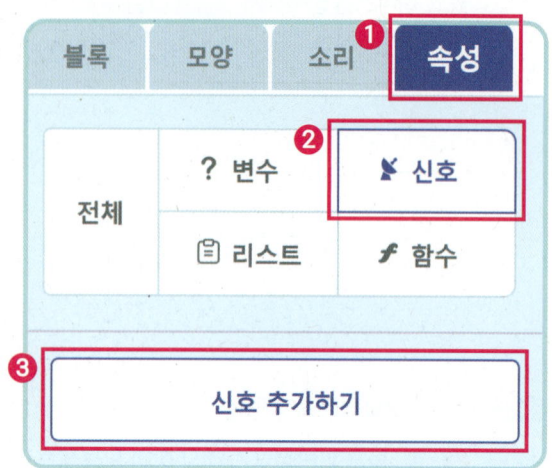

STEP 21 ❶ 속성 탭을 클릭한다.
STEP 22 ❷ 신호 를 클릭한다.
STEP 23 ❸ 신호 추가하기 를 클릭한다.

STEP 24 ❹ 신호 이름에 '빨간색'을 입력한다.
STEP 25 ❺ 신호 추가 를 클릭한다.

STEP 26 같은 방법으로 초록색, 파란색 신호를 만든다. 참고로 신호의 순서는 상관이 없다.

> 신호 삭제하기
> ✕를 누르면 신호가 삭제 됩니다.

02 물약 클릭하면 신호 보내기

각 오브젝트를 클릭하면 해당 색의 신호를 보내도록 만들어요.

STEP 27 블록 탭으로 돌아온다.

STEP 28 '물약(빨강)' 오브젝트를 클릭한다.

STEP 29 시작에서 오브젝트를 클릭했을 때 를 드래그 한다.

STEP 30 시작에서 빨간색▼ 신호 보내기 를 드래그 해 연결한다.

STEP 31 물약(초록), 물약(파랑)도 동일한 방법으로 만든다.

03 신호 받아서 색 변경하기

해당 색의 신호를 받았을 때 해당 색의 붓을 사용하도록 만들어요.

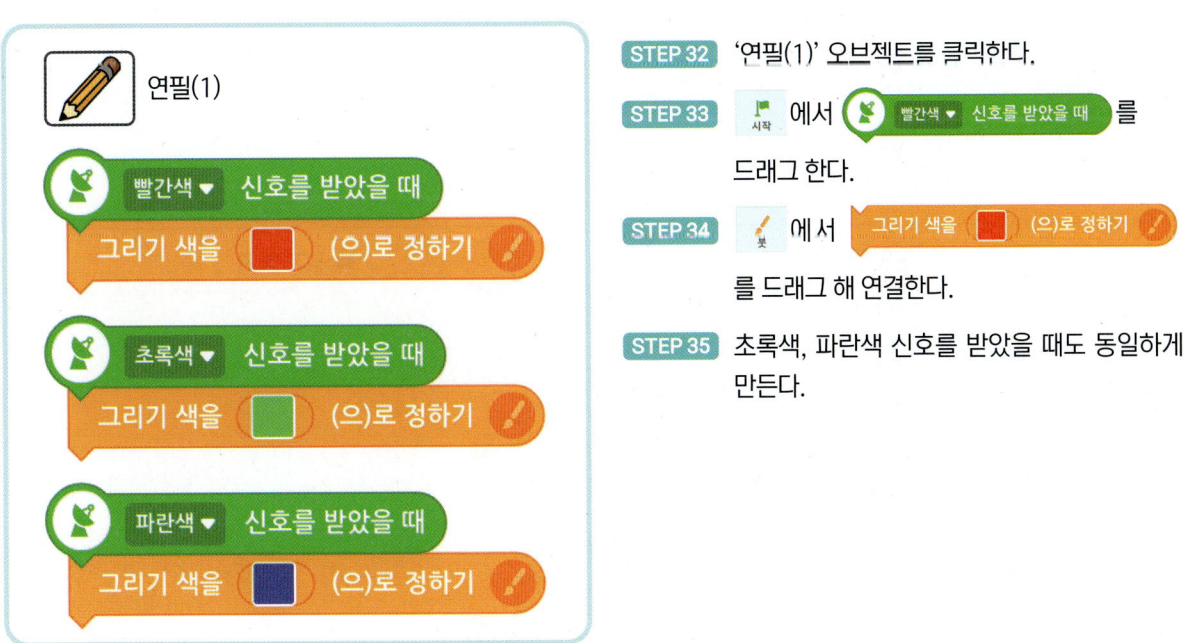

STEP 32 '연필(1)' 오브젝트를 클릭한다.

STEP 33 시작에서 빨간색▼ 신호를 받았을 때 를 드래그 한다.

STEP 34 붓에서 그리기 색을 (으)로 정하기 를 드래그 해 연결한다.

STEP 35 초록색, 파란색 신호를 받았을 때도 동일하게 만든다.

 **TIP** 색이 안 바뀔 때

 물약을 클릭해야 색이 변하는데 연필 오브젝트가 클릭 되어 색이 변하지 않을 수 있습니다. 중심점을 조금 더 왼쪽 밑으로 내려서 연필이 클릭 되지 않도록 만들어 주세요.

완성

STEP 36 ▶시작하기 버튼을 클릭한다.

STEP 37 직접 만든 그림판으로 멋진 그림을 그려본다.

★ 그림판에 기능 추가하기

지우기 기능을 추가해 보세요.

지우개 버튼을 누르면 '지우기 모드'로 변경되어 그린 그림을 지울 수 있도록 만들어 볼게요.

지우개를 길게 누르면 모든 그림을 다 지우는 기능도 만들어 봅시다!

힌트

▶ 붓의 색을 흰색으로 바꿔보세요.

▶ 초시계 블록을 이용하면 길게 눌렀는지 확인할 수 있겠죠?

02 밤하늘 속 아름다운 오로라 만들기

이번 시간에는 밤하늘의 아름다운 오로라를 만들어 봅시다.

목표
버튼을 누르면 붓과 반복하기를 이용해서 오로라가 그려지는 프로그램을 만든다.

완성 예시

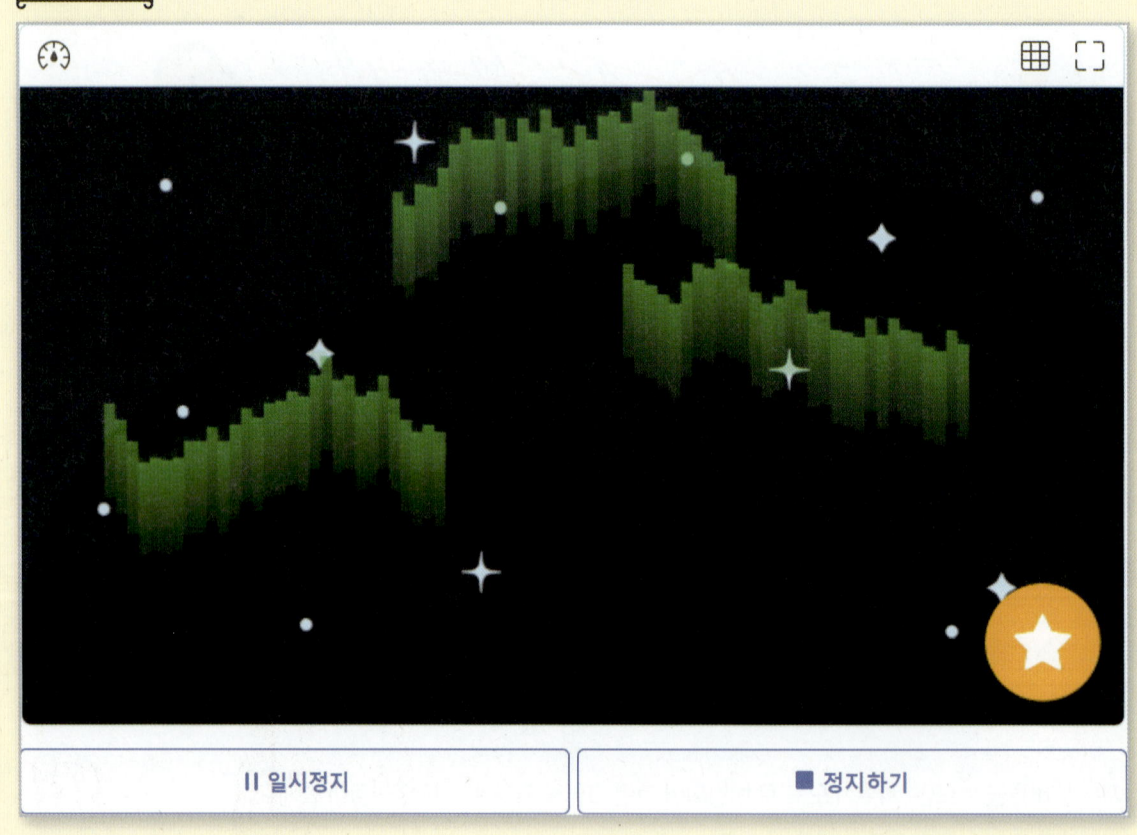

▶ 어떤 것들을 사용할까요?

투명 오브젝트		
오로라 생성	별 버튼_노랑	밤하늘(1)
'오로라 생성' 신호를 받으면 붓과 반복하기를 이용해서 예쁜 오로라를 그려요.	이 버튼을 클릭하면 '오로라 생성'을 하라는 신호를 보내요.	오로라와 잘 어울리는 어두운 배경이에요.

미션1 실행화면 설정

01 엔트리봇 삭제하기

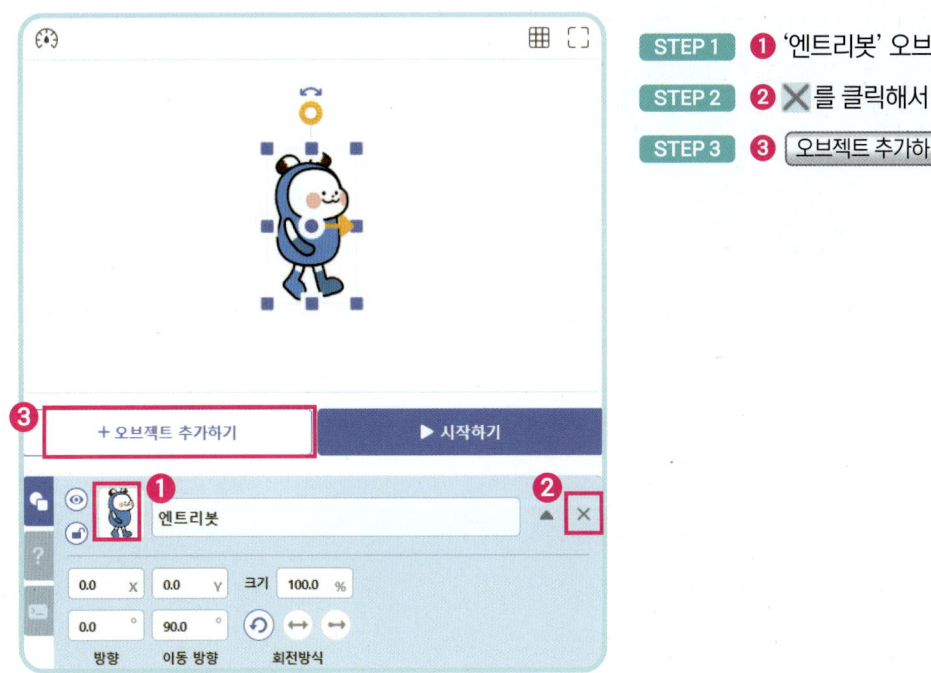

STEP 1 ❶ '엔트리봇' 오브젝트를 선택한다.
STEP 2 ❷ ✕를 클릭해서 오브젝트를 삭제한다.
STEP 3 ❸ 오브젝트 추가하기 를 클릭한다.

02 오브젝트 추가하기

STEP 4 ❶ 배경 에서 ❷ '밤하늘(1)' 오브젝트를 선택한다.
STEP 5 ❸ 인터페이스 에서 ❹ '별 버튼' 오브젝트를 선택한다.
STEP 6 ❺ 추가하기 를 클릭한다.

03 오브젝트 배치하기

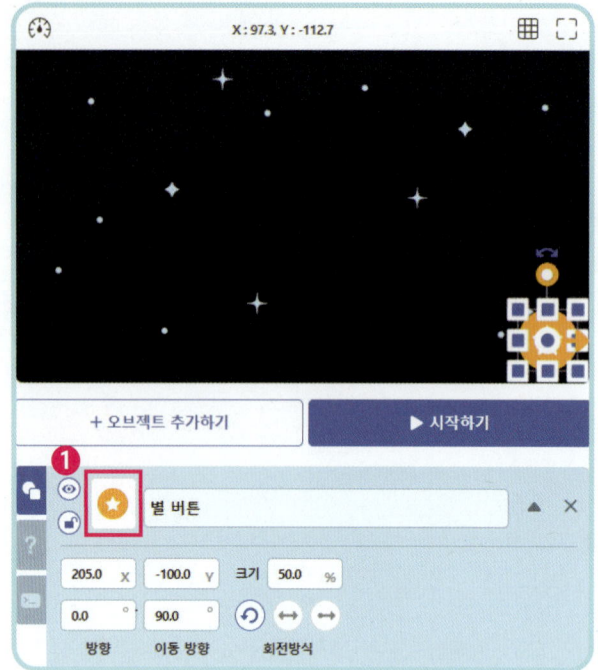

STEP 7 ❶ '별 버튼' 오브젝트를 선택한다.
STEP 8 오른쪽 아래로 이동시키고 크기도 줄여 준다.

왼쪽 예시에서는 x:205, y:-100 크기 '50%'로 설정했다.

04 신호 추가하기

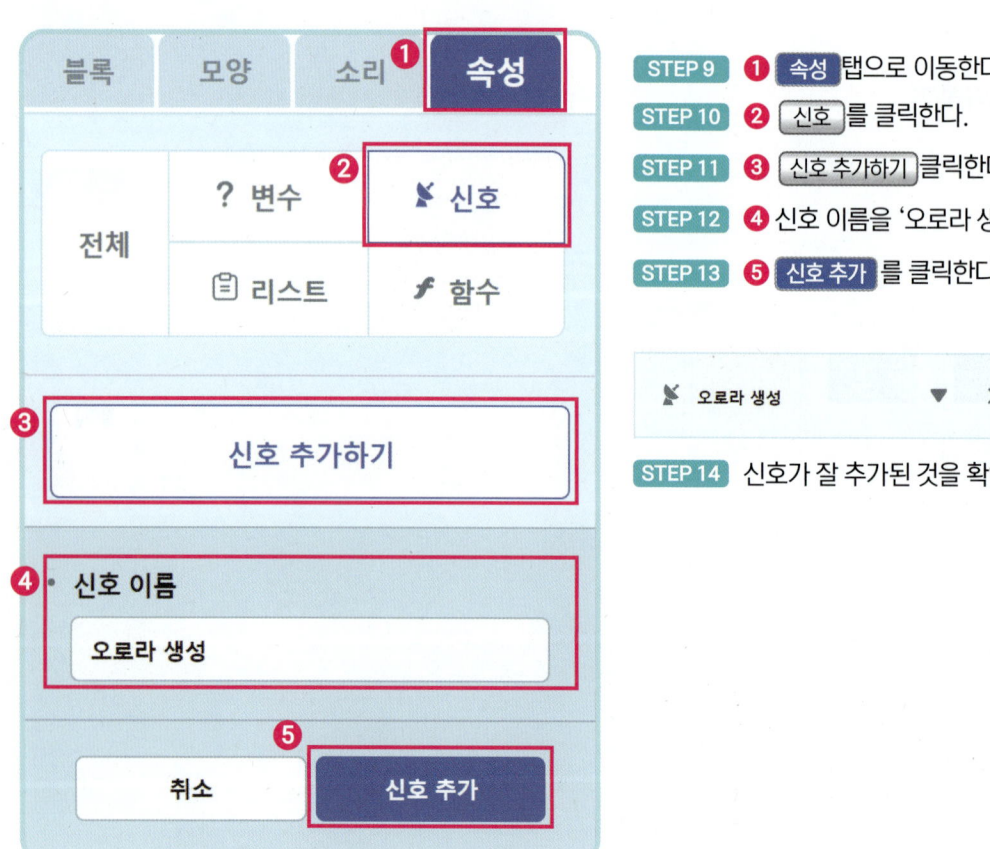

STEP 9 ❶ 속성 탭으로 이동한다.
STEP 10 ❷ 신호 를 클릭한다.
STEP 11 ❸ 신호 추가하기 클릭한다.
STEP 12 ❹ 신호 이름을 '오로라 생성'이라고 정한다.
STEP 13 ❺ 신호 추가 를 클릭한다.

STEP 14 신호가 잘 추가된 것을 확인 할 수 있다.

05 신호 보내기

별 버튼을 클릭하면 신호를 보내서 오로라를 그릴 수 있도록 만들어요.

STEP 15 블록 탭으로 돌아온다.
STEP 16 시작에서 오브젝트를 클릭했을 때 를 드래그 한다.
STEP 17 시작에서 오로라 생성 신호 보내기 를 드래그 해 연결한다.

06 투명 오브젝트 추가하기

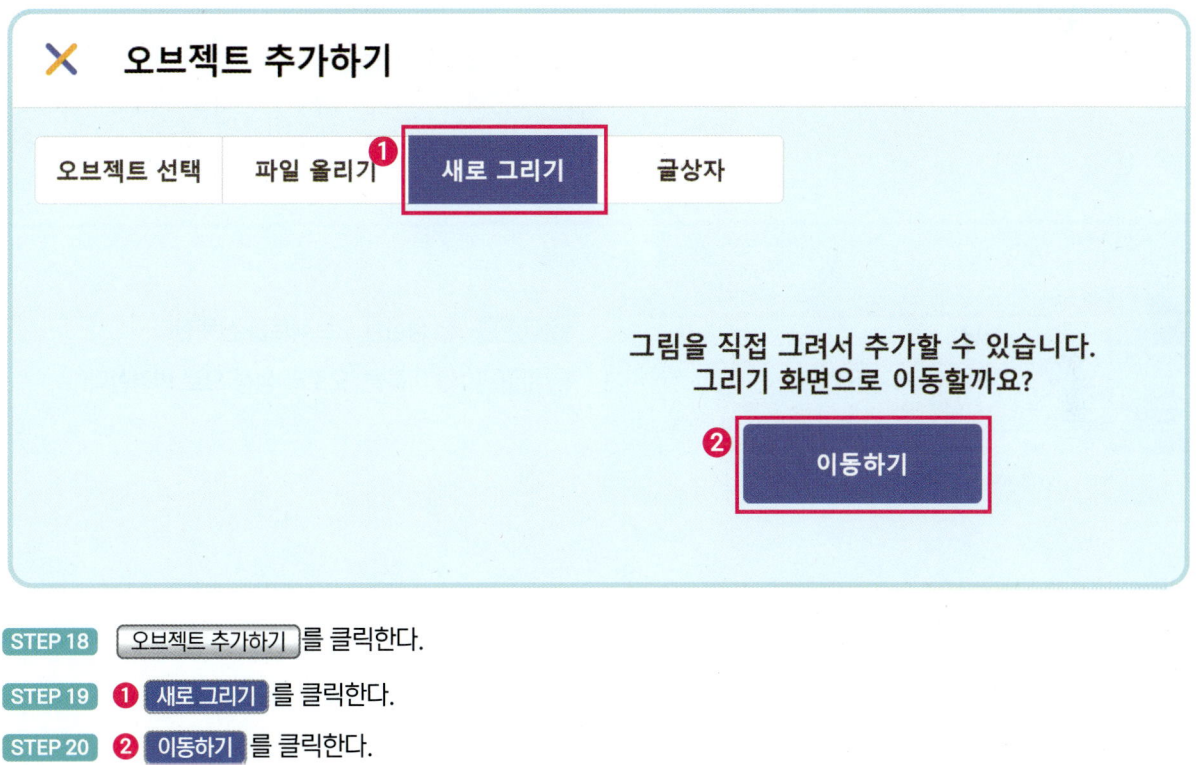

STEP 18 오브젝트 추가하기 를 클릭한다.
STEP 19 ❶ 새로 그리기 를 클릭한다.
STEP 20 ❷ 이동하기 를 클릭한다.

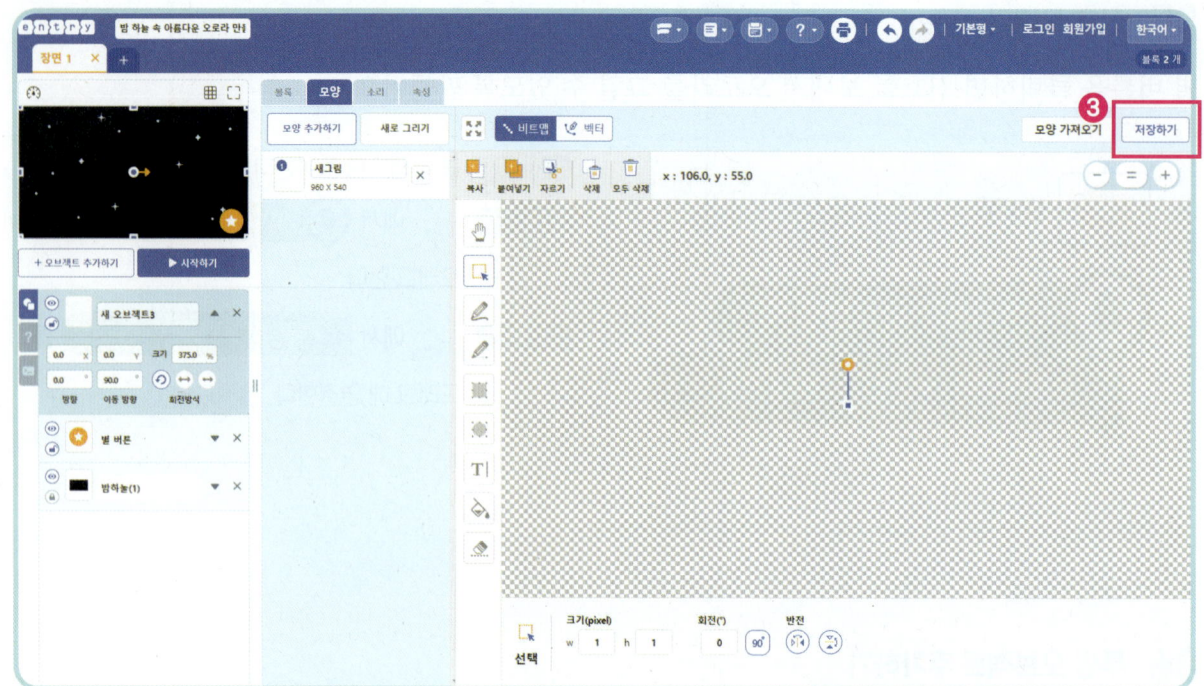

STEP 21 ❸ 저장하기 를 클릭한다.

⭐ **저장하기 버튼 찾기**
화면이 크기에 따라 '저장하기' 버튼이 보이지 않을 수 있어요. 키보드의 왼쪽 아래에 있는 Ctrl키를 누르면서 마우스 휠을 굴려 보세요. 화면의 크기가 변하며 버튼이 보여져요.

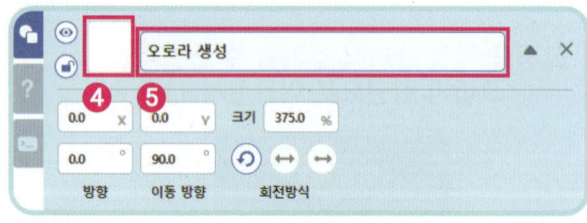

STEP 22 ❹ 생성한 오브젝트를 선택한다.

STEP 23 ❺ 이름을 '오로라 생성'으로 변경한다.

미션2 코딩하기

01 붓 설정하기

STEP 24 '오로라 생성' 오브젝트를 클릭한다.

STEP 25 시작에서 `오로라 생성 신호를 받았을 때` 를 드래그 한다.

STEP 26 붓에서 `그리기 색을 (빨강)(으)로 정하기` 를 드래그 해 연결한 뒤 '빨간색'을 '초록색'으로 바꾼다.

STEP 27 붓에서 `그리기 굵기를 1 (으)로 정하기` 를 드래그 해 연결한 뒤 '1'을 '5'로 바꾼다.

⭐ 참고
색은 다른 색을 사용해도 되지만 굵기는 꼭 5로 정해주세요!

02 예쁜 선 하나 그리기

그리기 시작하고 투명도 '50'으로 정한 뒤 숫자 2씩 아래로 이동하고 숫자 2씩 투명하게 변경하는 것을 20번 반복해서 예쁜 선을 그려봐요.

STEP 28 붓에서 `그리기 시작하기` 와 `붓의 투명도를 50 % 로 정하기` 를 드래그 해 연결한다.

STEP 29 움직임에서 `y 좌표를 10 만큼 바꾸기` 를 드래그 해 '10'을 '-2'로 바꾼다.

STEP 30 붓 에서 `붓의 투명도를 10 % 만큼 바꾸기` 를 드래그 해 '10'을 '2'로 바꾸고 연결한다.

STEP 31 흐름 에서 `10 번 반복하기` 를 드래그 해 '10'을 '20'으로 바꾸고 `붓의 투명도를 50 % 로 정하기` 에 연결한다.

STEP 32 `20 번 반복하기` 에 `y좌표를 -2 만큼 바꾸기` `붓의 투명도를 2 % 만큼 바꾸기` 를 끼운다.

03 코딩 - 다음 위치로 이동하기

다시 올라가고 오른쪽으로 이동하는 코드를 만들어요. y좌표는 -2씩 20번 반복하여 이동하기 때문에 총 -40만큼 이동하므로 'y좌표를 40만큼 바꾸기'를 사용하면 원래 y좌표로 이동해요. 하지만 이렇게 되면 항상 일정하게 그려지니 '무작위수' 블록을 사용하겠습니다. y좌표를 30부터 50사이의 무작위수 만큼 이동하도록 만들어 줄게요.

붓의 굵기는 '5'였습니다. 따라서 'x좌표를 5만큼 바꾸기'하면 붙여서 그릴 수 있어요.

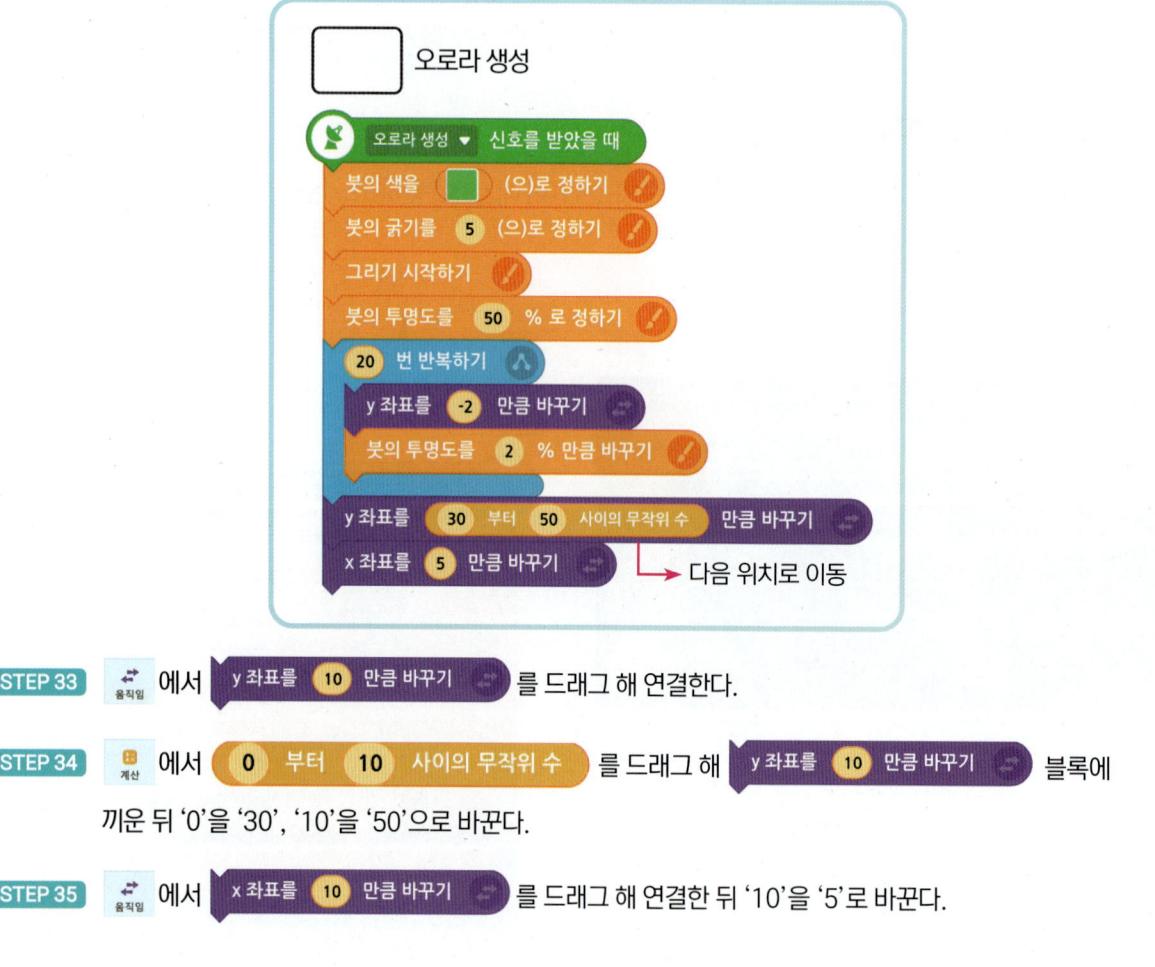

STEP 33 움직임 에서 `y 좌표를 10 만큼 바꾸기` 를 드래그 해 연결한다.

STEP 34 계산 에서 `0 부터 10 사이의 무작위 수` 를 드래그 해 `y 좌표를 10 만큼 바꾸기` 블록에 끼운 뒤 '0'을 '30', '10'을 '50'으로 바꾼다.

STEP 35 움직임 에서 `x 좌표를 10 만큼 바꾸기` 를 드래그 해 연결한 뒤 '10'을 '5'로 바꾼다.

04 반복해서 오로라 그리기

예쁜 선을 여러 개 그리면 오로라가 완성됩니다.

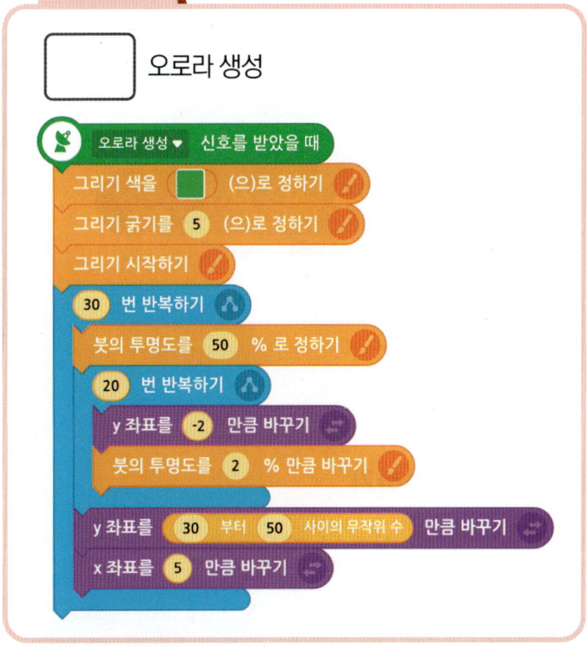

STEP 36 흐름에서 `10번 반복하기`를 드래그 해 `그리기 시작하기` 아래에 연결한 뒤 '10'을 '30'으로 바꾼다.

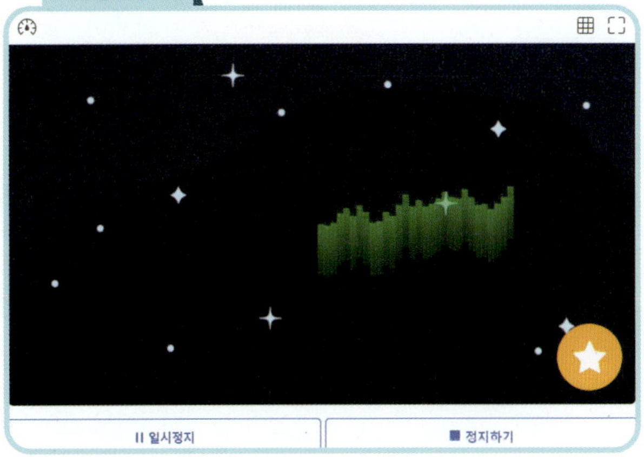

STEP 37 `30번 반복하기` 블록에 블록을 끼운다.

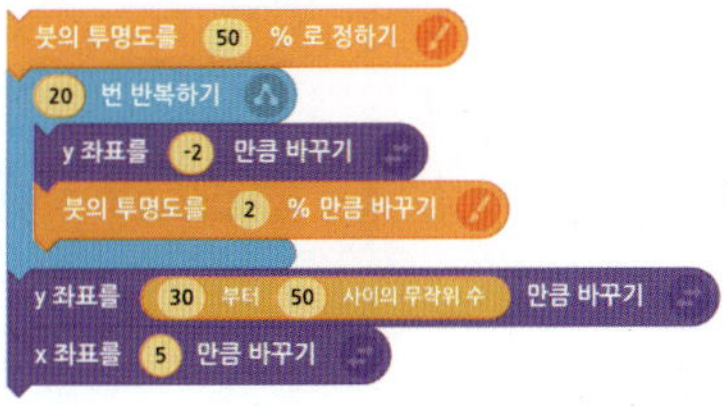

버튼을 여러번 누르면 한가지 문제가 발생하는데요. 그리는 중에 또 그리라는 명령을 보내서 이상하게 그려집니다. 오로라가 다 그려지기 전까지 다시 버튼을 누르지 못하도록 막아야 합니다. 이는 신호를 사용해서 간단하게 해결 할 수 있는데요. 별 버튼을 누르면 모양을 숨겼다가 다 그려지고 나면 신호를 보내어 다시 모양이 보여지도록 만들면 됩니다.

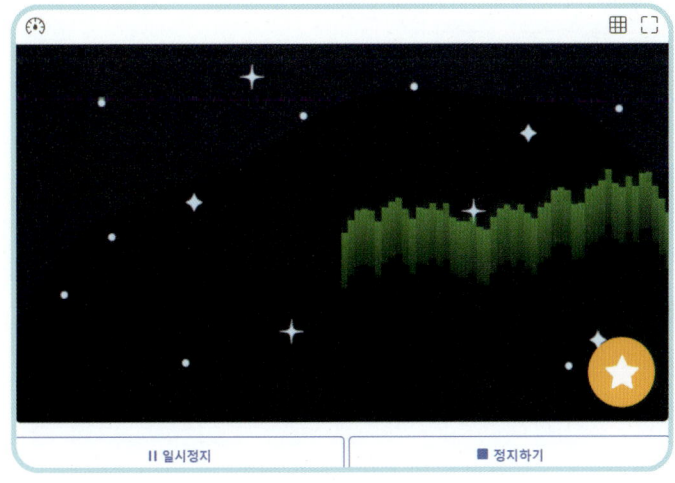

05 버튼 모양 숨기기

버튼 모양을 숨겨서 중복으로 신호를 보내지 않도록 만들어 줘요.

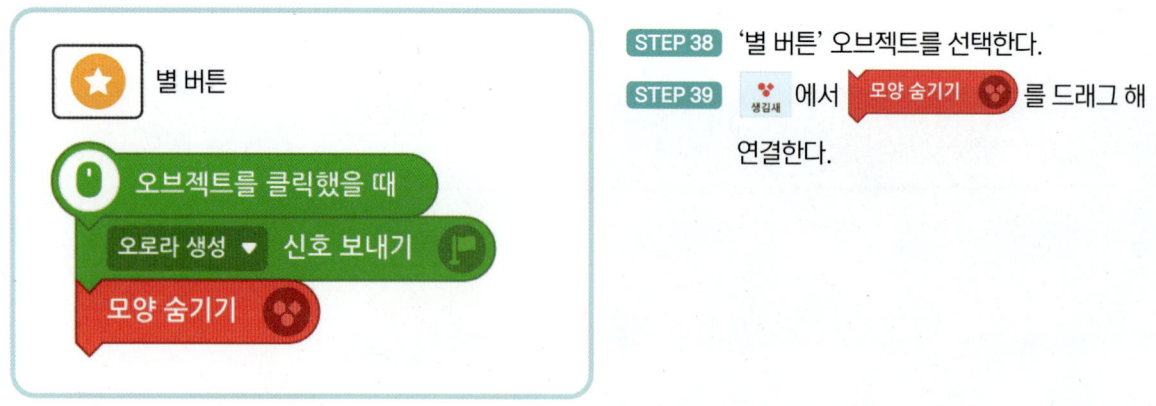

STEP 38 '별 버튼' 오브젝트를 선택한다.

STEP 39 생김새 에서 모양 숨기기 를 드래그 해 연결한다.

06 신호 추가하기

별 버튼 보이기 신호를 만들어요.

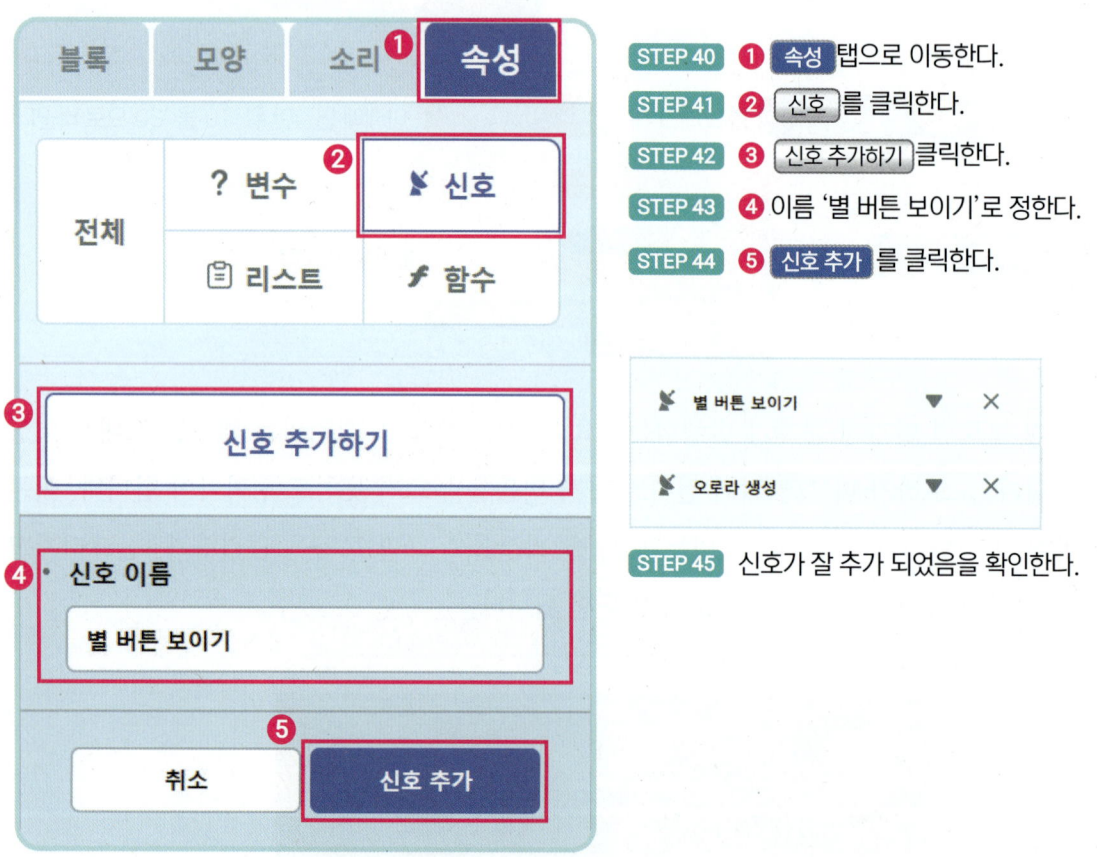

STEP 40 ❶ 속성 탭으로 이동한다.
STEP 41 ❷ 신호 를 클릭한다.
STEP 42 ❸ 신호 추가하기 클릭한다.
STEP 43 ❹ 이름 '별 버튼 보이기'로 정한다.
STEP 44 ❺ 신호 추가 를 클릭한다.

STEP 45 신호가 잘 추가 되었음을 확인한다.

07 모양 보이기

신호를 받았을 때 모양을 보여주는 코드를 만들어요.

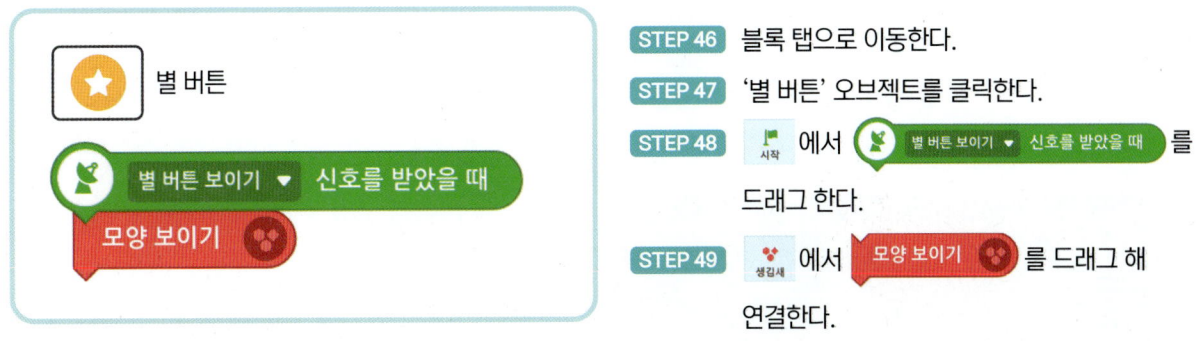

STEP 46 블록 탭으로 이동한다.
STEP 47 '별 버튼' 오브젝트를 클릭한다.
STEP 48 시작 에서 별 버튼 보이기 신호를 받았을 때 를 드래그 한다.
STEP 49 생김새 에서 모양 보이기 를 드래그 해 연결한다.

08 블록 조립하기

별 버튼 보이기 신호를 만들고 신호를 받았을 때 모양을 보여주는 코드도 만들었어요.
마지막으로 별 버튼 보이기 신호를 보내는 코드를 만들어요.

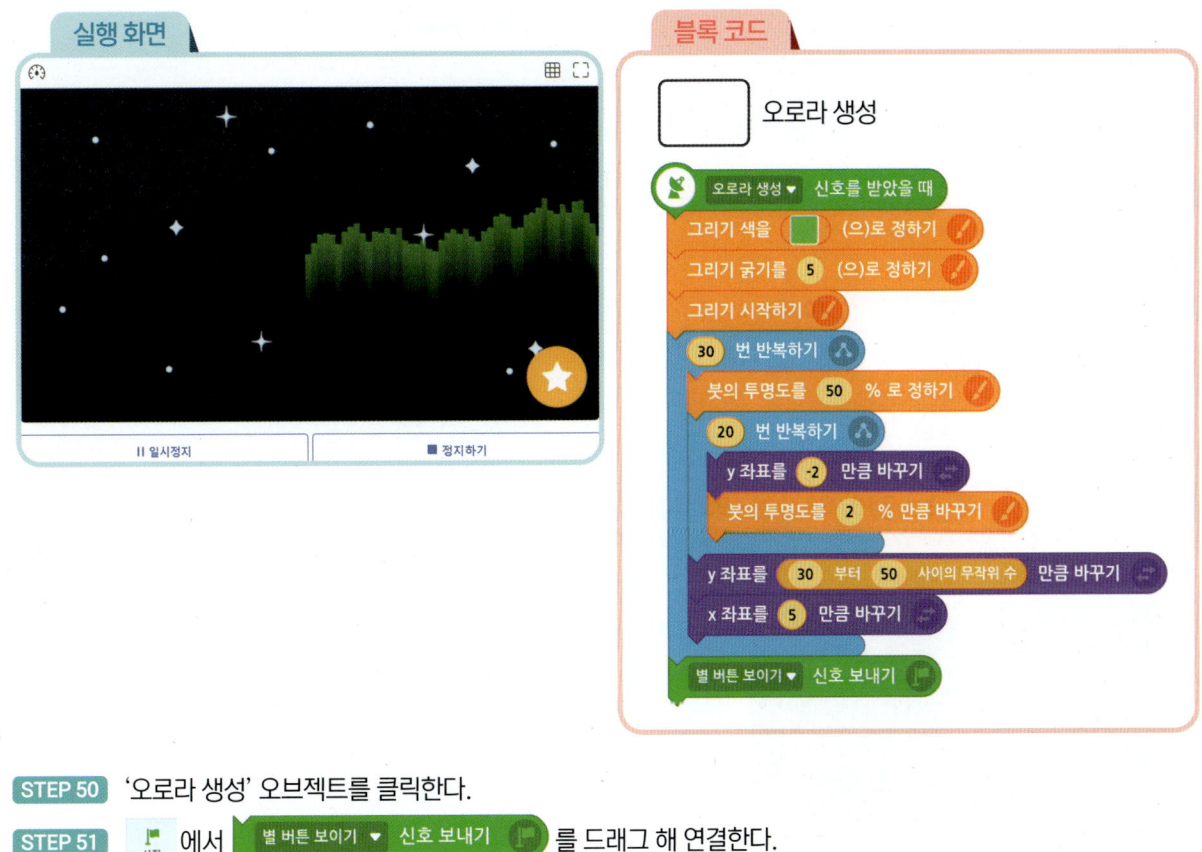

STEP 50 '오로라 생성' 오브젝트를 클릭한다.
STEP 51 시작 에서 별 버튼 보이기 신호 보내기 를 드래그 해 연결한다.

이제 오로라가 다 그려지면 별 버튼 보이기 신호를 보내서 별 버튼이 다시 보이게 됩니다.
별 버튼을 누르면 별 버튼이 숨겨진 후 오로라가 그려지고 다시 별 버튼이 보여지는 것을 확인할 수 있어요.

09 무작위 위치로 이동하기

오로라 완성 후 별 버튼이 다시 생겨 오로라를 마음껏 그릴 수 있게 되었으므로, 오로라를 그리기 전에 무작위 위치로 이동하는 코드를 추가해봅시다. x는 -240~90으로 y는 -95~135 위치로 이동하도록 설정해요.

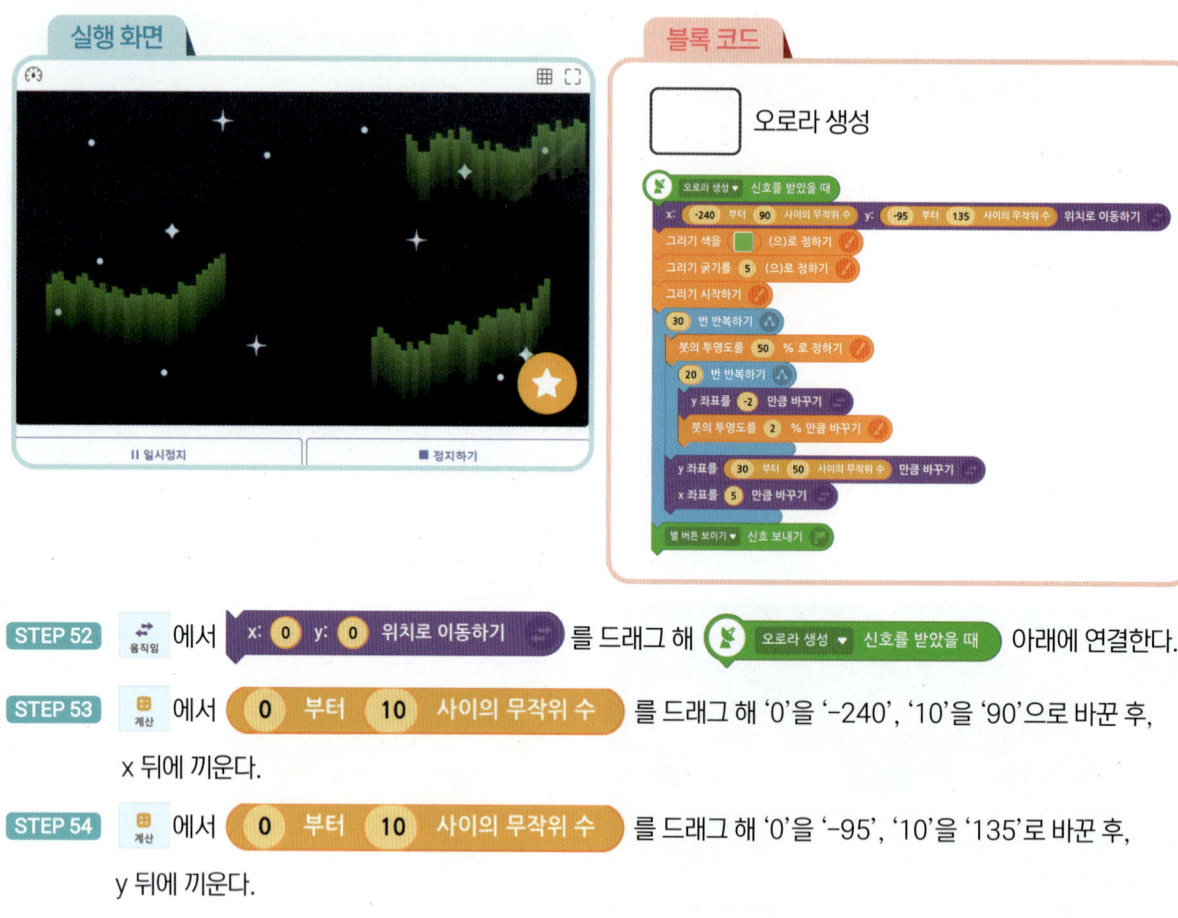

STEP 52 움직임에서 `x: 0 y: 0 위치로 이동하기`를 드래그 해 `오로라 생성 신호를 받았을 때` 아래에 연결한다.

STEP 53 계산에서 `0 부터 10 사이의 무작위 수`를 드래그 해 '0'을 '-240', '10'을 '90'으로 바꾼 후, x 뒤에 끼운다.

STEP 54 계산에서 `0 부터 10 사이의 무작위 수`를 드래그 해 '0'을 '-95', '10'을 '135'로 바꾼 후, y 뒤에 끼운다.

TIP 왜 x는 -240~90, y는 -95~135일까요?

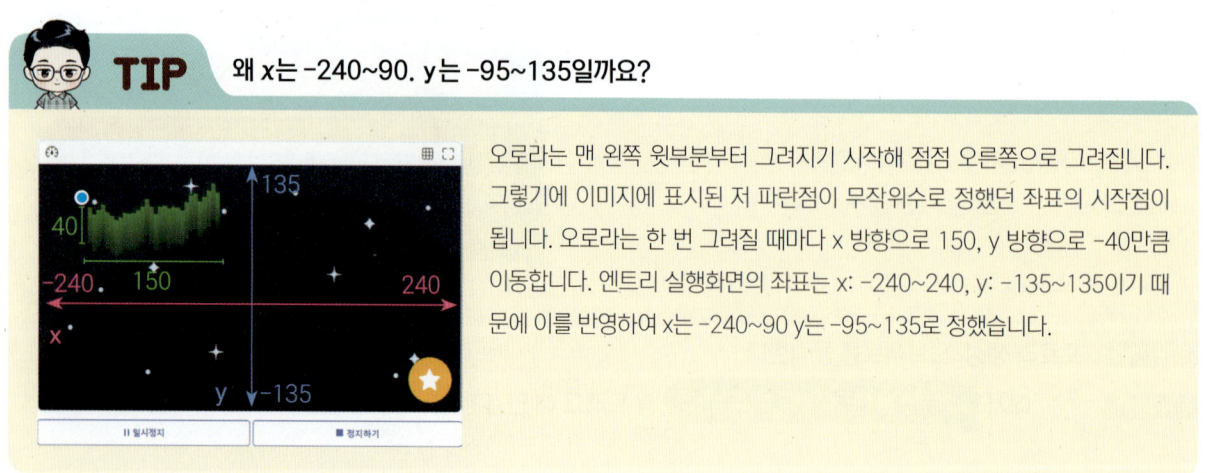

오로라는 맨 왼쪽 윗부분부터 그려지기 시작해 점점 오른쪽으로 그려집니다. 그렇기에 이미지에 표시된 저 파란점이 무작위수로 정했던 좌표의 시작점이 됩니다. 오로라는 한 번 그려질 때마다 x 방향으로 150, y 방향으로 -40만큼 이동합니다. 엔트리 실행화면의 좌표는 x: -240~240, y: -135~135이기 때문에 이를 반영하여 x는 -240~90 y는 -95~135로 정했습니다.

마지막으로 이전 오로라의 마지막 지점과 다음 오로라의 시작 지점이 이어지는 문제가 발생하는데요. 붓으로 그리고 있는 상태에서 무작위 위치로 이동하기 때문에 그 경로가 그려지는 것입니다.

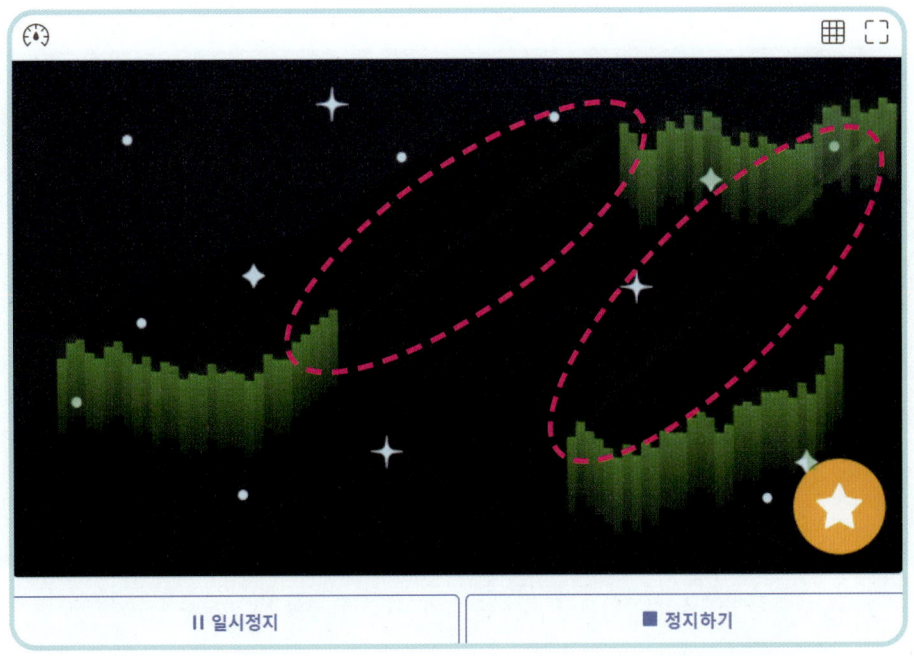

10 그리기 멈추기

오로라와 오로라 사이 선이 이어지는 문제를 해결해 봅시다. 오로라를 그린 후 그리기를 멈춰주면 문제를 해결할 수 있어요.

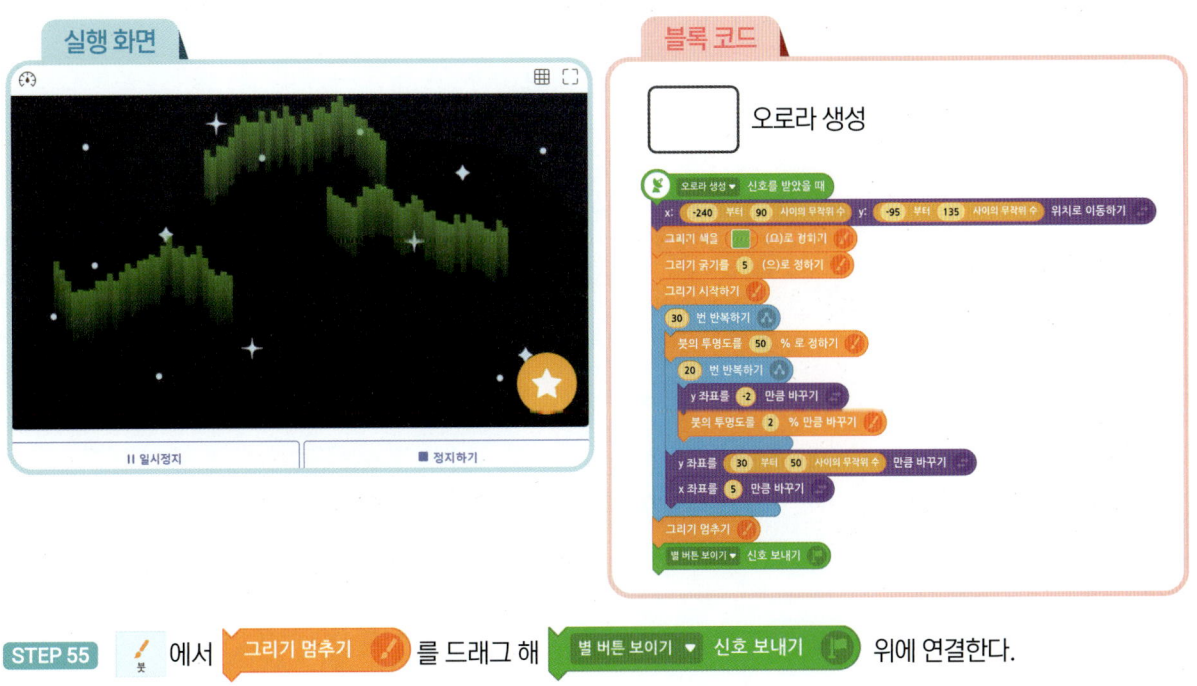

STEP 55 붓에서 `그리기 멈추기`를 드래그 해 `별 버튼 보이기 신호 보내기` 위에 연결한다.

완성

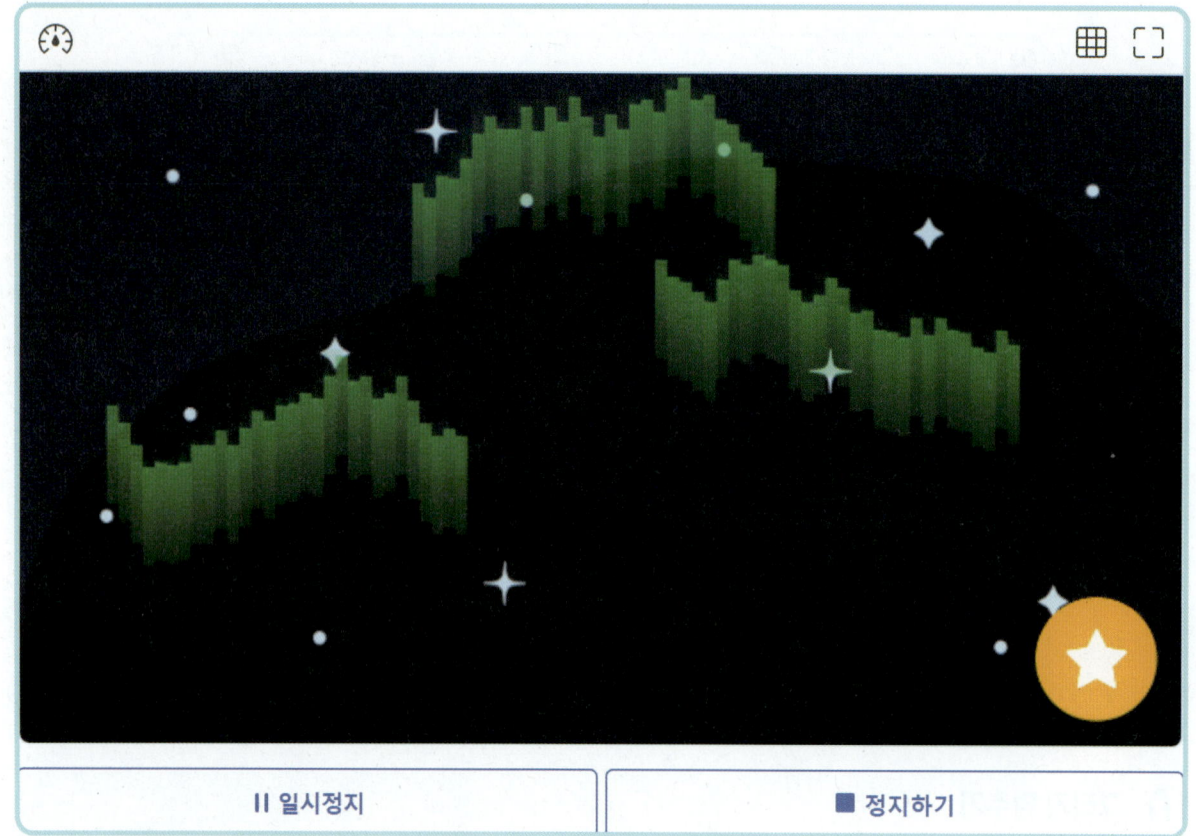

STEP 56 ▶시작하기 버튼을 클릭해서 실행한다.

STEP 57 별 버튼을 클릭해서 밤하늘 속 아름다운 오로라를 만든다.

더 빠르게 오로라 만들기

재귀함수를 이용해서 더 빠르게 오로라를 그려 보세요.

작품 예시

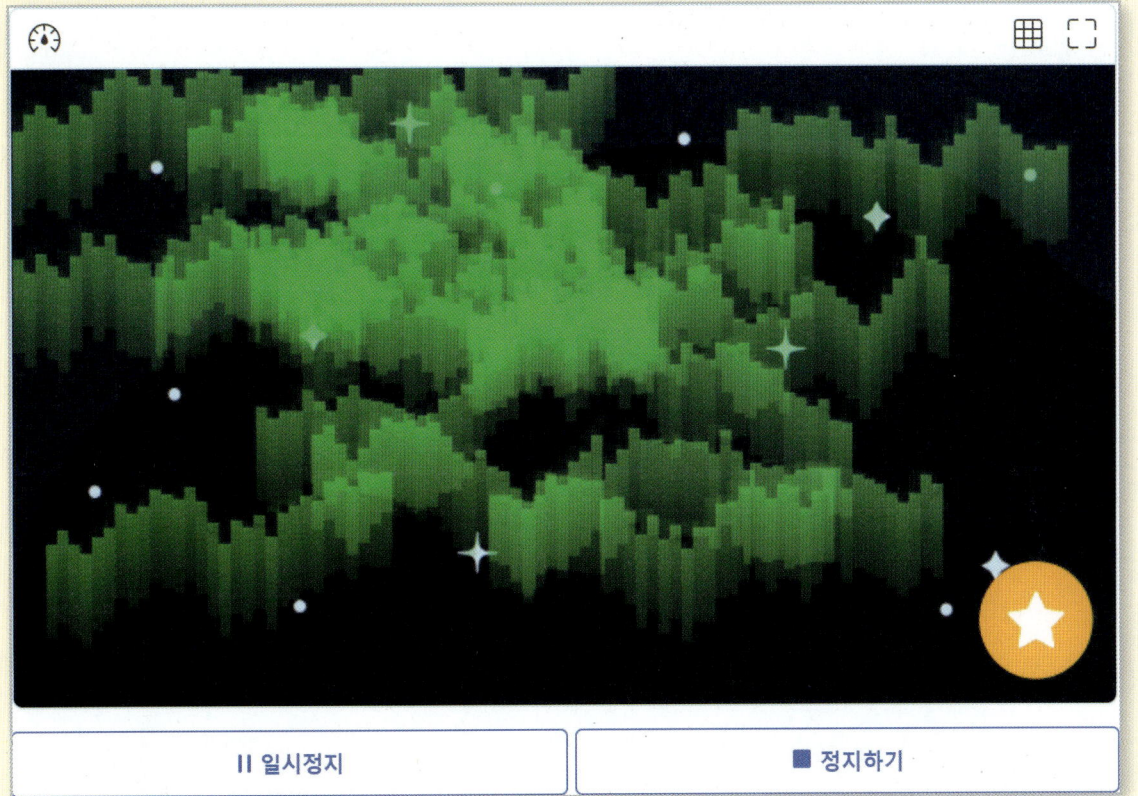

밤하늘의 오로라가 정말 아름답죠? 근데 하나의 오로라가 그려지는데 너무 오래 걸리는데요. 엔트리에서는 반복하기를 할 때마다 딜레이(지연)가 발생하기 때문에 재귀함수를 이용하여 더 빠르게 그려지도록 만들 수 있습니다.

힌트

▶ 재귀함수를 사용해 보세요.

전자기기는 어떻게 소통할까?

우리가 사용하는 핸드폰, 태블릿 PC같은 모바일 기기는 어떻게 소통, 통신할까요? 모바일 기기는 휴대용으로 쓰이기에 이동하면서 자주 사용해요. 그래서 '이동통신'이라는 개념이 필요해지게 되었어요.

이동통신Mobile Telecommunication : 모바일 기기에서 데이터를 전송할 수 있도록 고주파를 이용하는 무선 네트워크 기술

이동통신은 이동성을 위해 네트워크 제공 지역을 벌집처럼 나누고 이 사이를 이동할 때는 네트워크가 끊기지 않도록 미리 예측해서 지원을 해줘요.

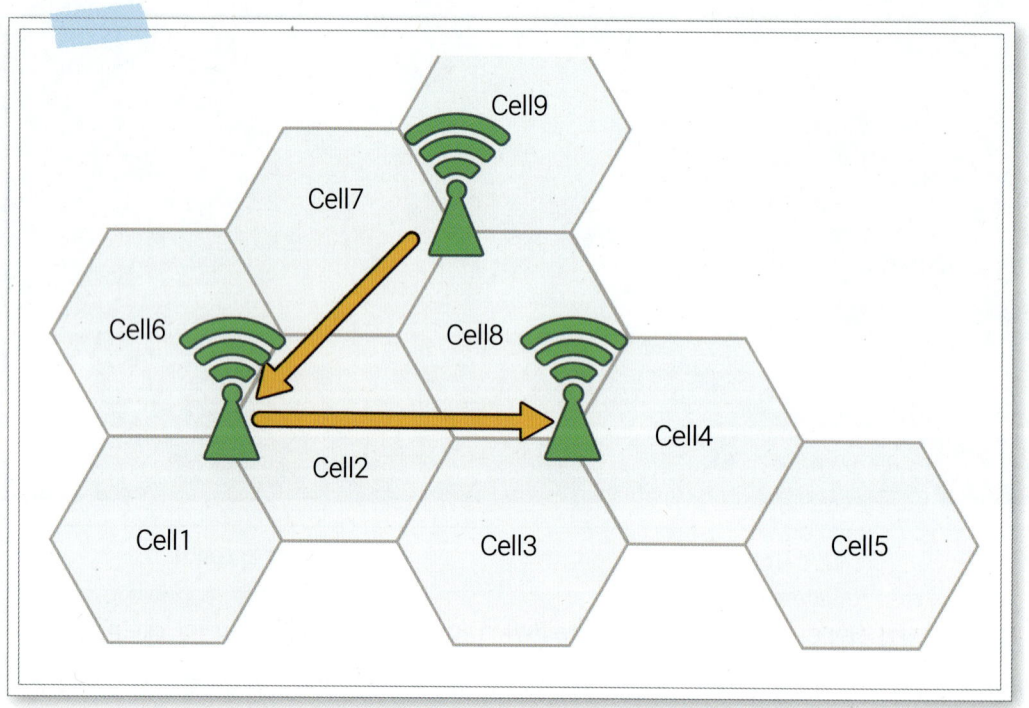

기지국이 휴대폰에 정보 송수신을 할 수 있는 서비스 할당 지역 범위를 '셀'이라고 하는데, 정육각형 형태의 셀의 중앙에 기지국을 설치합니다. 그래서 휴대폰을 셀룰러폰이라고 부르기도 하지요.

이러한 이동통신에는 '통신규격'이라는 것이 있어요. 통신규격에 따라 인터넷 속도 통화품질 등이 달라지게 돼요.

1G	1세대(1G)	1984년 3월에 상용화된 아날로그 방식의 기술로 회선 교환 방식, 주요 서비스는 음성 서비스
2G	2세대(2G)	1996년 1월에 게시한 디지털 방식의 기술로 회선(음성) + 패킷(데이터) 교환 방식, 주요 서비스는 음성, 문자, 저속인터넷
3G	3세대(3G)	2002년 1월에 게시한 디지털 방식의 기술로 회선(음성) + 패킷(데이터) 교환 방식, 주요 서비스는 음성, 영상통화, 고속 인터넷
4G	4세대(4G)	2011년 7월에 게시한 디지털 방식의 기술로 패킷 교환 방식, 주요 서비스는 고음질의 통화와 동영상, 초고속 인터넷
5G	5세대(5G)	2019년 4월에 게시한 디지털 방식의 기술로 패킷 교환 방식, 주요 서비스는 AR/VR, 홀로그램, 자율주행차

2019년 4월 3일에 세계 최초로 우리나라에서 5G 서비스를 상용화 했어요.

6장
같은 것을 여러 개 만들자!
복제본 만들기

핵심쏙쏙 개념 알기

01 복제본 – 오브젝트의 분신술

코딩술술 직접 해보기

01 나만의 입체 캐릭터 만들기
02 12월의 기적 – 화이트 크리스마스 만들기
+ **실력쑥쑥 한걸음 더** 눈 내리는 속도 바꾸기
03 눈부신 하늘의 축제 – 폭죽 터뜨리기
+ **실력쑥쑥 한걸음 더** 땅에서 발사되는 폭죽

핵심쏙쏙 개념 알기

01 대칭 – 냉해구

코딩술술 직접 해보기

01 대칭 그림판 만들기
+ **실력쑥쑥 한걸음 더** 12각 대칭 그림판

재미솔솔 쉬어가기

예술에서의 복제

개념1 복제본 – 오브젝트의 분신술

엔트리로 코딩을 하다 보면 고민에 빠지게 돼요. 예를 들어, 총으로 총알을 쏘는 프로그램을 만든다고 가정해 봐요. 우리는 총알을 하나하나 다 만들어야 할까요? 만든다면 몇 개를 만들 것이며, 수정이 필요한 경우에는 어떻게 해야 할까요?

다행히 엔트리에는 위와 고민을 해결해 줄 간편한 블록코드가 있어요. 바로 '복제본' 블록이에요. '복제본'은 모양과 기능이 똑같은 오브젝트가 많이 필요할 때 사용해요. 같은 동작을 하는 오브젝트를 하나씩 다 만드는 것은 매우 번거롭기 때문에 사용하는 기능입니다. 블록 탭에서 흐름 에 들어가면 아래와 같은 블록들이 있는데, 하나씩 기능을 살펴봅시다.

복제본이 처음 생성되었을때	자신▼ 의 복제본 만들기
• 오브젝트의 복제본이 새로 생성되었을 때, 해당 복제본에서만 이 블록에 조립된 블록이 동작해요. • 원본 오브젝트는 이 시작 블록이 동작하지 않아요.	• 오브젝트의 복제본을 생성해요. 〈목록 상자〉를 클릭하면 자신 또는 다른 오브젝트를 선택할 수 있어요.
이 복제본 삭제하기	모든 복제본 삭제하기
• 이 블록이 동작하는 해당 복제본을 삭제합니다.	• 이 블록이 동작하는 오브젝트와 상관없이, 같은 원본을 가지는 모든 복제본을 삭제해요.

블록1 마우스를 클릭할 때마다 복제하는 코드

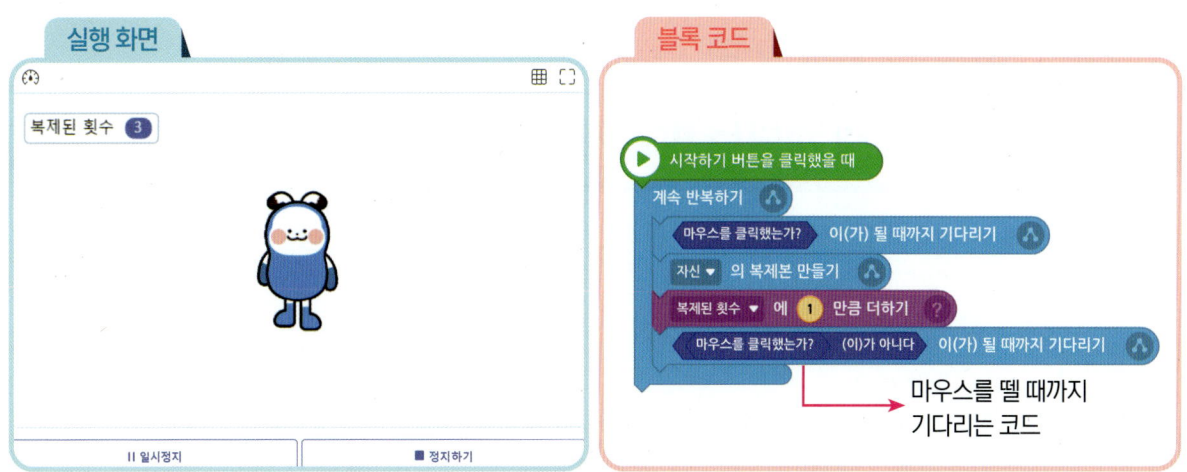

위의 코드는 마우스를 클릭할 때마다 복제본을 생성하고 그 횟수를 왼쪽 상단에 띄워주는 코드예요. 3번 클릭하면 실행 화면처럼 복제된 횟수가 3이 되는 것을 확인할 수 있어요.

 한 오브젝트에서 복제본이 생성될 수 있는 최대 개수는 361개예요.

TIP 복제본 사용 시 주의할 점

앞서 작성한 예시와 같은 동작을 하도록 코드를 만들었어요. 그러나 3번 클릭하면 3 대신 7이라는 숫자가 나오네요. 왜 그럴까요? 「마우스를 클릭했을 때」 복제본 만들기를 하면 복제본에서도 복제본이 만들어져서 값이 2배씩 증가한답니다. 즉, 한 번 클릭하면 숫자1, 두 번 클릭하면 숫자3, 세 번 클릭하면 숫자7, 네 번 클릭하면 숫자15, … 이런 식으로 배수가 되어 동작합니다.
이외에도 복제본을 너무 많이 만들면 프로그램의 실행 속도가 느려지기 때문에 사용하지 않는 복제본은 삭제를 해 주어야 해요.

6장 같은 것을 여러 개 만들자! **151**

01 나만의 입체 캐릭터 만들기

이번 시간에는 복제본을 이용해서 입체 같은 효과를 만들어 봅시다.

목표
복제본을 여러 개 만들고 복제본이 계속 마우스 쪽을 바라보며 입체같은 효과를 만든다.

완성 예시

▶ 어떤 것들을 사용할까요?

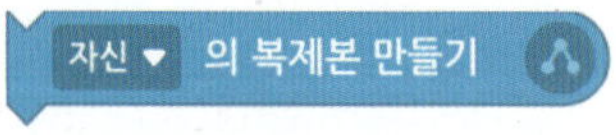

`자신▼ 의 복제본 만들기`
여러 개의 오브젝트를 만들 수 있어요.

엔트리봇
여러 개의 엔트리봇 오브젝트 복제본을 만들고 마우스의 위치를 바라봐요.

미션1　코딩하기 – 복제본 생성

01　복제본 생성하기

이번시간에는 엔트리 기본 오브젝트인 엔트리봇 오브젝트를 사용합니다.

복제본 40개를 만드는 블록을 만들어 볼까요?

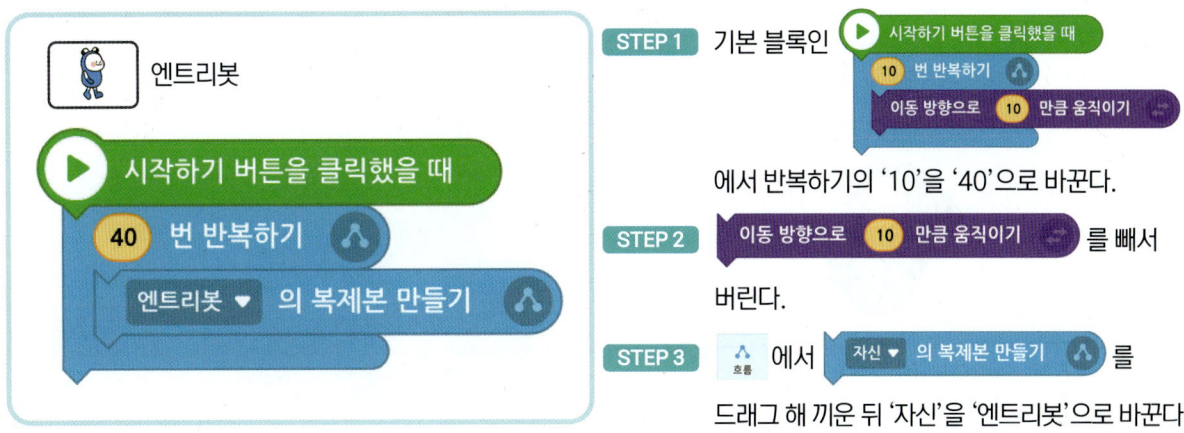

02　입체 효과 만들기

복제본을 만들 때 x, y좌표 수치를 각각 0.3씩 이동하게 코딩하여 입체 효과를 만듭니다.

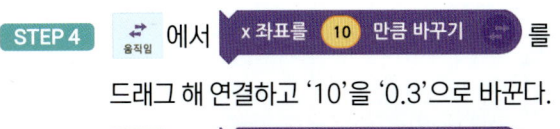

드래그 해 연결하고 '10'을 '0.3'으로 바꾼다.

STEP 5 　에서 　y좌표를 10 만큼 바꾸기 　를

드래그 해 연결하고 '10'을 '0.3'으로 바꾼다.

복제본이 만들어질 때 원본 오브젝트의 위치에서 만들어져서 조금씩 위치가 다른 복제본이 만들어지는데요. 오브젝트가 조금씩 떨어져 있어야 입체처럼 보이게 됩니다. 복제본 블록을 사용하여 동일한 동작의 오브젝트 여러 개를 빠르고 간편하게 만들 수 있어요.

미션2 코딩하기 – 복제본 동작하게 만들기

03 마우스 위치에 따라 회전하기

더 극적인 효과를 위해서 마우스의 위치에 따라 회전하도록 만들어 볼까요? 복제본이 처음 생성되었을때 블록을 이용해 생성된 여러 개 복제본에 계속해서 마우스를 바라보도록 한 번에 명령할 수 있어요.

STEP 6 흐름 에서 복제본이 처음 생성되었을때 를 드래그 한다.

STEP 7 흐름 에서 계속 반복하기 를 드래그 해 연결한다.

STEP 8 움직임 에서 엔트리봇 쪽 바라보기 를 드래그 해 연결한 뒤 '엔트리봇'을 '마우스포인터'로 바꾼다.

위와 같이 블록코드를 만들면 원본 오브젝트만 마우스 방향을 바라보지 않는 문제가 발생해요.

복제본들의 중간에 마우스를 두면 이상하게 돌아가는 엔트리봇들을 확인할 수 있습니다. 복제본 사이에 마우스가 위치할 경우 어떤 오브젝트 입장에서는 마우스가 오른쪽에 있지만 어떤 오브젝트 입장에서는 마우스가 왼쪽 혹은 다른 방향에 위치하기 때문에 문제가 발생합니다. 따라서 복제본 간의 방향을 통일할 필요가 있습니다. 그러기 위해서는 하나의 기준점이 있으면 좋겠죠? 원본 오브젝트를 이용해서 기준점을 만들어주면 해결됩니다.

04 원본 오브젝트가 마우스 방향을 보게 만들기

원본 코드에 블록을 추가하여 원본 오브젝트가 마우스 방향을 바라보게 만들어 볼까요?

STEP 9 에서 `계속 반복하기` 를 드래그 해 원본 오브젝트 코드에 연결한다.

STEP 10 에서 `엔트리봇 ▼ 쪽 바라보기` 를 드래그 해 연결한 뒤 '엔트리봇'을 '마우스포인터'로 바꾼다.

05 원본이 바라보는 방향 바라보도록 만들기

복제본에서 실행되는 코드도 수정해볼까요?

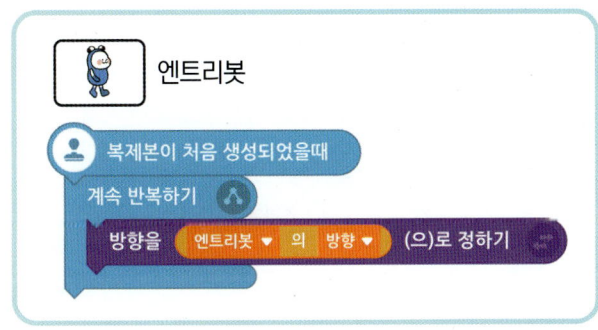

STEP 11 `마우스포인터 ▼ 쪽 바라보기` 를 빼서 버린다.

STEP 12 에서 `방향을 90° (으)로 정하기` 를 드래그 해 연결한다.

STEP 13 에서 `엔트리봇 ▼ 의 x 좌푯값 ▼` 를 드래그 해 `방향을 90° (으)로 정하기` 에 끼운 뒤 'x좌푯값'을 '방향'으로 바꾼다.

TIP `엔트리봇▼ 의 방향▼` 블록 기능

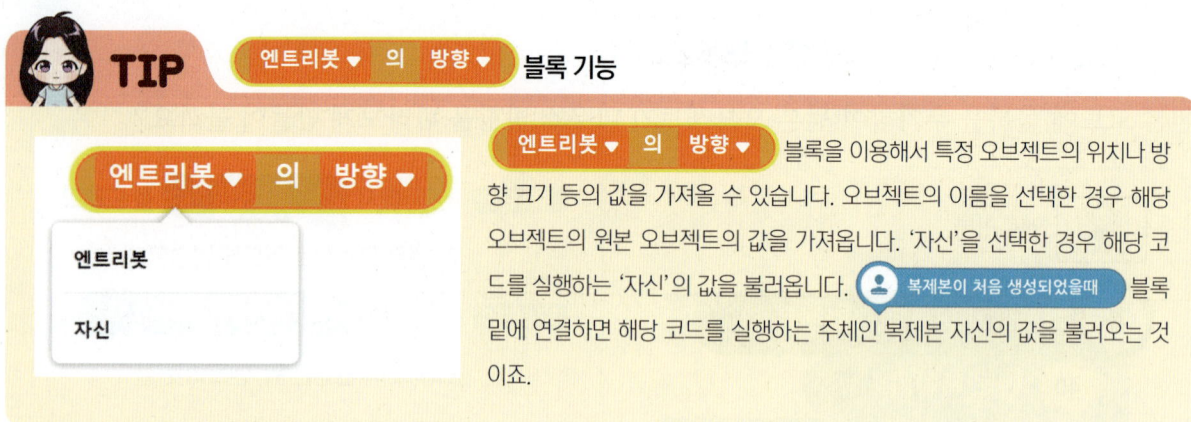

`엔트리봇▼ 의 방향▼` 블록을 이용해서 특정 오브젝트의 위치나 방향 크기 등의 값을 가져올 수 있습니다. 오브젝트의 이름을 선택한 경우 해당 오브젝트의 원본 오브젝트의 값을 가져옵니다. '자신'을 선택한 경우 해당 코드를 실행하는 '자신'의 값을 불러옵니다. `복제본이 처음 생성되었을때` 블록 밑에 연결하면 해당 코드를 실행하는 주체인 복제본 자신의 값을 불러오는 것이죠.

완성

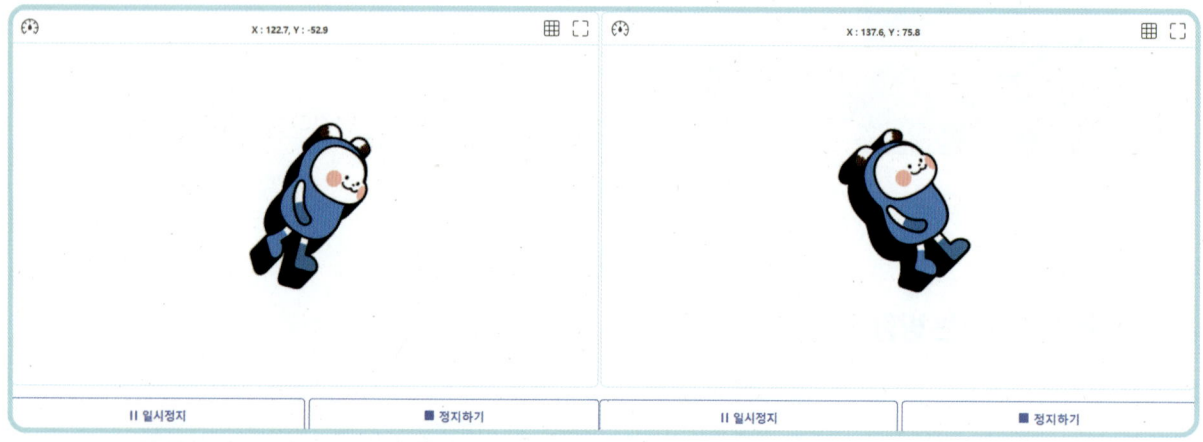

STEP 14 ▶시작하기 버튼을 클릭해서 재생한다.

예시 직접 그린 이미지에 입체 효과 적용

직접 그린 모양으로 변경해서 나만의 입체 캐릭터를 만들어봐요. 윤곽선이 있는 이미지 캐릭터를 사용하면 입체 효과가 잘 보여요!

02 12월의 기적 – 화이트 크리스마스 만들기

이번 시간에는 복제본을 사용해서 눈이 내리는 크리스마스 이브를 만들어 봅시다.

목표
1. 눈 복제본을 일정한 주기로 계속 만든다.
2. 생성된 복제본은 천천히 아래로 내려온다. 다 내려온 복제본은 삭제된다.

완성 예시

▶ 어떤 것들을 사용할까요?

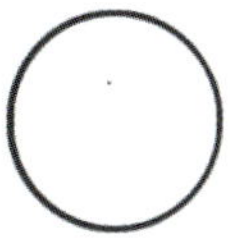

눈
계속해서 자신의 복제본을 만들고
복제본은 하늘에서 천천히 내려와요.

크리스마스 마을 풍경
크리스마스에 어울리는 배경이에요.

미션1 오브젝트 추가하기

01 엔트리봇 삭제하기

STEP 1 ❶ 엔트리봇 오브젝트를 선택한다.
STEP 2 ❷ ✕를 클릭해서 오브젝트를 삭제한다.
STEP 3 ❸ 오브젝트 추가하기 를 클릭한다.

02 오브젝트 추가하기 – 크리스마스 마을 풍경

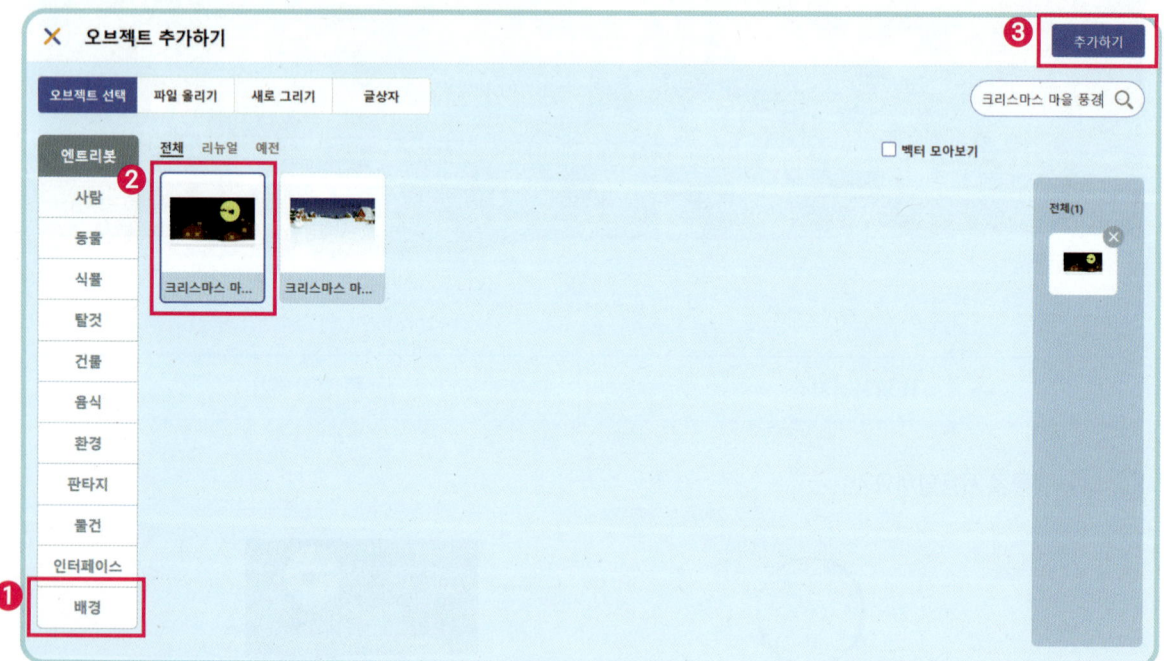

STEP 4 ❶ 배경 을 클릭한다.
STEP 5 ❷ '크리스마스 마을 풍경'을 선택한다.
STEP 6 ❸ 추가하기 버튼을 눌러 선택한 오브젝트를 추가한다.

미션2 | 눈 오브젝트 직접 그리고 배치하기

01 직접 그리기 화면으로 이동하기

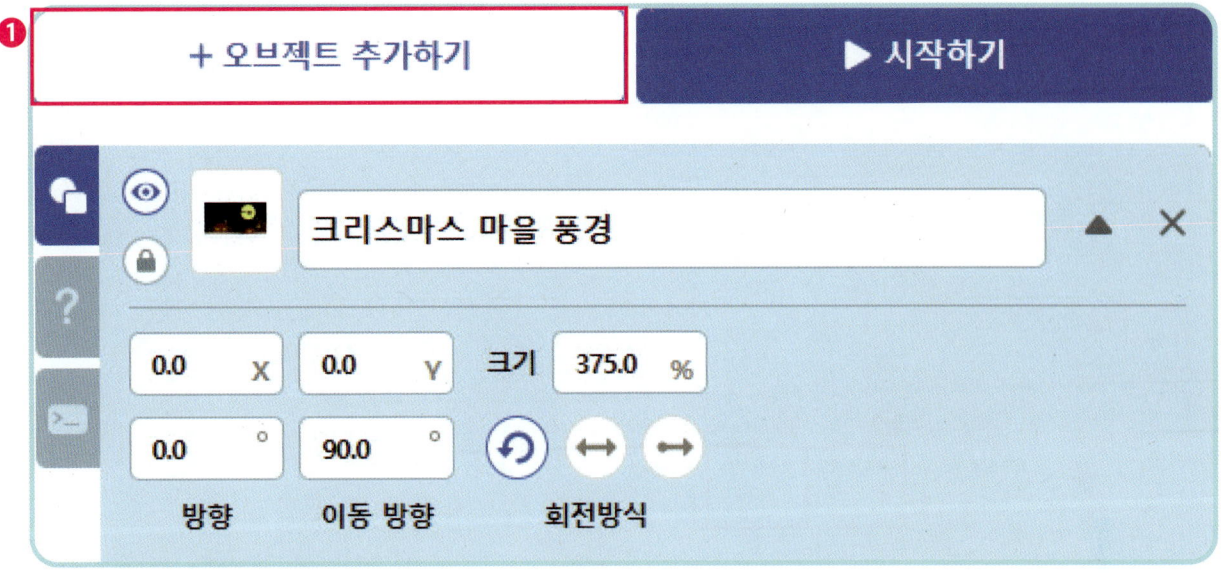

STEP 7 ❶ [오브젝트 추가하기]를 클릭해서 오브젝트 추가하기 화면으로 이동한다.

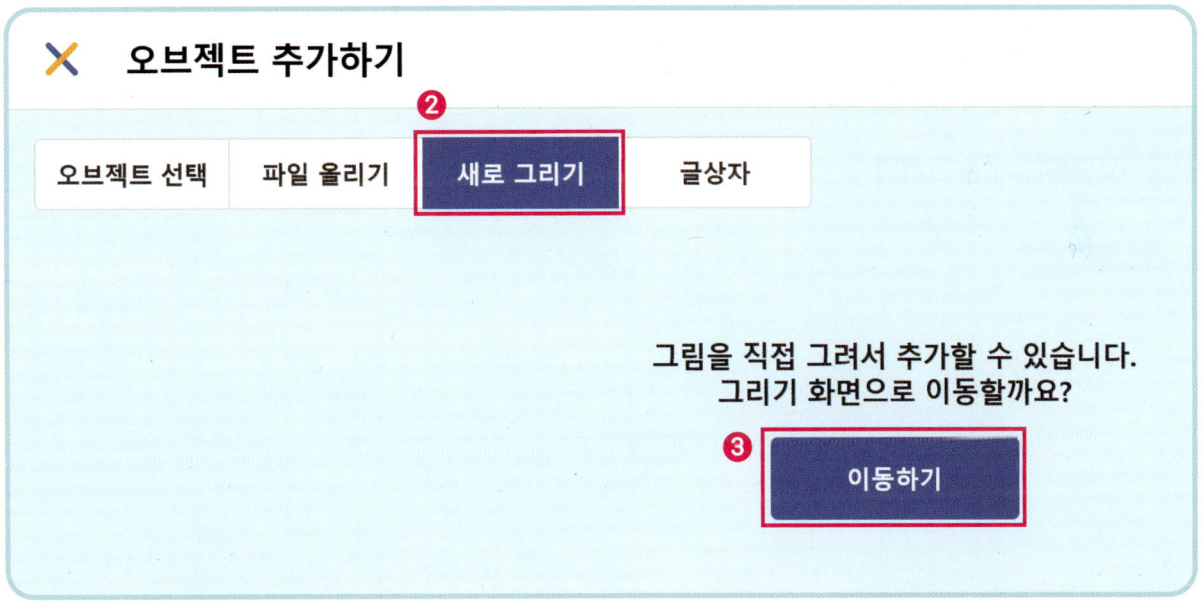

STEP 8 ❷ [새로 그리기]를 클릭한다.
STEP 9 ❸ [이동하기]를 눌러 엔트리 그림판으로 이동한다.

02 그림판에서 원 설정하기

STEP 10 ❶ 원을 클릭한다.
STEP 11 ❷ 윤곽선 색상을 흰색으로 설정한다.
STEP 12 ❸ 채우기 색상을 흰색으로 설정한다.

> ⭐ **하얀색 선택하기**
> 팔레트 모드에서 더 쉽게 하얀색으로 설정 할 수 있어요.
> 팔레트 모드로 변경하는 방법은 교재 58쪽을 참고하세요.

03 그림판에서 원 그리기

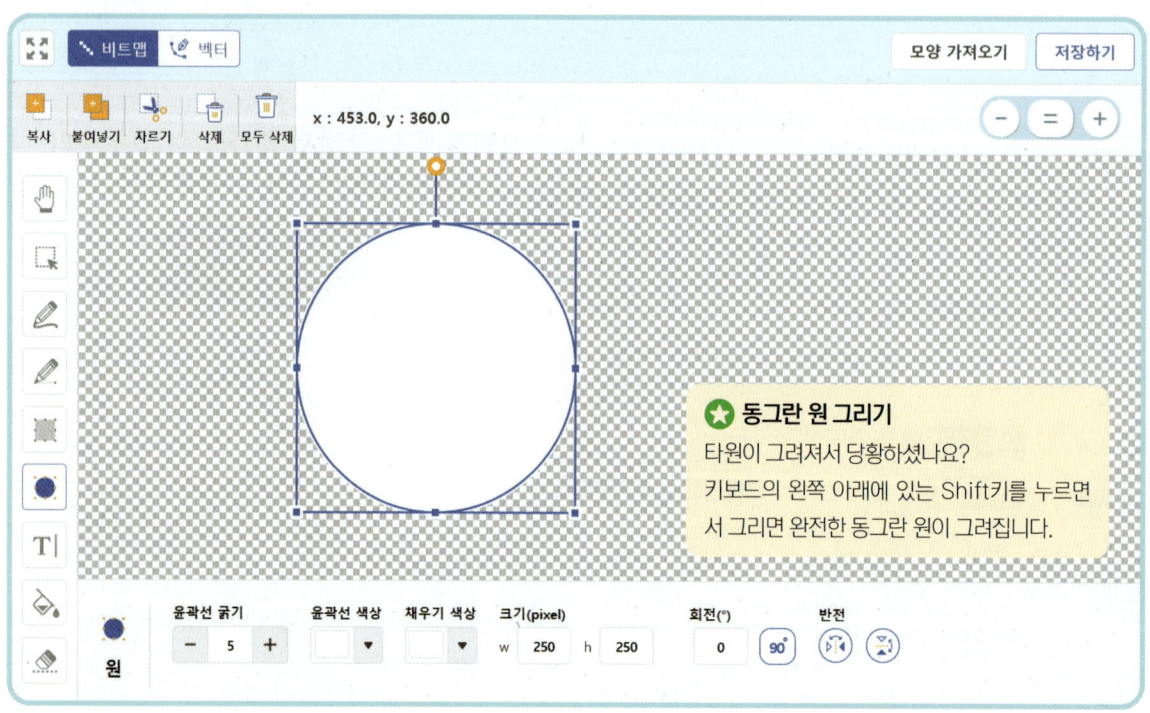

> ⭐ **동그란 원 그리기**
> 타원이 그려져서 당황하셨나요?
> 키보드의 왼쪽 아래에 있 Shift키를 누르면서 그리면 완전한 동그란 원이 그려집니다.

STEP 13 마우스를 드래그하여 하얀 원을 그린다.

04 저장하기

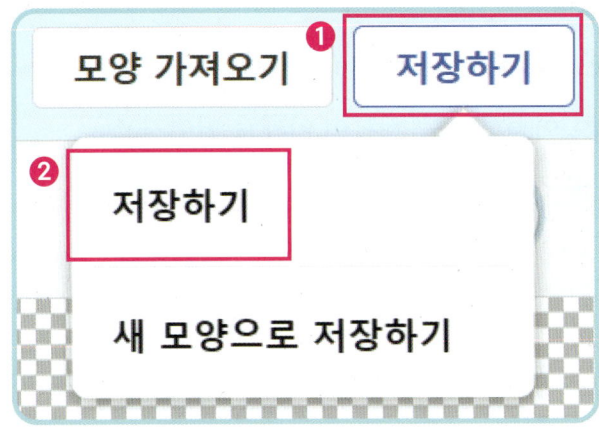

STEP 14 엔트리 그림판의 오른쪽에서 ❶ 저장하기 를 클릭한다.
STEP 15 ❷ 저장하기 를 클릭한다.

> ⭐ **저장하기 버튼 찾기**
> 화면의 크기에 따라 저장하기 버튼이 보이지 않을 수 있어요. 키보드의 왼쪽 아래에 있는 Ctrl 키를 누르면서 마우스 휠을 굴려보면 화면의 크기가 변하며 버튼이 보여져요.

05 눈 크기 조절하기

STEP 16 ❶ 방금 그린 오브젝트를 선택한다.
STEP 17 ❷ 이름을 '눈'으로 변경한다.
STEP 18 ❸ 크기를 20%로 정한다.

06 눈 숨기기

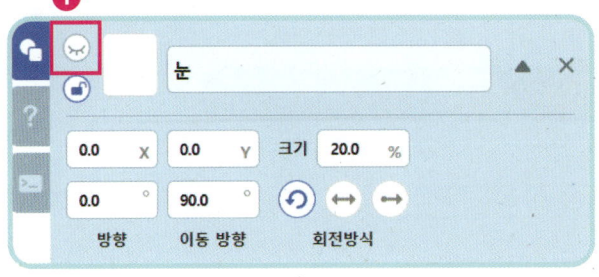

STEP 19 ❶ 👁 눈 모양을 클릭해 오브젝트의 모양을 숨긴다.

미션3 코딩하기

하늘에서 눈이 계속 내리기 위해서 해야 하는 일의 순서를 정리해봅시다.
계속해서 복제본을 만들고, 복제본이 랜덤한 위치로 이동하고, 복제본이 아래로 떨어지고,
바닥에 닿은 복제본을 삭제해야겠죠? 찬찬히 코딩을 시작해봅시다.

01 복제본 계속 생성하기

눈이 많을수록 예쁜 크리스마스가 되겠죠? 눈을 복제하고 0.1초 기다리기를 계속 반복해서 눈이 0.1초마다 생성되도록 만들어주겠습니다.

02 복제본 랜덤한 위치로 이동하기

복제본이 처음 생성되었을 때 x좌푯값은 -240~240으로 이동하고 y좌푯값은 적당히 큰 값인 150으로 이동하도록 설정합니다. 원본 오브젝트가 모양을 숨긴 상태이기 때문에 복제본도 모양을 숨긴 상태로 생성됩니다. 무작위 위치로 이동하고 모양을 보이게 해봅시다.

STEP 25 흐름 에서 `복제본이 처음 생성되었을때` 를 드래그 한다.

STEP 26 움직임 에서 `x: 0 y: 0 위치로 이동하기` 를 드래그 해 연결한 뒤 y좌푯값 '0'을 '150'으로 바꾼다.

STEP 26 계산 에서 `0 부터 10 사이의 무작위 수` 를 드래그 해 끼운 뒤 '0'을 '-240'으로 '10'을 '240'으로 바꾼다.

STEP 27 생김새 에서 `모양 보이기` 를 드래그 해 연결한다.

03 복제본 아래로 떨어지게 하기

복제본이 아래로 떨어지게 하려면 눈 오브젝트가 바닥에 닿을 때까지 아래로 이동해야 합니다. `참 이 될 때까지 반복하기` 블록과 `아래쪽 벽 에 닿았는가?` 블록을 조립하여 쉽게 만들 수 있습니다. 아래쪽 벽에 닿을 때까지 y좌표를 −3만큼 이동하는 코드를 반복하여 바닥에 닿을 때까지 밑으로 이동합니다.

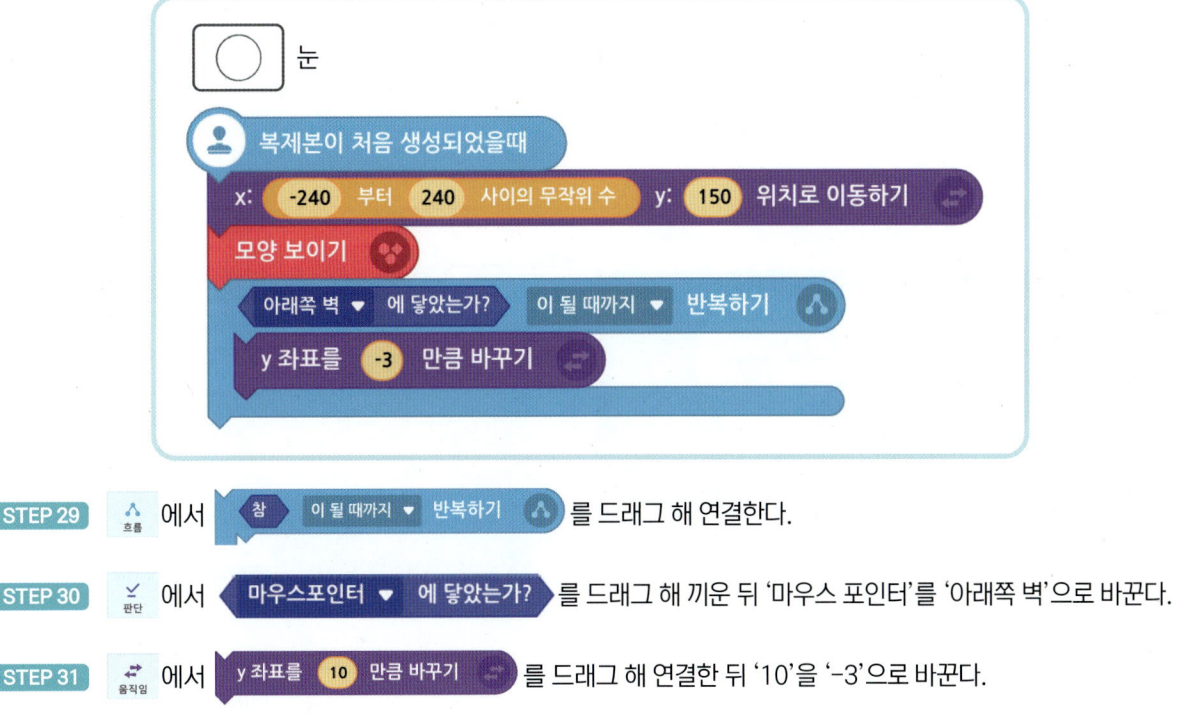

STEP 29 흐름 에서 `참 이 될 때까지 반복하기` 를 드래그 해 연결한다.

STEP 30 판단 에서 `마우스포인터 에 닿았는가?` 를 드래그 해 끼운 뒤 '마우스 포인터'를 '아래쪽 벽'으로 바꾼다.

STEP 31 움직임 에서 `y 좌표를 10 만큼 바꾸기` 를 드래그 해 연결한 뒤 '10'을 '-3'으로 바꾼다.

04 바닥에 닿은 복제본 삭제하기

아래쪽 벽에 닿아 이동을 멈춘 복제본을 필요가 없겠죠?
반복문 밑에 `이 복제본 삭제하기` 코드를 붙여 넣어 필요 없는 복제본을 삭제하여 줍시다.

STEP 32 `흐름`에서 `이 복제본 삭제하기`를 드래그 해 연결한다.

05 복제본 투명도 설정하기

투명도 효과를 '50'으로 정하면 더 예쁜 밤하늘이 완성됩니다.

STEP 33 `생김새`에서 `색깔 효과를 100 (으)로 정하기`를 드래그 해 `모양 보이기` 위에 연결한 뒤 '색깔'을 '투명도'로, '100'을 '50'으로 바꾼다.

⭐ **눈 내리는 속도를 조절하는 방법**
y좌표의 숫자를 변경해서 눈의 속도를 조절해보세요.

완성

STEP 34 ▶시작하기 버튼을 클릭해서 실행한다.

★ 눈의 내리는 속도 바꾸기

눈의 크기와 속도를 다양하게 만들어 보세요.

선생님 강의 영상을 보면서 함께 풀어봐요.

작품 예시

눈의 크기와 속도가 서로 다르면 더 풍성한 밤하늘을 만들 수 있습니다.

영상을 통해서 복제본 마다 서로 다른 크기와 속도로 움직이게 하는 법을 알아 봅시다.

힌트

▶ 무작위수 블록을 이용하면 랜덤하게 만들 수 있어요.

▶ '이 오브젝트에서만 사용' 변수를 이용하면 복제본마다 서로 다른 값을 가지는 변수를 만들 수 있어요.

03 눈부신 하늘의 축제 – 폭죽 터뜨리기

이번 시간에는 복제본을 이용해서 밤하늘의 아름다운 폭죽 쇼를 만들어 봅시다.

목표
1. 마우스를 클릭해서 폭죽입자를 생성한다.
2. 폭죽 입자는 사방으로 날라간다.

완성 예시

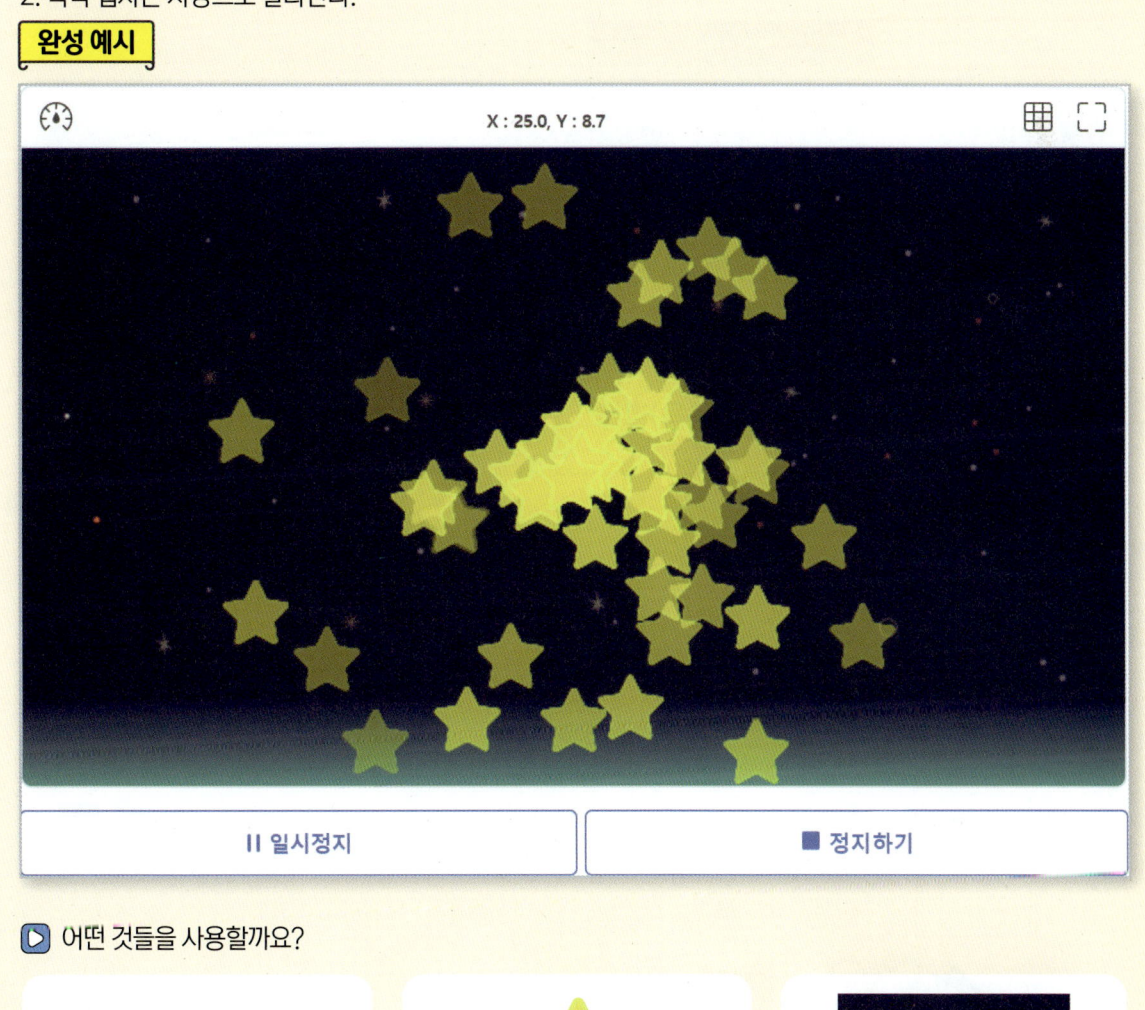

▶ 어떤 것들을 사용할까요?

이 오브젝트에서 사용 변수

복제본마다 서로 다른 값을 가진 변수로 서로 다른 방향으로 움직여요.

폭죽 입자

20개의 복제본을 만들고 각 복제본들은 사방으로 날라가요.

별 헤는 밤

폭죽이 잘 보이도록 어두운 밤하늘 배경을 사용해요.

6장 같은 것을 여러 개 만들자! **167**

미션1 실행화면 설정

01 엔트리봇 삭제하기

STEP 1 ❶ 엔트리봇 오브젝트를 선택한다.
STEP 2 ❷ ✕를 클릭해서 오브젝트를 삭제한다.
STEP 3 ❸ 오브젝트 추가하기 를 클릭한다.

02 오브젝트 추가하기 - 별 헤는 밤, [묶음]별

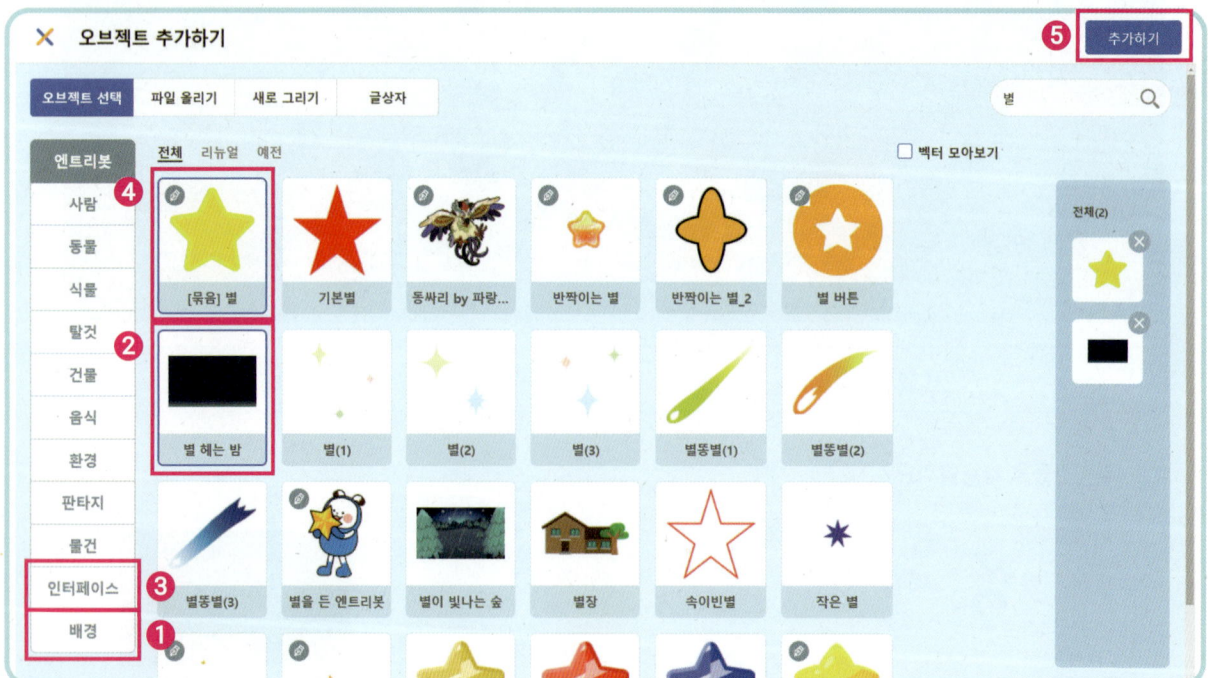

STEP 4 ❶ 배경 을 클릭한다.
STEP 5 ❷ '별 헤는 밤' 오브젝트를 선택한다.

STEP 6　❸ 인터페이스 를 클릭한다.
STEP 7　❹ '[묶음] 별' 오브젝트를 선택한다.
STEP 8　❺ 추가하기 를 클릭한다.

03 오브젝트 배치하기 - 이름 변경, 크기 조절

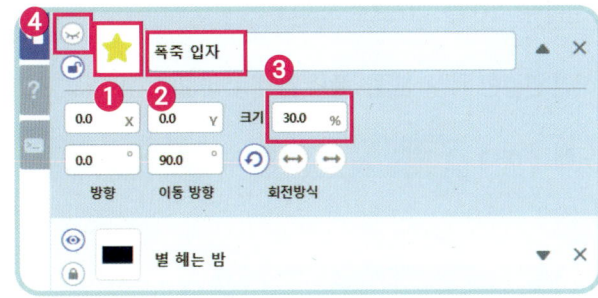

STEP 9　❶ '[묶음] 별' 오브젝트를 선택한다.
STEP 10　❷ '폭죽 입자'로 이름을 변경한다.
STEP 11　❸ 크기는 '30'으로 변경한다.
STEP 12　❹ 👁 눈 모양을 눌러 오브젝트를 숨긴다.

미션2 코딩하기

마우스 클릭으로 폭죽이 터지도록 하기 위해서 해야 하는 일의 순서를 정리해봅시다.
마우스를 클릭했을 때 폭죽 입자의 복제본을 여러 개 만들고, 각 폭죽 입자들이 사방으로 날아가게 하고, 폭죽 입자 복제본을 삭제해야겠죠? 찬찬히 코딩을 시작해봅시다.

01 마우스 클릭으로 폭죽 복제본 만들기

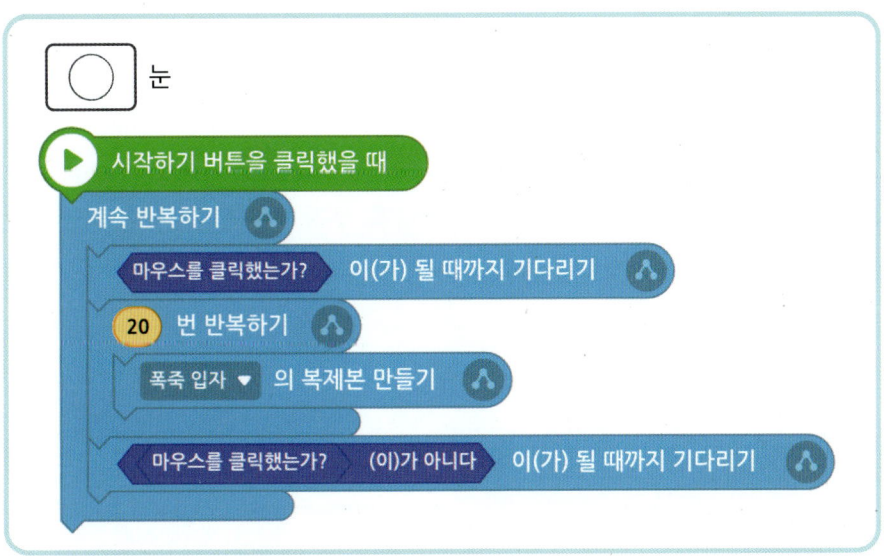

STEP 13 🏁 사작 에서 `시작하기 버튼을 클릭했을 때` 를 드래그 한다.

STEP 14 흐름 에서 `계속 반복하기` 를 드래그 하여 연결한다.

STEP 15 흐름 에서 `참 이(가) 될 때까지 기다리기` 를 드래그 하여 연결한다.

STEP 16 판단 에서 `마우스를 클릭했는가?` 를 드래그 하여 `참 이(가) 될 때까지 기다리기` 에 끼운다.

STEP 17 흐름 에서 `10 번 반복하기` 를 드래그 하여 연결한 뒤 '10'을 '20'으로 바꾼다.

STEP 18 흐름 에서 `자신 의 복제본 만들기` 를 드래그 하여 연결한 뒤 '자신'을 '폭죽 입자'로 바꾼다.

STEP 19 흐름 에서 `참 이(가) 될 때까지 기다리기` 를 드래그 하여 `20 번 반복하기` 과 `계속 반복하기` 사이에 연결한다.

STEP 20 판단 에서 `참 (이)가 아니다` 를 드래그 하여 `참 이(가) 될 때까지 기다리기` 에 끼운다.

STEP 21 판단 에서 `마우스를 클릭했는가?` 를 드래그 하여 `참 (이)가 아니다` 에 끼운다.

TIP 복제본이 계속 만들어질 때

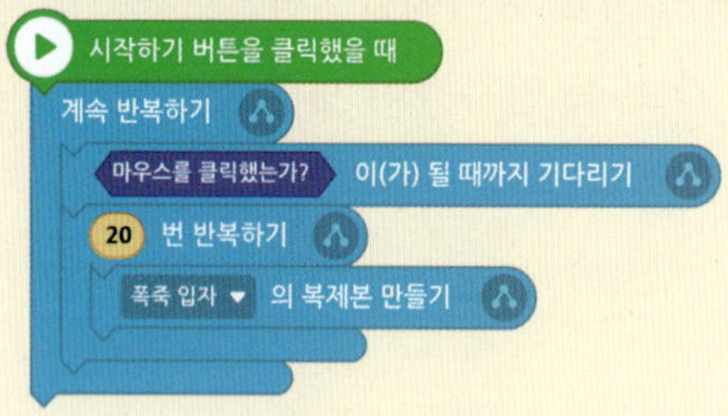

STEP 18 까지만 작업한다면 마우스를 계속 누르고 있으면 복제본이 계속 만들어진다는 문제점이 발생합니다.

`마우스를 클릭했는가? (이)가 아니다 이(가) 될 때까지 기다리기` 블록을 넣어주는 것으로 문제를 해결할 수 있습니다.

---

02 폭죽 입자의 복제본을 사방으로 날라가게 만들기

복제본이 사방으로 날아가기 위해 복제본의 이동 방향을 무작위로 정합니다. 원본 오브젝트가 모양을 숨긴 상태이기 때문에 잊지 말고 모양이 보이게 코딩해주어야 합니다.

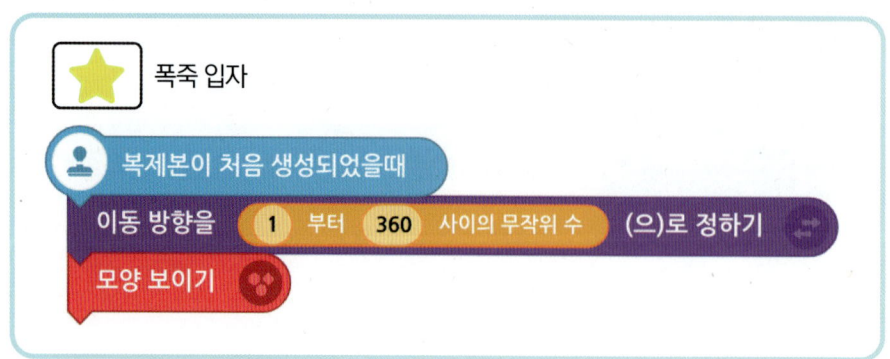

STEP 22 　에서 `복제본이 처음 생성되었을때` 를 드래그 한다.

STEP 23 　에서 `이동 방향을 90° (으)로 정하기` 를 드래그 해 연결한다.

STEP 24 　에서 `0 부터 10 사이의 무작위 수` 를 드래그 해 `이동 방향을 90° (으)로 정하기` 에 끼운 뒤 '0'을 '1'로, '10'을 '360'으로 바꾼다.

STEP 25 　에서 `모양 보이기` 를 드래그 해 연결한다.

03 폭죽 입자가 이동하며 투명해지도록 만들기

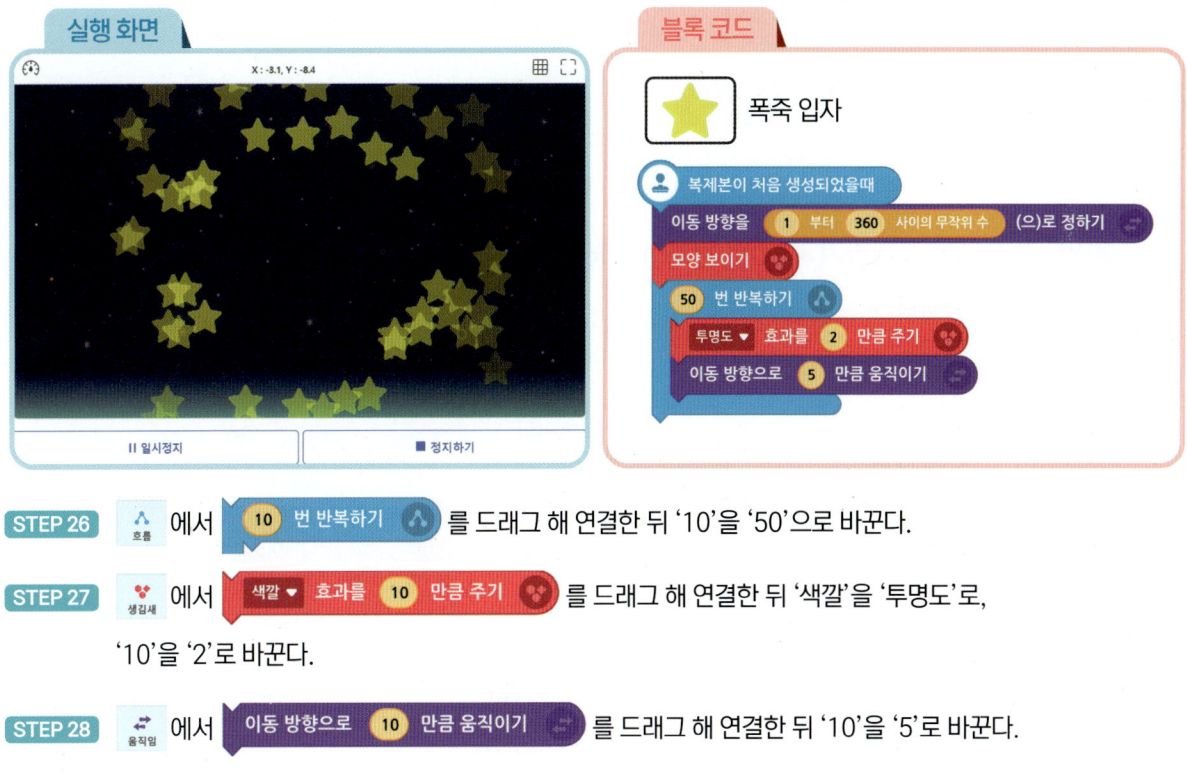

STEP 26 　에서 `10 번 반복하기` 를 드래그 해 연결한 뒤 '10'을 '50'으로 바꾼다.

STEP 27 　에서 `색깔 효과를 10 만큼 주기` 를 드래그 해 연결한 뒤 '색깔'을 '투명도'로, '10'을 '2'로 바꾼다.

STEP 28 　에서 `이동 방향으로 10 만큼 움직이기` 를 드래그 해 연결한 뒤 '10'을 '5'로 바꾼다.

04 폭죽 입자를 아래로 떨어지도록 만들기

STEP 29 움직임 에서 `y 좌표를 10 만큼 바꾸기` 을 드래그 해 연결한 뒤 '10'을 '-3'으로 바꾼다.

05 불필요한 복제본 삭제하기 - 50번 반복한 복제본의 경우

STEP 30 흐름 에서 `이 복제본 삭제하기` 를 드래그 해 연결한다.

⭐ **복제본을 왜 삭제해야 할까요?**
복제본이 너무 많으면 프로그램이 느려집니다. 또한 복제본에는 개수 제한이 있기 때문에 필요 없는 복제본은 꼭 삭제해야 합니다.

06 불필요한 복제본 삭제하기 – 화면 밖으로 나간 경우

STEP 31 에서 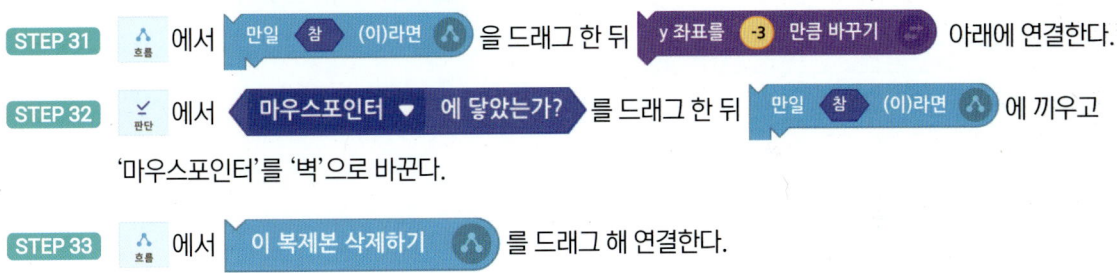

STEP 31 흐름에서 `만일 참 (이)라면`을 드래그 한 뒤 `y 좌표를 -3 만큼 바꾸기` 아래에 연결한다.

STEP 32 판단에서 `마우스포인터 에 닿았는가?`를 드래그 한 뒤 `만일 참 (이)라면`에 끼우고 '마우스포인터'를 '벽'으로 바꾼다.

STEP 33 흐름에서 `이 복제본 삭제하기`를 드래그 해 연결한다.

미션3 완성도 있는 폭죽 만들기

뭔가 조금 어색하지 않나요? 폭죽이 떨어지는 속도는 점점 빨라져야 하고, 폭죽마다 터지는 속도가 달라져야 합니다. 화면의 가운데에서가 아니라 마우스 위치에서 폭죽이 터지면 더 예쁘겠네요.

01 개인 변수 '터지는 속도', '떨어지는 속도' 만들기

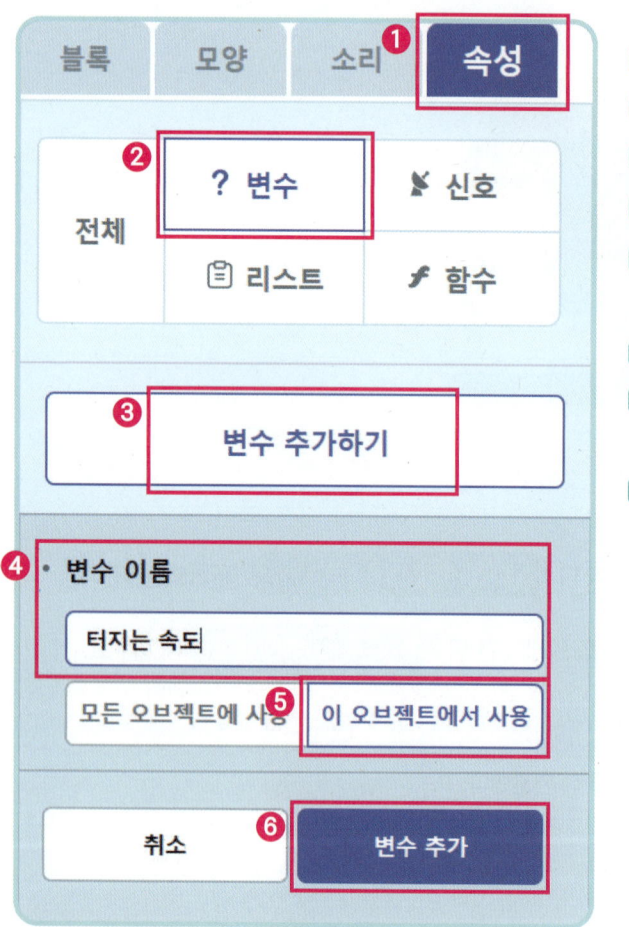

STEP 34 ❶ [속성] 탭을 클릭한다.
STEP 35 ❷ [변수]를 클릭한다.
STEP 36 ❸ [변수 추가하기]를 클릭한다.
STEP 37 ❹ 이름을 '터지는 속도'로 정한다.
STEP 38 ❺ [이 오브젝트에서 사용]을 클릭해서 '개인변수'로 설정한다.
STEP 39 ❻ [변수 추가]를 클릭한다.
STEP 40 같은 방식으로 '떨어지는 속도'의 변수도 '개인변수'로 만든다.
STEP 41 밤하늘을 더 잘 보이기 위해 개인 변수의 눈 모양 아이콘을 눌러 오브젝트를 숨긴다.

> **TIP** 개인변수란 무엇일까요?
>
>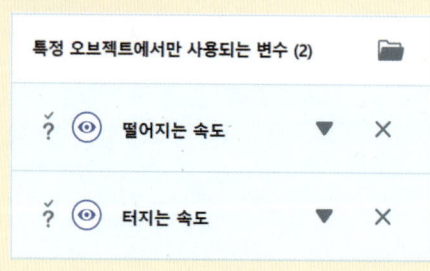
>
> 교재 166쪽에서 배운 '눈의 내리는 속도 바꾸기' 동영상을 먼저 보고 오면 더 이해하기 쉽습니다.
> 이 오브젝트에서만 사용하도록 변수를 추가하는 것을 이름이 너무 길기 때문에 여기서는 '개인변수'라고 부를게요. '개인변수'는 복제본마다 서로 다른 값을 설정할 수 있게 합니다. 폭죽이 떨어지는 속도는 폭죽의 위치마다 달라지고, 폭죽의 터지는 속도도 복제된 폭죽마다 달라져야 하기 때문에 개인변수를 사용하겠습니다. 이렇게 만들어진 '개인변수'의 경우 일반 변수와 달리  체크 표시로 표현됩니다.

02 개인변수 '터지는 속도' 적용하기

STEP 42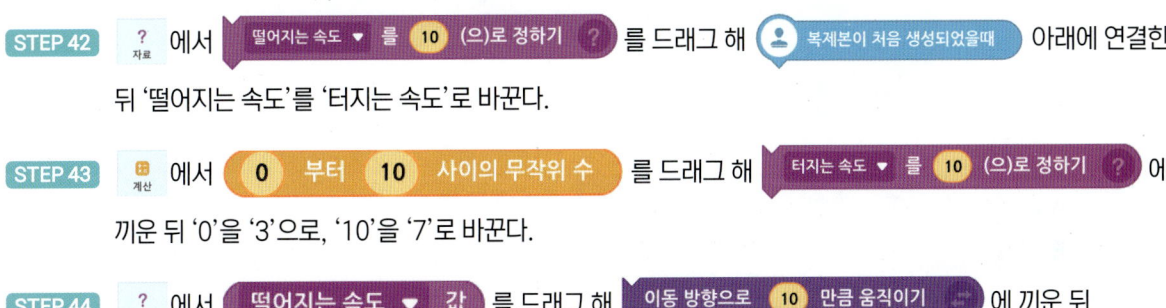

에서 `떨어지는 속도 ▼ 를 10 (으)로 정하기` 를 드래그 해 `복제본이 처음 생성되었을때` 아래에 연결한 뒤 '떨어지는 속도'를 '터지는 속도'로 바꾼다.

STEP 43 계산 에서 `0 부터 10 사이의 무작위 수` 를 드래그 해 `터지는 속도 ▼ 를 10 (으)로 정하기` 에 끼운 뒤 '0'을 '3'으로, '10'을 '7'로 바꾼다.

STEP 44 자료 에서 `떨어지는 속도 ▼ 값` 을 드래그 해 `이동 방향으로 10 만큼 움직이기` 에 끼운 뒤 '떨어지는 속도'를 '터지는 속도'로 바꾼다.

03 개인변수 '떨어지는 속도' 적용하기

변수의 값을 조금씩 늘리고 그 값만큼 이동하면 속도가 빨라지게 됩니다.

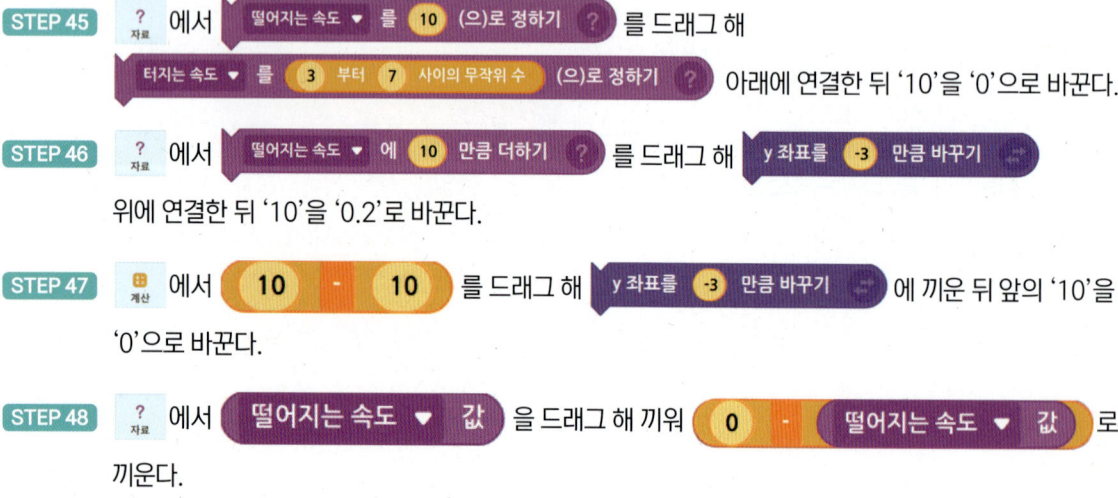

04 마우스 위치에서 터지는 폭죽

STEP 49 움직임에서 `폭죽 입자 ▼ 위치로 이동하기`를 드래그 해 `20 번 반복하기` 위에 연결한 뒤 '폭죽 입자'를 '마우스 포인터'로 바꾼다.

완성

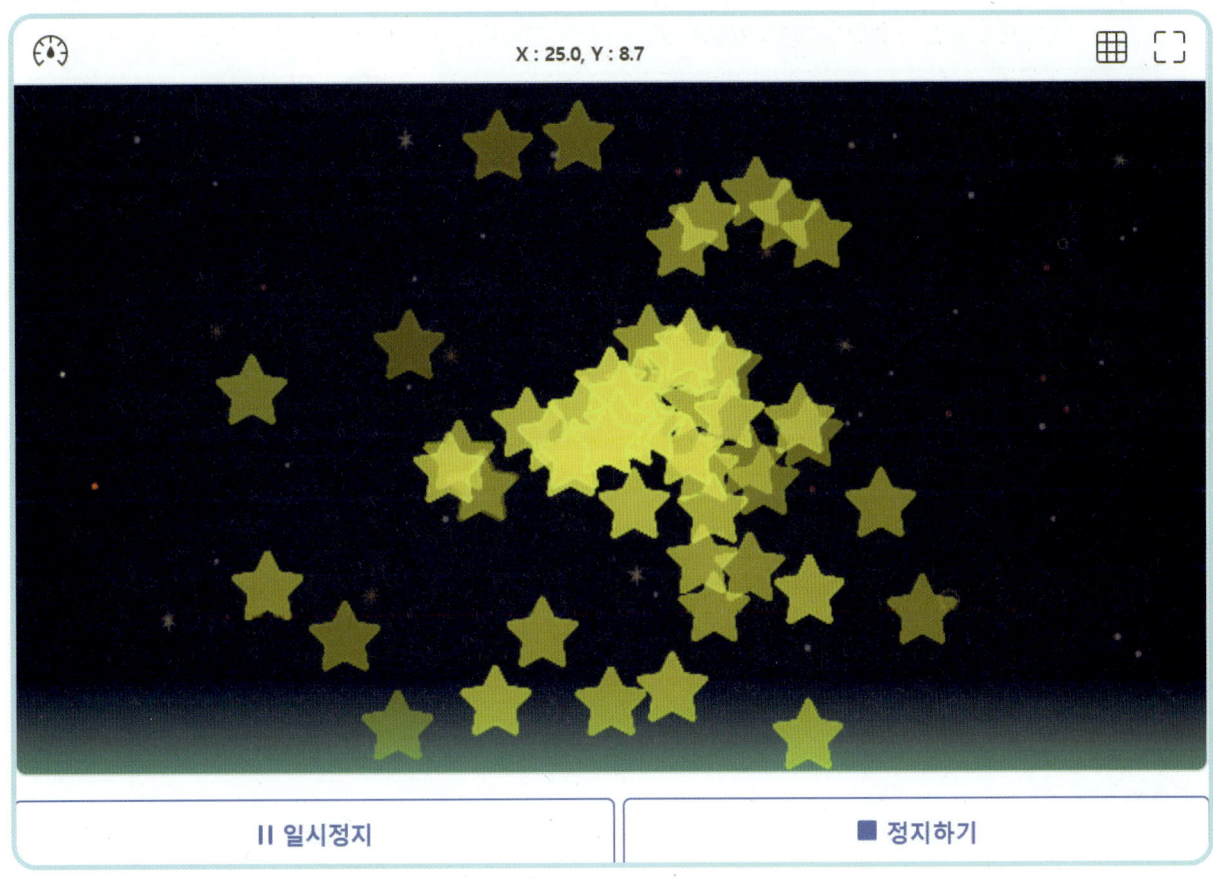

STEP 50 `▶시작하기` 버튼을 클릭해서 재생한다.

6장 같은 것을 여러 개 만들자!

⭐ 땅에서 발사되는 폭죽

폭죽이 땅에서 발사되어 올라가서 하늘에서 터지는 모습을 만들어 보세요.

작품 예시

불꽃놀이를 보면 폭죽이 하늘에서 갑자기 생기는 것이 아니라 땅에서 천천히 올라가고 일정 높이에 도달하면 한 점에서 터지는 것을 알 수 있습니다. 커다란 폭죽을 발사해서 터지도록 만들어 보세요.

힌트

▶ 커다란 폭죽 오브젝트를 추가해 봅시다.
▶ 폭죽 입자 복제본들이 커다란 폭죽 위치로 이동해서 사방으로 터지게 만들어 보세요.

> **개념1** 대칭 – 선대칭

대칭은 무엇일까?

도화지 한 면에 그림을 그린 다음 접었다 펼치면 똑같은 그림이 반대편에 찍혀요. 우리는 이를 대칭이라고 해요. 대칭은 점·선·면을 중심으로 서로 마주 보며 짝을 이루는 것을 말해요. 점이나 선분을 중심으로 양쪽이 똑같은 모양을 하고 있어요.

대칭은 한 도형 안에서 이루어지는 경우도 있고 두 도형끼리 대칭인 경우도 있어요. 여기서 대칭축은 선대칭의 축이 되는 직선을 말해요. 도화지를 접었다가 펼쳐서 똑같은 그림을 만들 때, 접은 자리가 바로 대칭축이에요. 대칭에는 대표적으로 두 가지 종류가 있어요.

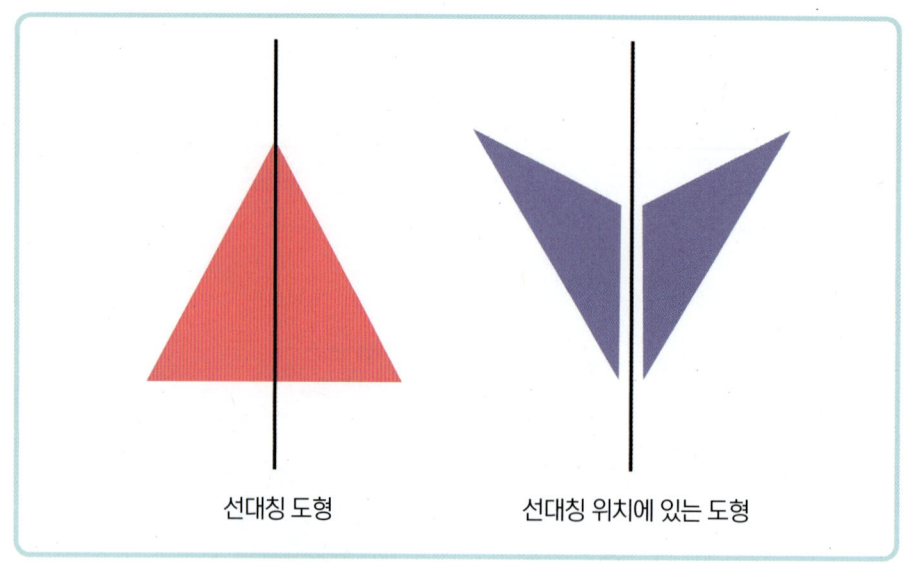

선대칭 도형　　　　　선대칭 위치에 있는 도형

선대칭: 직선을 사이에 두고 완전히 겹치는 대칭

직선을 사이에 두고 같은 거리에서 똑같은 두 도형이 있으면 선대칭이라고 해요. 직선을 사이에 둔 대칭이라서 선대칭이라고 하지요. 대칭축이 도형 안에 있으면 선대칭 도형, 도형 밖에 있으면 선대칭 위치에 있는 도형이라고 해요.

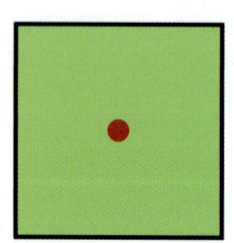

점대칭: 점을 중심으로 180° 돌렸을 때 완전히 겹치는 대칭

가운데 만나는 점을 중심으로 180°, 즉, 딱 반 바퀴를 돌리면 처음과 같은 모양이 나오게 돼요. 이걸 점대칭 도형이라고 하고 돌릴 때 중심을 잡았던 점을 '대칭의 중심'이라고 해요.

점대칭도 대칭의 중심이 도형 안에 있는 경우가 있고, 도형 밖에 있어서 점대칭의 위치에 있는 도형이 있어요. 선대칭이면서 점대칭인 도형이 있을까요? 직선으로 접었을 때 완전히 겹쳐지고, 중심점을 기준으로 180° 돌렸을 때 처음 도형과 똑같은 모양이 되는 대표적인 도형은 바로 원과 정사각형이에요.

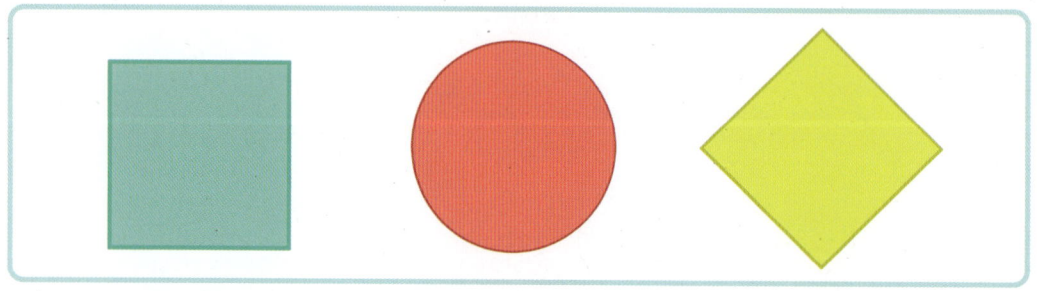

앞에서 배웠던 '좌표' 안에서도 우리는 대칭을 찾아볼 수 있어요.

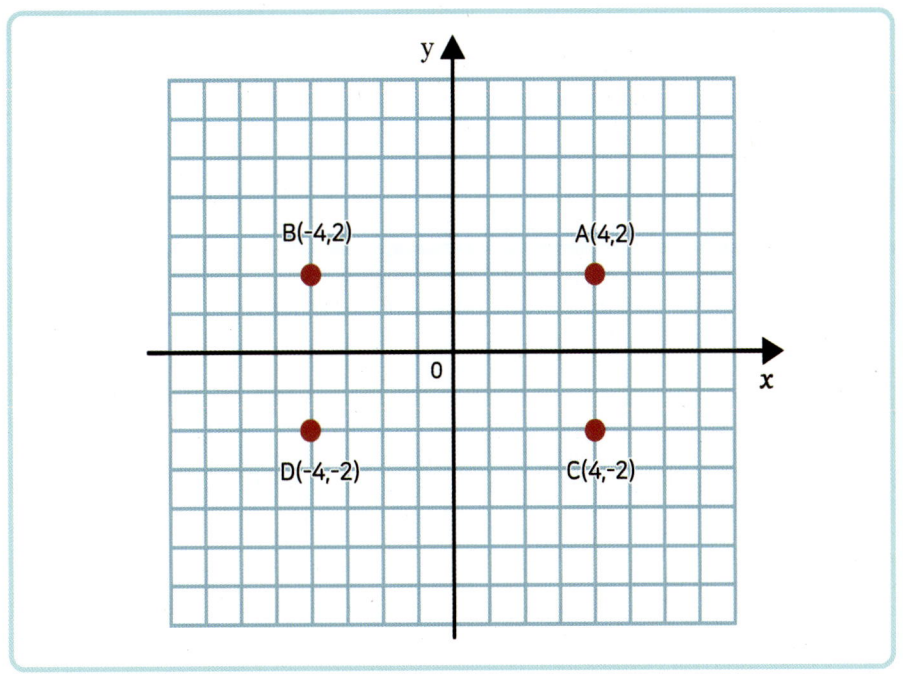

점 A와 B는 y축을 기준으로 대칭이에요. 점 D와 C도 마찬가지랍니다. 점 A와 C는 x축을 기준으로 대칭이고, 점 B와 D도 대칭이에요. 좌표의 원점을 기준으로 점 A와 D는 서로 대칭이고, 점 B와 C도 대칭이에요. 좌표 안에서도 대칭이 성립한다니 신기하죠?

좌표의 값도 유심히 살펴보면 대칭의 종류에 따라 부호가 바뀌는 규칙을 발견할 수 있답니다. 추가로 이번 단원에서는 [계산] 블록을 이용할 일이 많은데 우리가 흔히 사용하는 ÷ (나누기 기호) 대신 '/'를 사용하니 헷갈리지 않도록 주의해주세요!

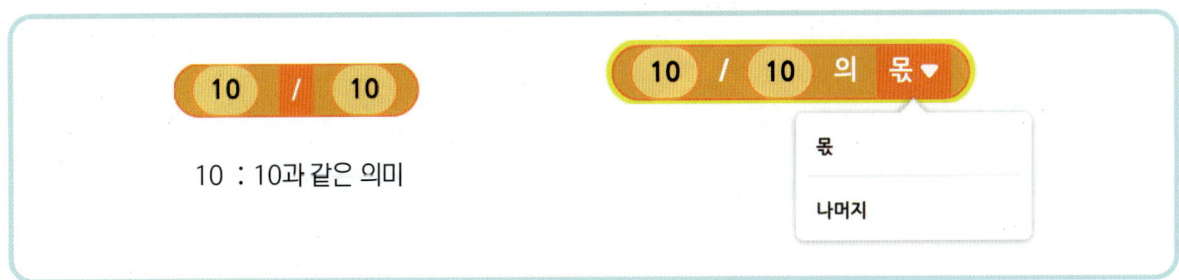

입력한 두 수를 나눈 결과 값

몫	앞의 수에서 뒤의 수를 나누어 얻는 수
나머지	앞의 수에서 뒤의 수를 나누었을 때 남는 나머지 값

예 11÷5=2…1 일 때 '**몫= 2, 나머지= 1**'이 됩니다.

개념 공부는 끝났어요. 이제 '대칭'이라는 개념을 이용해서 예술 작품을 만들러 가 볼까요?

01 대칭 그림판 만들기

이번 시간에는 보정 기능이 있는 대칭 그림판을 만들어 봅시다.

목표

마우스의 움직임을 보정해 줄 수 있는 오브젝트를 만들고 대칭이 되는 지점으로 이동해 그림을 그리는 그림판을 만든다.

완성 예시

▶ 어떤 것들을 사용할까요?

투명 오브젝트		투명 오브젝트
대칭 그리기	마우스 보정	배경 그리기
4개의 복제본을 만들어서 각각 마우스 위치, x축 대칭, y축 대칭, 원점 대칭으로 이동해서 그림을 그려요.	마우스 위치로 천천히 이동해서 마우스의 떨림을 보정해요.	배경을 검은색으로 칠해요.

182 나는야 엔트리 화가

미션1 　오브젝트 만들기와 복제본 생성

01 　마우스 움직임을 보정하는 오브젝트 만들기

교재 123쪽 '나만의 그림판 만들기'에서 그림판을 만들었던 것을 기억하고 있나요?

마우스의 떨림을 보정해서 더 예쁜 선을 그릴 수 있도록 만들어 보겠습니다.

이번에는 기본 셋팅된 엔트리봇 오브젝트를 사용합니다.

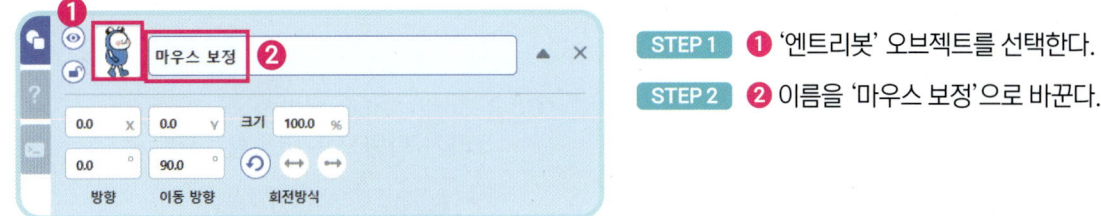

STEP 1 　❶ '엔트리봇' 오브젝트를 선택한다.
STEP 2 　❷ 이름을 '마우스 보정'으로 바꾼다.

02 　복제본 생성하기

계속해서 마우스를 바라보고 이동방향으로 이동하면 마우스를 따라다니는 코드를 만들어 봅시다. 이동할 때 '마우스포인터까지의 거리/20만큼' 이동하면 마우스와의 거리에 비례하여 움직이기 때문에 더 자연스럽게 이동할 수 있습니다.

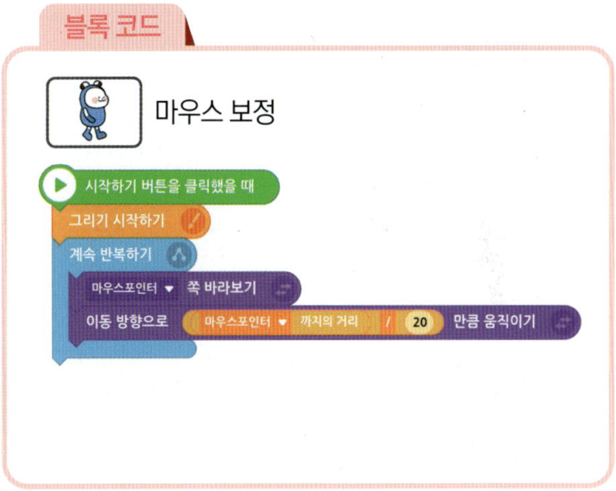

STEP 3 　[시작]에서 [시작하기 버튼을 클릭했을 때]를 드래그 한다.

STEP 4 　[붓]에서 [그리기 시작하기]를 드래그 해 연결한다.

STEP 5 　[흐름]에서 [계속 반복하기]를 드래그 해 연결한다.

STEP 6 　[움직임]에서 [마우스 보정 ▼ 쪽 바라보기]를 드래그 해 연결한 뒤 '마우스 보정'을 '마우스포인터'로 바꾼다.

STEP 7 　[움직임]에서 [이동 방향으로 10 만큼 움직이기]를 드래그 해 연결한다.

STEP 8 　[계산]에서 (10 / 10)을 드래그 해 [이동 방향으로 10 만큼 움직이기]에 끼우고 뒤의 '10'을 '20'으로 바꾼다.

STEP 9 　[계산]에서 [마우스 보정 ▼ 까지의 거리]를 드래그 해 (10 / 20)에 끼우고 '마우스 보정'을 '마우스포인터'로 바꾼다.

미션2 대칭을 그릴 투명 오브젝트 추가하기

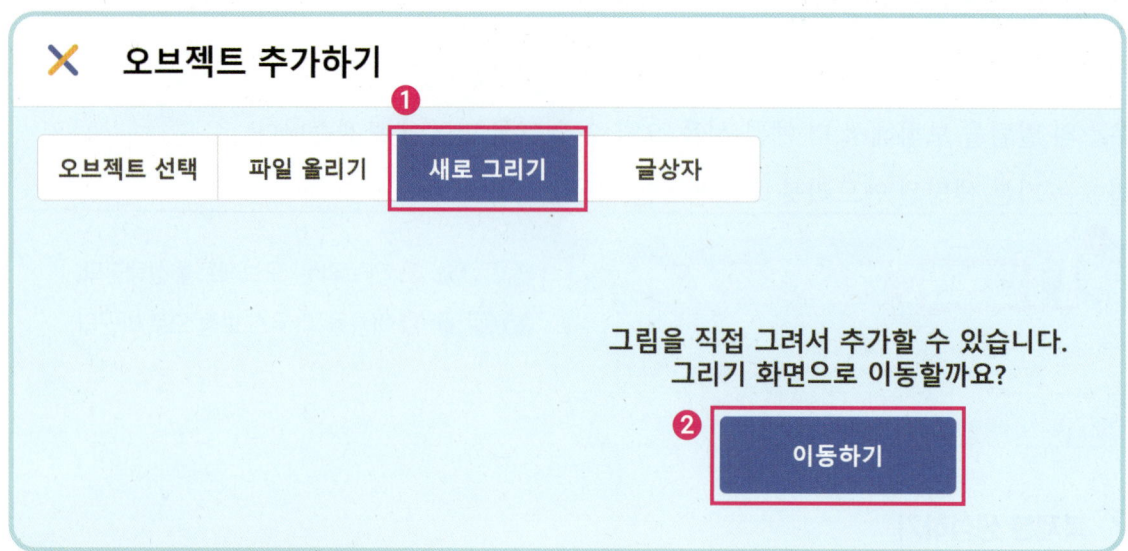

STEP 10 오브젝트 추가하기 를 클릭한다.

STEP 11 ❶ 새로 그리기 를 클릭한다.

STEP 12 ❷ 이동하기 를 클릭하면 새 오브젝트가 추가되고 그림 그리기 페이지로 이동한다.

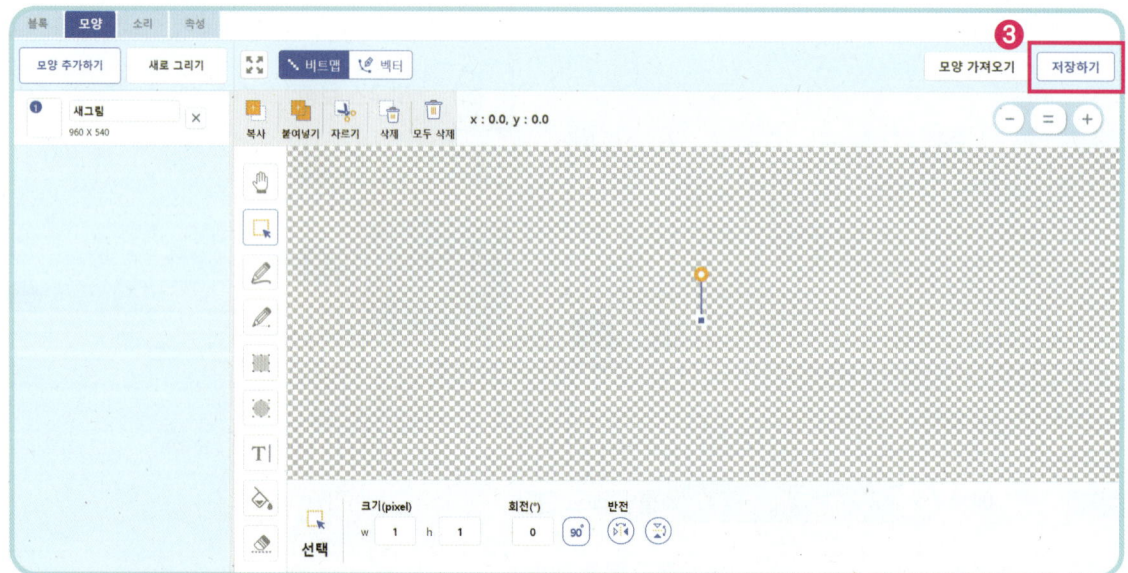

STEP 13 ❸ 저장하기 버튼을 클릭한다.

STEP 14 '저장하기'와 '새 모양으로 저장하기' 중 '저장하기'를 클릭한다.

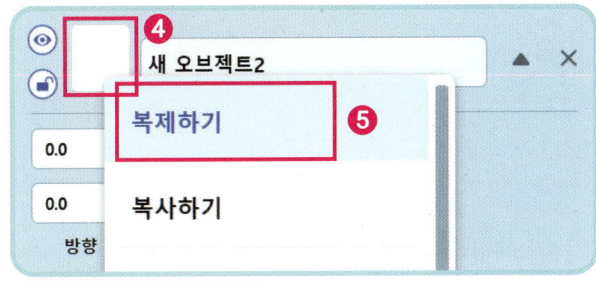

> STEP 15　❹ 만들어진 투명 오브젝트를 선택한다.
>
> STEP 16　마우스 오른쪽을 클릭해서 ❺ 복제하기 를 선택해 투명 오브젝트를 2개 만든다.

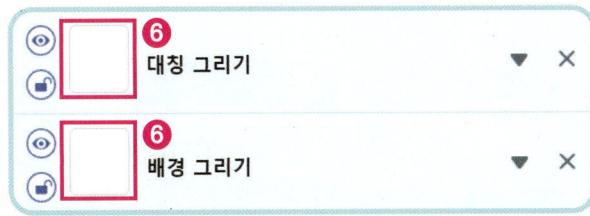

> STEP 17　❻ 각 오브젝트를 선택하고 이름을 '대칭 그리기'와 '배경 그리기'로 변경한다.

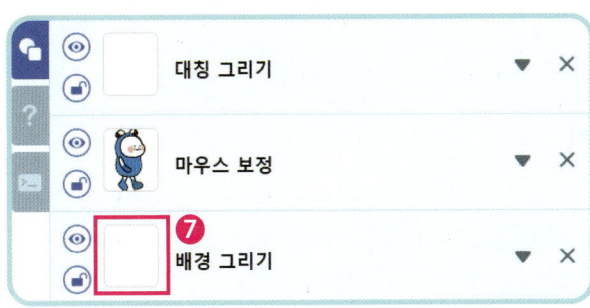

> STEP 18　배경은 맨 뒤에 있어야 하기 때문에 ❼ '배경 그리기' 오브젝트의 이미지 부분을 잡고 드래그하여, 맨 아래로 이동시킨다.

미션3 코딩하기

01 복제본 4개 만들기

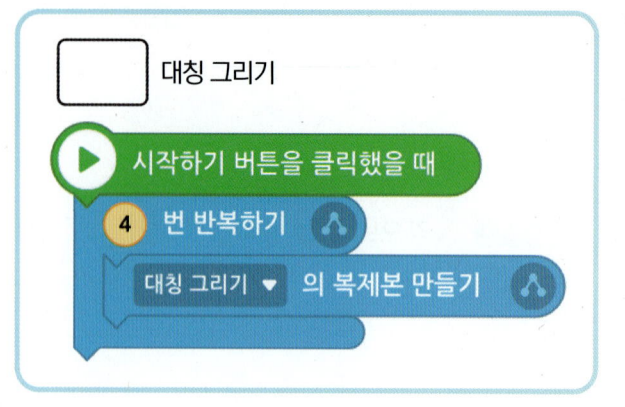

STEP 19 　블록 탭을 클릭한다.
STEP 20 　대칭 그리기 오브젝트를 클릭한다.
STEP 21 　시작 에서 시작하기 버튼을 클릭했을 때 를 드래그 한다.
STEP 22 　흐름 에서 10 번 반복하기 를 드래그 해 연결한 뒤 '10'을 '4'로 바꾼다.
STEP 23 　흐름 에서 자신 의 복제본 만들기 를 드래그 해 연결한 뒤 '자신'을 '대칭 그리기'로 바꾼다.

02 각 복제본을 구분하기 위한 '개인변수' 설정하기

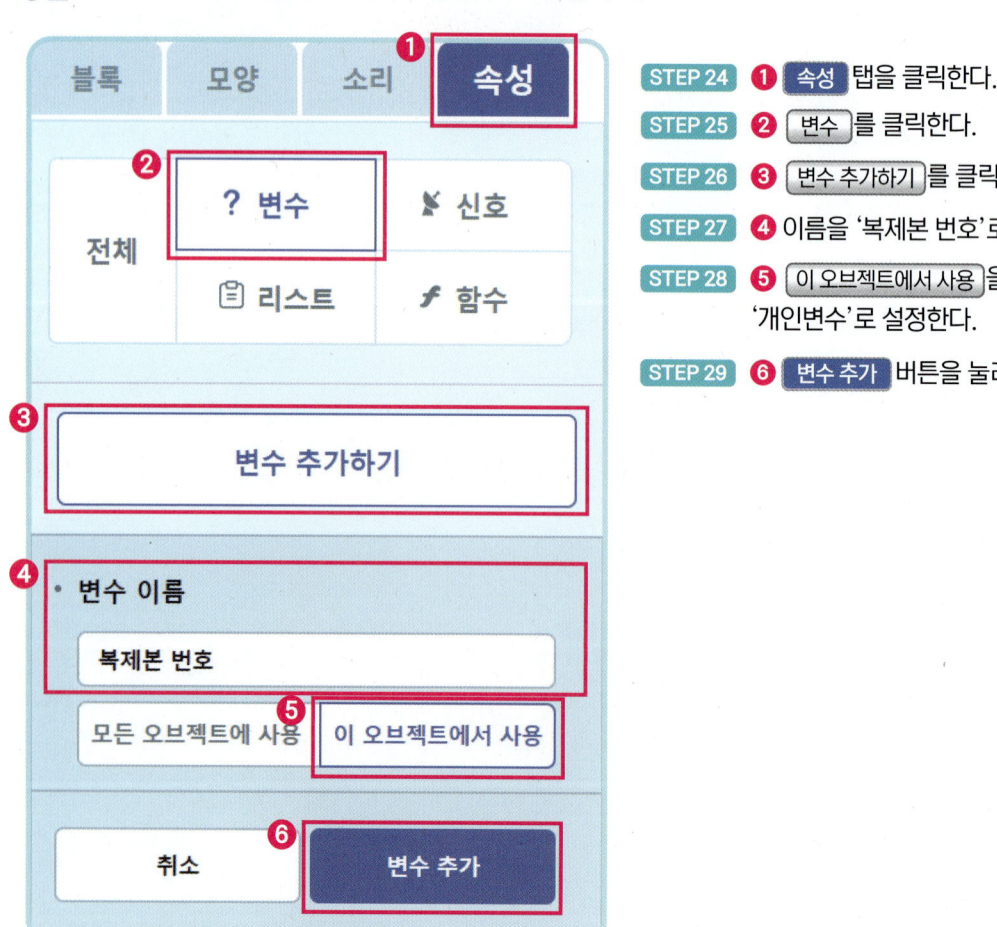

STEP 24 　❶ 속성 탭을 클릭한다.
STEP 25 　❷ 변수 를 클릭한다.
STEP 26 　❸ 변수 추가하기 를 클릭한다.
STEP 27 　❹ 이름을 '복제본 번호'로 정한다.
STEP 28 　❺ 이 오브젝트에서 사용 을 클릭해서 '개인변수'로 설정한다.
STEP 29 　❻ 변수 추가 버튼을 눌러 변수를 만든다.

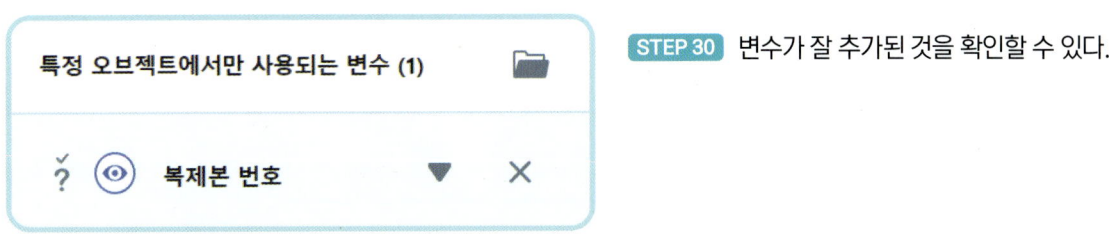

STEP 30 변수가 잘 추가된 것을 확인할 수 있다.

03 개인변수로 복제본 번호 정하기

복제본 번호를 '0'으로 정하고 '1'을 더해봅시다. 이 상태에서 복제본을 만들면 복제본 번호 값이 1인 상태로 복제됩니다. 1번 복제본이 만들어지는 겁니다. 반복하기로 또 1을 더하고 복제를 하게 되므로 복제본 번호의 값이 2인 상태로 복제됩니다. 이렇게 1~4번 복제본을 만들 수 있습니다.

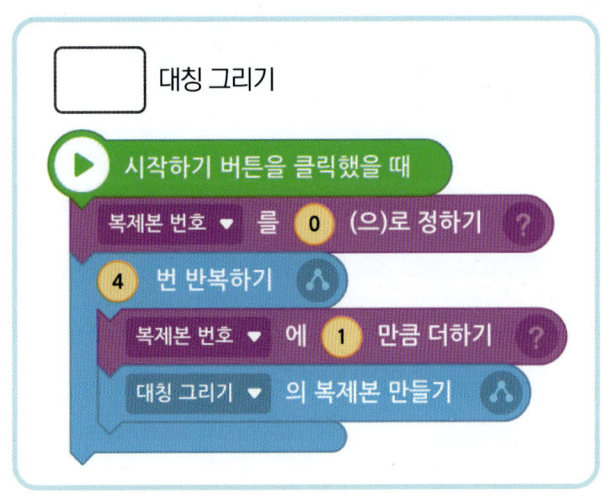

STEP 31 블록 탭을 클릭한다.

STEP 32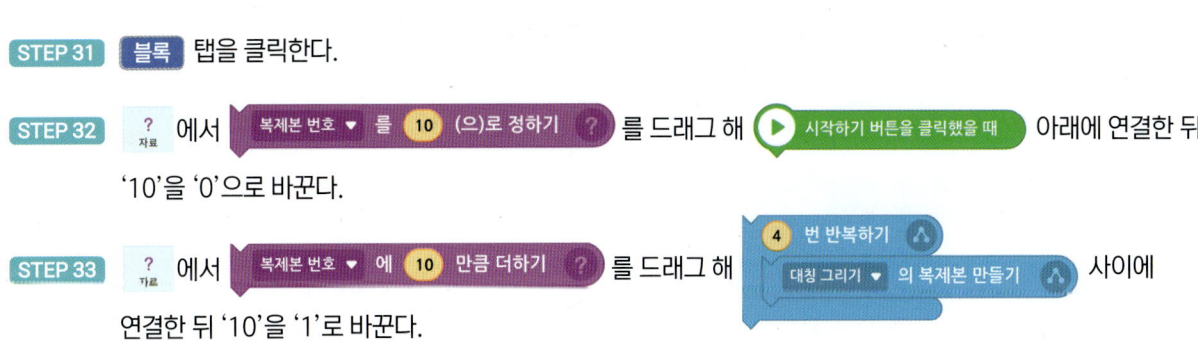
'10'을 '0'으로 바꾼다.

STEP 33 에서 복제본 번호에 10 만큼 더하기 를 드래그 해 4번 반복하기 / 대칭 그리기의 복제본 만들기 사이에 연결한 뒤 '10'을 '1'로 바꾼다.

04 번호에 따라 복제본 구분하기

복제본이 생성되었을 때 복제본 번호를 확인해서 복제본마다 서로 다른 동작을 하도록 만들어보겠습니다.

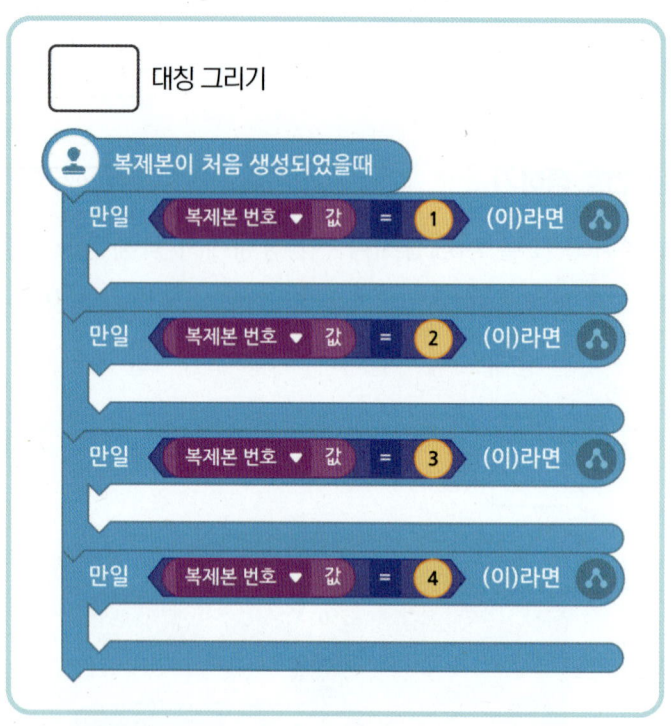

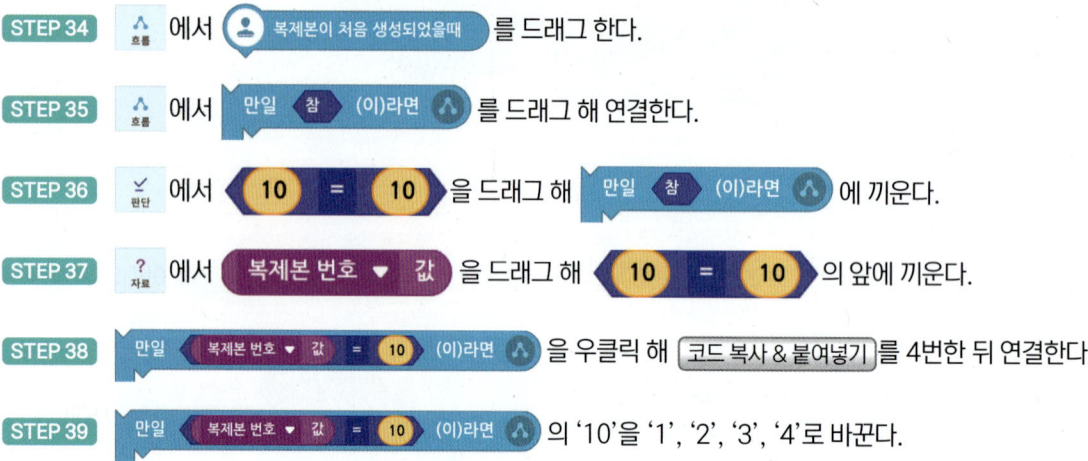

05 번호에 따라 서로 다른 동작하기

> 대칭 그리기
>
> 복제본이 처음 생성되었을때
> 만일 〈복제본 번호▼ 값 = 1〉 (이)라면
>   계속 반복하기
>   x: (마우스 보정▼ 의 x좌푯값) y: (마우스 보정▼ 의 y좌푯값) 위치로 이동하기
> → 1번일 때는 '마우스 보정' 오브젝트와 같은 위치로 이동합니다.
>
> 만일 〈복제본 번호▼ 값 = 2〉 (이)라면
>   계속 반복하기
>   x: (마우스 보정▼ 의 x좌푯값) y: (0 - 마우스 보정▼ 의 y좌푯값) 위치로 이동하기
> → 2번일 때는 '마우스 보정' 오브젝트의 x축 대칭 위치로 이동합니다.
>
> 만일 〈복제본 번호▼ 값 = 3〉 (이)라면
>   계속 반복하기
>   x: (0 - 마우스 보정▼ 의 x좌푯값) y: (마우스 보정▼ 의 y좌푯값) 위치로 이동하기
> → 3번일 때는 '마우스 보정' 오브젝트의 y축 대칭 위치로 이동합니다.
>
> 만일 〈복제본 번호▼ 값 = 4〉 (이)라면
>   계속 반복하기
>   x: (0 - 마우스 보정▼ 의 x좌푯값) y: (0 - 마우스 보정▼ 의 y좌푯값) 위치로 이동하기
> → 4번일 때는 '마우스 보정' 오브젝트의 원점 위치로 이동합니다.

STEP 40 [흐름]에서 `계속 반복하기`를 드래그 하고 [움직임]에서 `x: 0 y: 0 위치로 이동하기`를 드래그 해 연결한다.

STEP 41 `계속 반복하기 / x: 0 y: 0 위치로 이동하기`를 우클릭해 `코드 복사 & 붙여넣기`를 4번한 뒤 각 복제본 번호 값 아래에 연결한다.

STEP 42 복제본 번호가 1번일 때, [계산]에서 `대칭 그리기▼ 의 x좌푯값▼`을 드래그 한 뒤 x에 넣고 `마우스 보정▼ 의 x좌푯값`으로, `대칭 그리기▼ 의 x좌푯값▼`을 드래그 한 뒤 y에 넣고 `마우스 보정▼ 의 y좌푯값▼`로 바꾼다.

STEP 43 복제본 번호가 2번일 때, x에 `마우스 보정▼ 의 x좌푯값▼`을 넣고, y에 [계산]에서 `10 - 10`을 드래그 한 뒤 앞의 '10'을 '0'으로 바꾸고 뒤에 `마우스 보정▼ 의 y좌푯값`을 끼워 `0 - 마우스 보정▼ 의 y좌푯값▼`로 바꾼다.

STEP 44 복제본 번호가 3번일 때, x에 `0 - 마우스 보정▼ 의 x좌푯값▼`을 끼우고, y에는 `마우스 보정▼ 의 y좌푯값▼`을 끼운다.

STEP 45 복제본 번호가 4번일 때, x에 `0 - 마우스 보정▼ 의 x좌푯값▼`, y에 `0 - 마우스 보정▼ 의 y좌푯값▼`을 끼운다.

06 붓 설정

모든 복제본에 공통으로 붓의 색과 굵기를 정해야 하기 때문에 복제본 블록 위에 붓 블록을 연결합니다.

→ 붓의 색과 굵기를 정한다.

STEP 46 붓 에서 `그리기 색을 (으)로 정하기` 를 드래그 해 연결한 뒤 색을 바꾼다.

STEP 47 붓 에서 `그리기 굵기를 1 (으)로 정하기` 를 드래그 해 연결한 뒤 '1'을 '5'로 바꾼다.

07 그리기 시작하고 멈추기

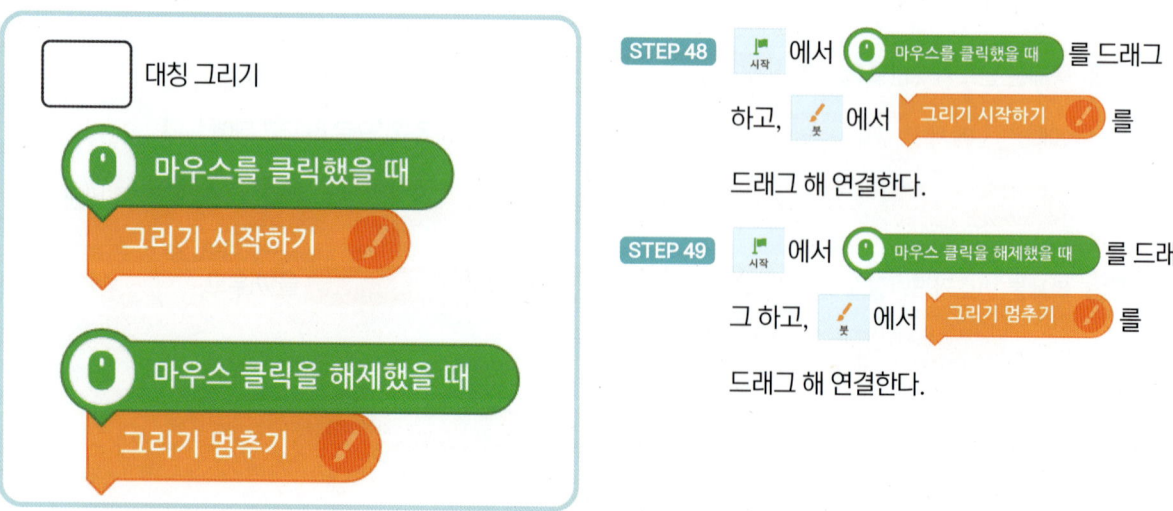

STEP 48 시작 에서 `마우스를 클릭했을 때` 를 드래그 하고, 붓 에서 `그리기 시작하기` 를 드래그 해 연결한다.

STEP 49 시작 에서 `마우스 클릭을 해제했을 때` 를 드래그 하고, 붓 에서 `그리기 멈추기` 를 드래그 해 연결한다.

08 마우스 보정 오브젝트 정리하기

STEP 50 ❶ 마우스 보정 오브젝트를 클릭한다.

STEP 51 ❷ 👁 아이콘을 클릭해서 모양을 숨긴다.

STEP 52 블록 코드에서 그리기 시작하기 를 지운다.

STEP 53 ▶시작하기 버튼을 눌러 대칭 그림이 잘 그려지는 것을 확인한다.

09 배경 그리기

대칭 그림은 완료했으니 이제 배경을 그려봅시다. 엔트리 실행화면의 높이는 '270'입니다. 굵기를 '270'으로 정하고 색은 원하는 배경색으로 정해주세요. 엔트리 x 좌푯값 기억하시죠? 왼쪽 끝으로 이동 후 그리기를 시작하고 오른쪽 끝으로 이동 후 그리기를 멈추면 화면을 모두 칠할 수 있습니다.

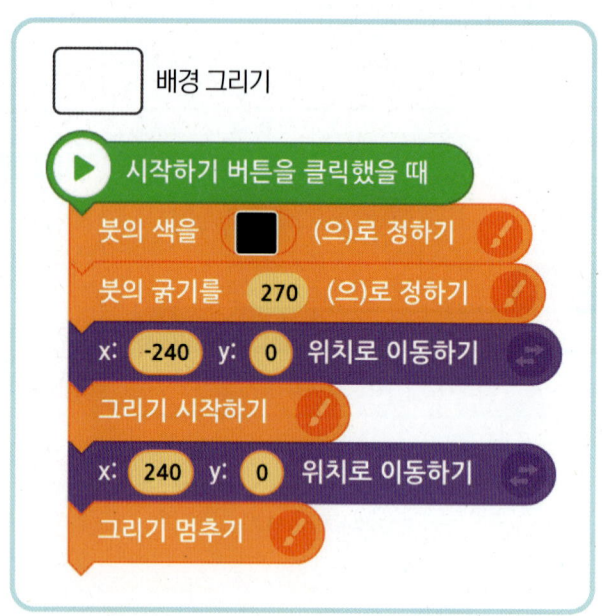

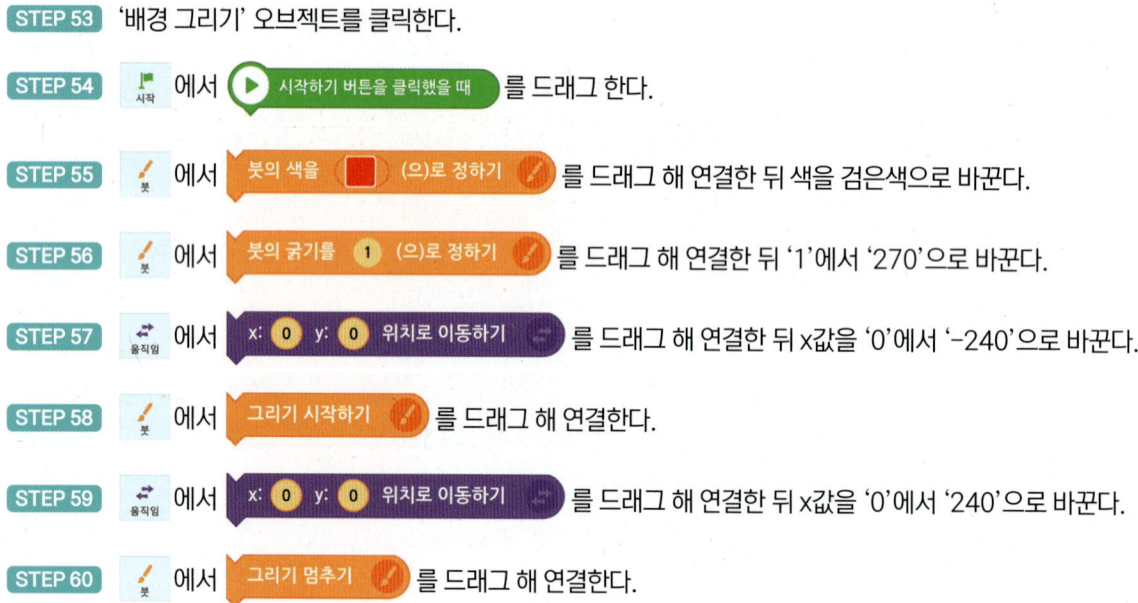

STEP 53 '배경 그리기' 오브젝트를 클릭한다.

STEP 54 시작에서 시작하기 버튼을 클릭했을 때 를 드래그 한다.

STEP 55 붓에서 붓의 색을 (으)로 정하기 를 드래그 해 연결한 뒤 색을 검은색으로 바꾼다.

STEP 56 붓에서 붓의 굵기를 1 (으)로 정하기 를 드래그 해 연결한 뒤 '1'에서 '270'으로 바꾼다.

STEP 57 움직임에서 x: 0 y: 0 위치로 이동하기 를 드래그 해 연결한 뒤 x값을 '0'에서 '-240'으로 바꾼다.

STEP 58 붓에서 그리기 시작하기 를 드래그 해 연결한다.

STEP 59 움직임에서 x: 0 y: 0 위치로 이동하기 를 드래그 해 연결한 뒤 x값을 '0'에서 '240'으로 바꾼다.

STEP 60 붓에서 그리기 멈추기 를 드래그 해 연결한다.

10 변수 숨기기

실행화면 왼쪽 상단에 있는 변수가 신경쓰입니다. 완성을 더 잘 보이게 하기 위해 숨겨주겠습니다.

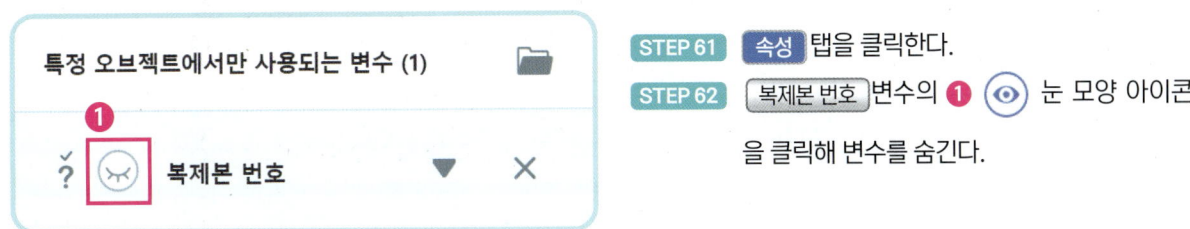

STEP 61 속성 탭을 클릭한다.

STEP 62 복제본 번호 변수의 ① 눈 모양 아이콘을 클릭해 변수를 숨긴다.

완성

STEP 63 ▶시작하기 버튼을 클릭한다.

STEP 64 배경이 있는 대칭 그림이 잘 그려지는 것을 확인한다.

⭐ 12각 대칭 그림판

12개의 복제본으로 더 예쁜 그림을 그려 봅시다.

작품 예시

복제본을 12개 만들어서 더 많은 점에서 동시에 그림을 그리면 예쁜 그림이 만들어집니다.
영상을 통해서 복제본이 어떻게 이동해야 하는지 알아봅시다.

힌트

▶ 마우스 보정 오브젝트가 원점으로부터 어느 정도 멀리, 어떤 각도에 위치하였는지를 바탕으로 복제본들의 위치를 정해 보세요.

예술에서의 복제

복제는 예술을 무형적으로 재생하거나 모든 문화 콘텐츠의 물리적인 모사본을 생산하는 행위를 말해요. '복제copy'란 말은 '풍부하다, 충분하다'를 뜻하는 라틴어 'copia'에서 유래했어요.

좁은 의미의 복제

넓은 의미의 복제

사진을 복사기, 스캐너 등으로 복제하여 사본을 만들거나 파일로 저장하는 행위도 복제라고 할 수 있고, 사진을 보고 연필로 그리는 행위도 넓은 의미에서는 복제라고 할 수 있어요. 소설책의 내용을 이용하여 영화나 드라마를 만드는 것도 복제의 방법 중 하나예요.

복제에는 아날로그 방식과 디지털 방식이 있어요.

아날로그 방식	디지털 방식

글을 베껴 쓰는 필사가 이에 해당해요. 판화는 사진 기술이 보급되기 전에는 복제 기술로 많이 사용되었어요.	디지털 기술을 이용한 복제로, 복사기 같은 기기를 이용하여 원본과 복제본의 구별이 불가능할 정도로 미세 복제까지 가능해요.

발터 베냐민Walter Benjamin은 카메라와 영사기가 등장한 19세기에 이미 기술 복제로 인한 예술적 세계 질서가 무너지고 새로운 세계가 열릴 수 있음을 예상했어요. 그는 복제로 인해 예술 작품의 '아우라aura'가 파괴되므로 예술 작품이 원래의 감동과 교감을 잃게 될 것이라고 했지요.

그러나 디지털 기술 복제를 통해 민중이 보다 더 쉽고 저렴하게 예술 작품을 감상할 수 있게 된다는 측면에서 아우라의 파괴가 반드시 부정적인 것만은 아니며 긍정적인 측면도 존재한다고 하였어요.

실제로 복제와 변형의 용이성, 디지털 미디어 도구의 발전은 다양한 사람들이 쉽게 창작 활동을 할 수 있게 문화 예술의 새로운 방향성을 제공해요.

복사기   카메라   포토샵

그러나 한편으로 복제는 저작권 문제와 원본에 대한 윤리 문제를 낳게 돼요.

• **복제 윤리**

원작자의 허락 없이 원본을 복제하는 것은 법적 문제뿐만 아니라 윤리적 문제도 가지고 있어요.

요즘 저작권에 대한 이슈가 많이 떠오르고 있는 것처럼 복제는 작품을 만든 '창작자'나 저작권을 가진 '저작권리자'들과 갈등을 야기하기도 해요.

디지털 기술 발달로 원본을 복제하는 것이 용이해지자 이를 계기로 많은 문화 자본을 형성한 저작권자들은 '디지털 저작권'이라는 개념을 도입하고 법을 만들어요. 1998년 미국의 '디지털밀레니엄저작권법'의 입법을 계기로 디지털 저작권물의 권리 보호가 크게 강화되었고 이는 전 세계적 추세로 진행되고 있어요.

7장

예술에 인공지능을 활용해 볼까?
인공지능 사용하기

핵심쏙쏙 개념 알기

01 인공지능 – 스스로 판단하는 컴퓨터

코딩술술 직접 해보기

01 소리에 반응하는 그림
02 얼굴인식 스티커 필터 만들기

재미솔솔 쉬어가기

그림 그리는 인공지능 : AI가 그림을 그린다고?

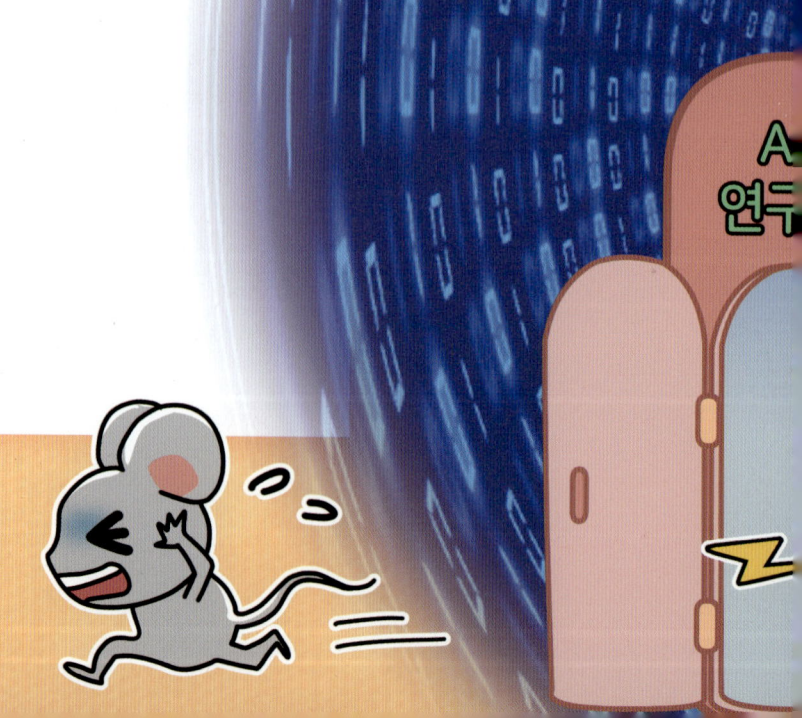

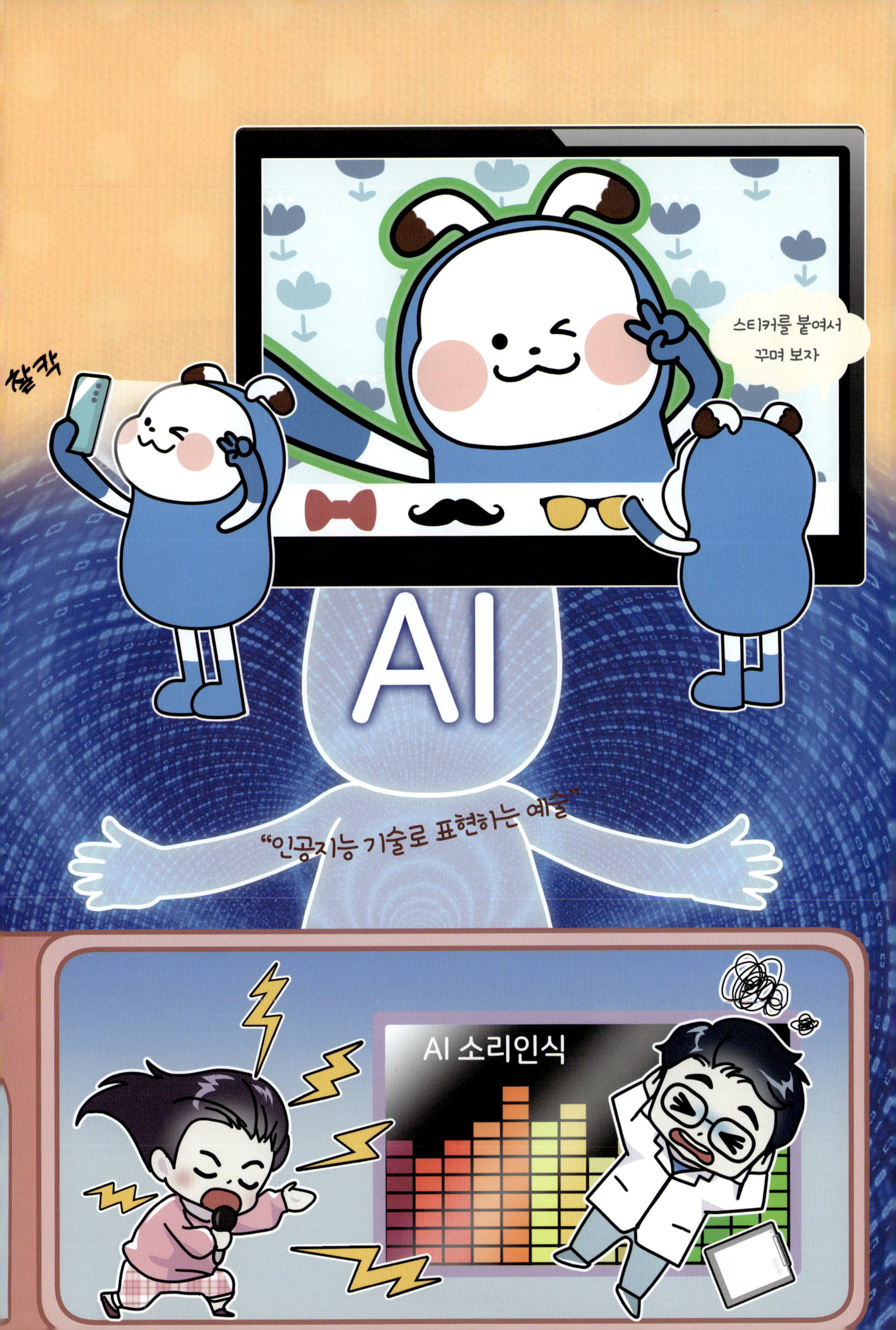
찰칵
스티커를 붙여서
꾸며 보자
AI
"인공지능 기술로 표현하는 예술"
AI 소리인식

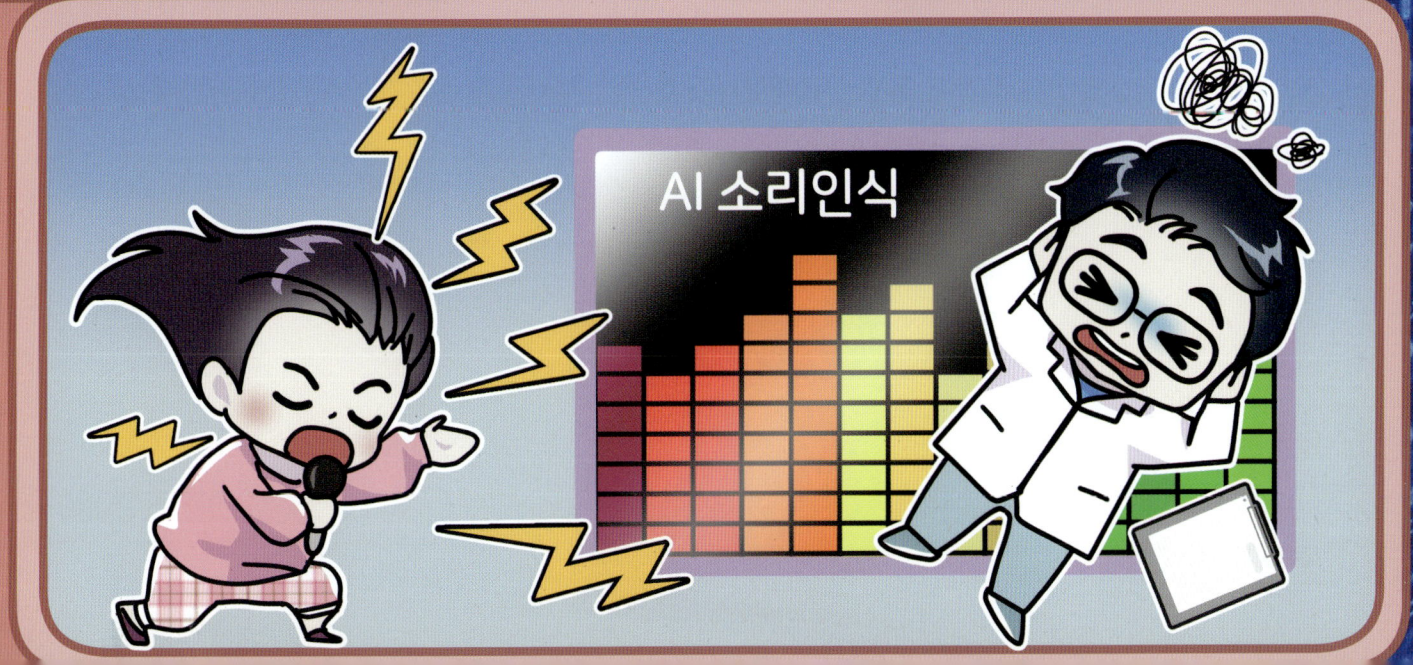

개념1   인공지능 – 스스로 판단하는 컴퓨터

인공지능은 영어로 Artificial Intelligence라 해요. 해석하면 '사람이 인위적으로 만든 지능'으로, 줄여서 AI로 써요. 인공지능이란 인간의 지능적인 행동을 모방할 수 있도록 만든 컴퓨터 프로그램이에요. 즉, 인간의 지혜나 사고 방식을 모방해서 학습해, 인간과 유사한 능력을 가지는 프로그램을 말해요.

인공지능이라는 개념은 꽤 오래 전부터 존재했지만 존 매카시 John McCathy가 1956년에 '인공지능'이라는 용어를 최초로 사용했어요.

인공지능을 학습시키는 방식은 크게 세 가지로 분류해요.

지도학습	정답 예시를 던져주고, 예시에서 찾은 특징으로 새로운 데이터를 분류하거나 예측하는 방식으로 엔트리의 모델 학습 중 분류, 예측 모델이 지도학습에 해당해요.
비지도학습	정답을 정하지 않은 데이터를 주면 비슷한 특징을 찾고, 찾은 특징을 기준으로 새로운 데이터의 정답을 알아내는 방식으로 엔트리의 모델 학습 중 군집 모델이 비지도학습에 해당해요.
강화학습	정답을 정하지 않고, 특정한 환경과 최소한의 조건에서 학습한 결과가 좋으면 보상을 주어 점점 좋은 결과를 이끌도록 강화하는 방식이에요.

이렇게 학습된 인공지능은 크게 2가지로 분류돼요.

약인공지능	강인공지능
자발적으로 문제 해결을 하지는 못하고 인간에 의해 학습된 데이터를 기반으로 특정 영역의 문제를 해결	문제의 영역을 좁혀주지 않아도 어떤 문제든 자발적으로 문제를 해결
예) 아이폰 Siri, OTT 플랫폼의 추천 알고리즘	예)

요즘은 인공지능의 능력이 발전함에 따라 '초인공지능'이라는 용어도 쓰여요. 인간의 지능을 뛰어넘어 모든 면에서 월등히 뛰어난 성능을 보이는 인공지능을 말해요. 미래학자인 레이 커즈와일 Raymond Kurzweil은 그의 저서에서 '2030년에 인공지능은 특이점을 맞이할 것'이라고 설명하며 초인공지능의 출현을 예고했어요. 특이점이란 AI가 인간을 뛰어넘는 순간을 의미해요.

인공지능에 대한 개념을 배웠으니, 이제부터 엔트리로 인공지능을 체험하고 활용해 볼까요?

01 소리에 반응하는 그림

이번 시간에는 소리 크기에 따라 변화하는 그림을 만들어 봅시다.

목표

1. 인공지능 오디오 감지(음성 인식)를 이용해서 마이크 소리 크기 블록을 사용한다.
2. 15개의 복제본을 만들고 각 복제본은 신호를 받아 소리 크기에 따라 최대 길이가 변하는 막대를 그렸다 지운다.

완성 예시

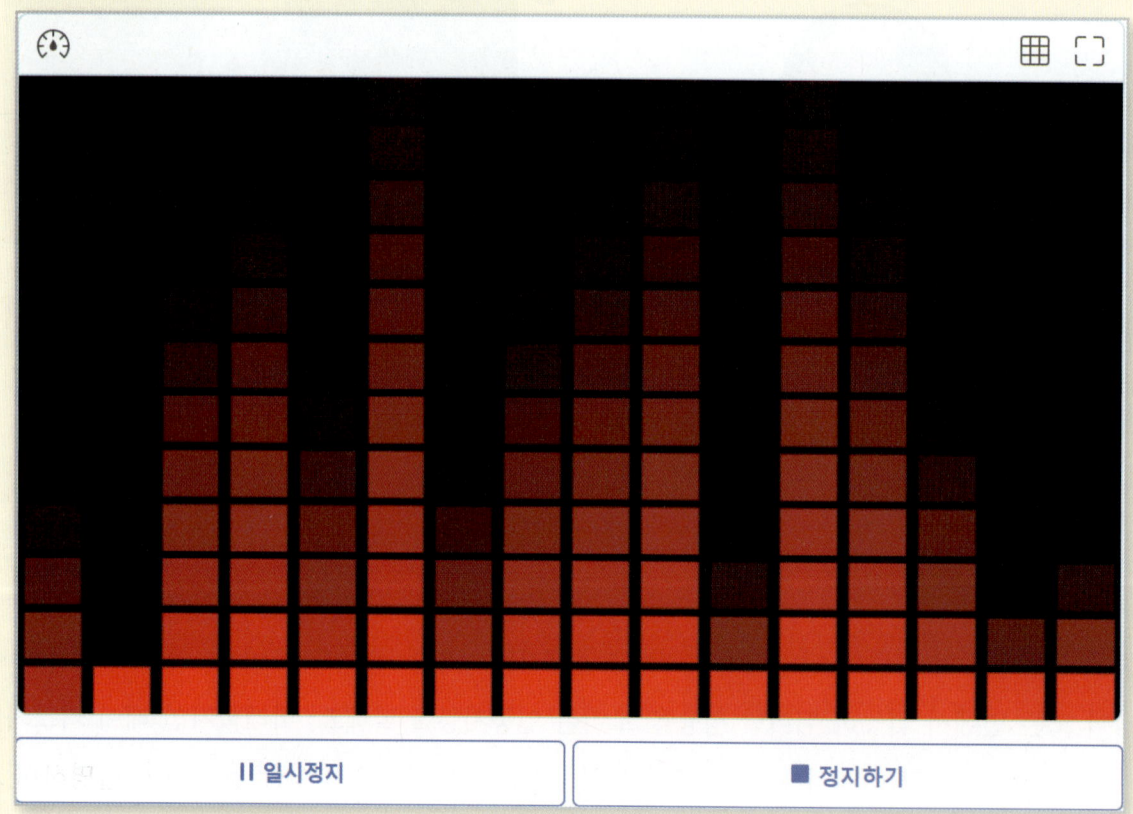

▶ 어떤 것들을 사용할까요?

음성 인식
마이크를 이용하여 음성을 인식하는 블록들의 모음입니다.
Powered by NAVER CLOVA

오디오 감지(음성 인식)를 이용해서 마이크 소리 크기에 따라 반응하는 그림을 그려요.

투명
오브젝트

막대 그리기

15개의 복제본을 만들고 원본을 합쳐 16개의 막대를 그렸다 지웠다 반복해요.

배경

검은색 배경이에요. 그림을 지울 때 검은색으로 칠하는 것으로 지우기 때문에 꼭 검정이여야 합니다.

 **TIP** 인공지능을 이용하려면 인터넷 연결이 필요해요!

엔트리에서 인공지능 블록을 활용하기 위해서는 꼭 인터넷 연결이 필요합니다.
오프라인 버전 엔트리를 이용하고 있어도 인터넷을 연결 해 주세요!
이번 작품을 만들 때는 엔트리 온라인 버전을 사용하는 것을 추천해요.

 **TIP** 컴퓨터에 마이크가 없어요.

마이크가 없으면 [인공지능 – 오디오 감지(음성 인식)]블록을 이용할 수 없어요. 하지만 온라인 에디터에서는 컴퓨터로 작품을 만들고 스마트폰에서 엔트리 사이트에 접속해서 실행해 볼 수 있지요.

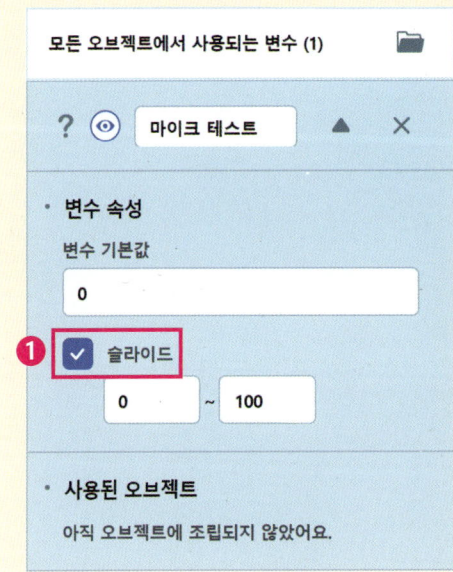

혹시 작품을 만드는 중간에 컴퓨터에서 테스트가 필요하다면 마이크 테스트 변수를 만들고 ❶ 슬라이드를 체크해 주세요. 값은 '0~100'으로 정해주세요. 작품이 실행 중일 때 드래그하여 값을 변경할 수 있는 변수가 만들어집니다!

`마이크 소리 크기` 블록 대신 `마이크 테스트 ▼ 값` 블록을 이용해서 테스트 해보세요!

스마트폰에서 실행할 때는 `마이크 소리 크기` 블록으로 다시 바꿔야겠죠?

| 미션1 | 인공지능 사용하기 위한 기본 셋팅하기 |

01 인공지능 불러오기

STEP 1 블록 탭에서 ❶ 인공지능 을 클릭한다.

STEP 2 ❷ 인공지능 블록 불러오기 를 클릭한다.

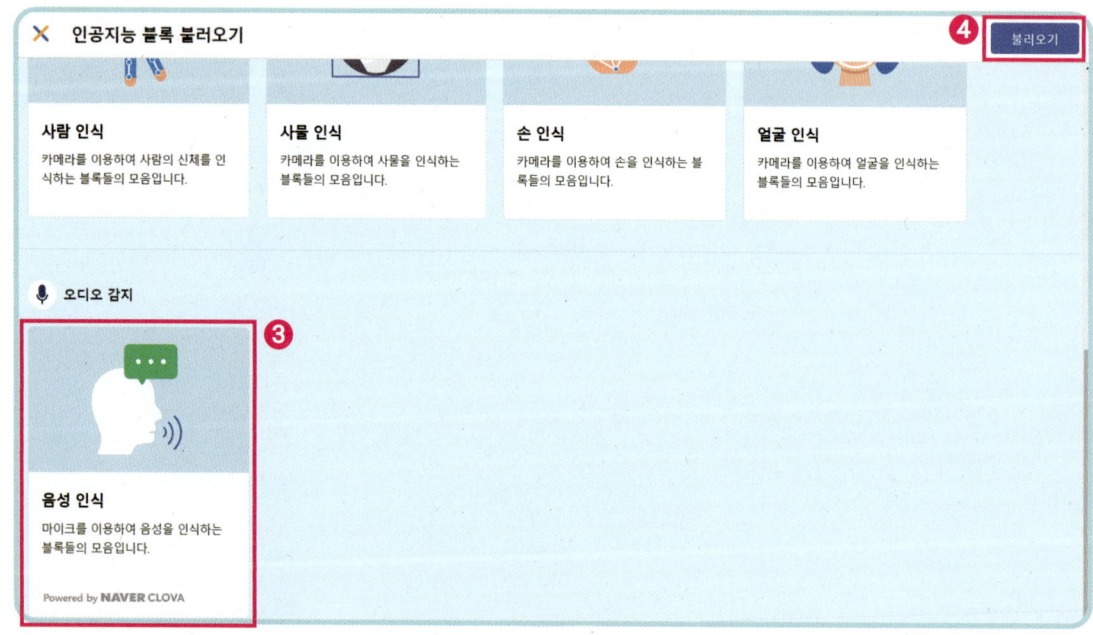

STEP 3 ❸ 음성 인식을 선택한다.

STEP 4 ❹ 불러오기 를 클릭한다.

STEP 5 브라우저에서 마이크 사용권한을 ❺ 허용 한다.

TIP 앗! 차단을 눌렀을 땐 어떻게 하나요?

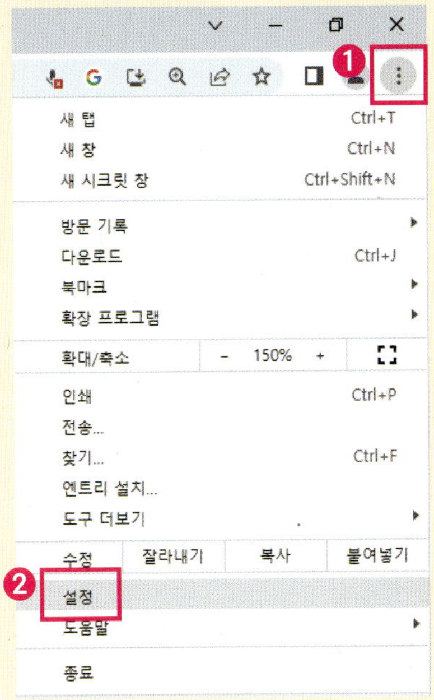

혹시 차단을 눌렀거나 허용 버튼이 나타나지 않는다면 설정에서 다시 허용으로 변경할 수 있어요. 크롬사이트 기준으로 설명할게요.

오른쪽 위 ❶ ⋮ 버튼을 눌러 ❷ 설정 으로 들어갑니다. [개인 정보 및 보안] 〉 사이트 설정 에서 엔트리를 선택합니다.

마이크 권한을 확인하고, 차단되었다면 ❸ 허용으로 변경합니다. 이후에 엔트리로 돌아와서 ❹ 새로 고침을 해보세요.

7장 예술에 인공지능을 활용해 볼까? **205**

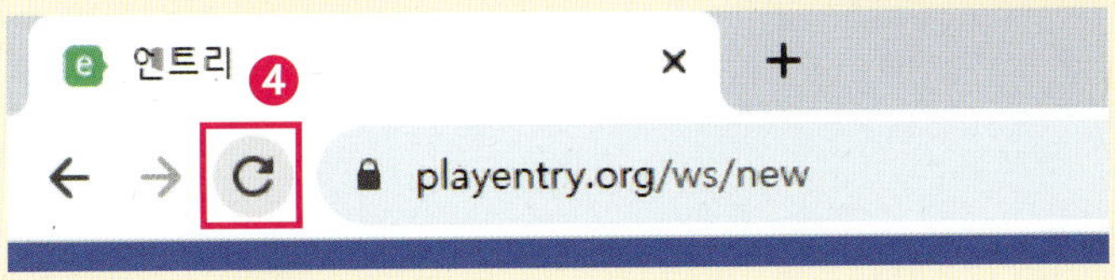

02 아~아~ 마이크 테스트

엔트리봇이 계속해서 마이크 소리 크기를 말하도록 해볼게요.

STEP 6 ![시작] 에서 [시작하기 버튼을 클릭했을 때] 를 드래그 한다.

STEP 7 ![흐름] 에서 [계속 반복하기] 를 드래그 해 연결한다.

STEP 8 ![생김새] 에서 [안녕! 을(를) 말하기] 를 드래그 해 연결한다.

STEP 9 ![인공지능] 에서 [마이크 소리 크기] 를 드래그 해 끼운다.

TIP 혹시 마이크 인식이 안 되나요?

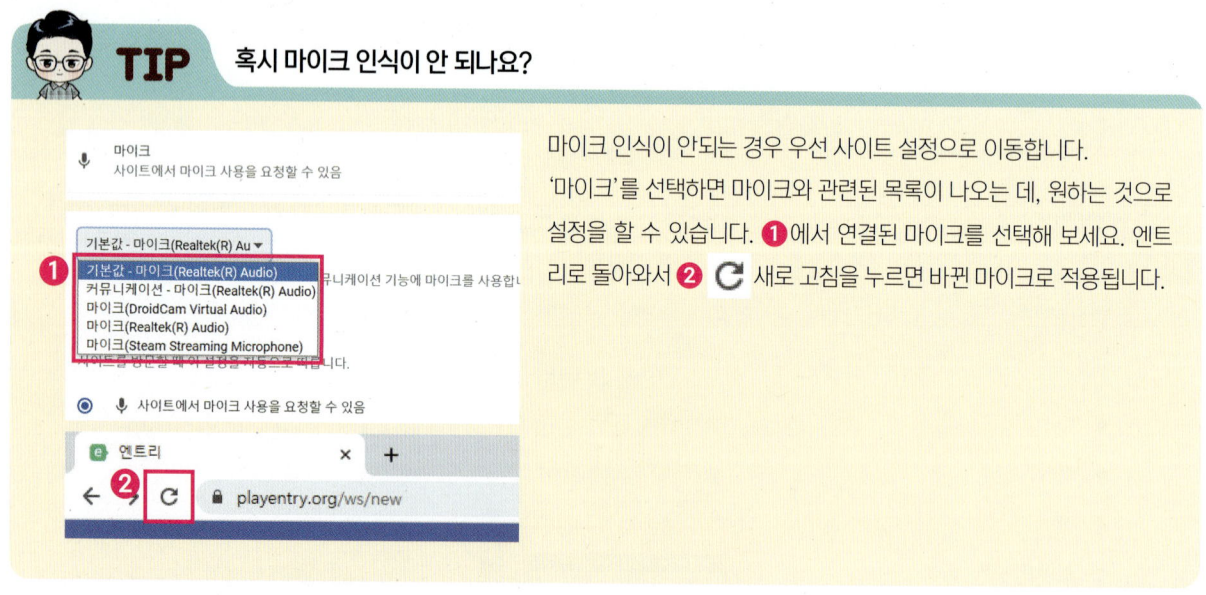

마이크 인식이 안되는 경우 우선 사이트 설정으로 이동합니다. '마이크'를 선택하면 마이크와 관련된 목록이 나오는 데, 원하는 것으로 설정을 할 수 있습니다. ❶에서 연결된 마이크를 선택해 보세요. 엔트리로 돌아와서 ❷ ⟳ 새로 고침을 누르면 바뀐 마이크로 적용됩니다.

03 엔트리봇 숨기기

본격적으로 작품을 만들어보겠습니다. 작품을 만드는 중 종종 테스트를 위해서 '마이크 소리 크기'를 눈으로 확인해야 할 수 있습니다. 하지만 실행화면에서 엔트리봇을 숨겨야 작품을 완성할 수 있겠죠? 엔트리봇을 숨기고도 마이크 소리 크기를 확인하는 방법을 알려드리겠습니다.

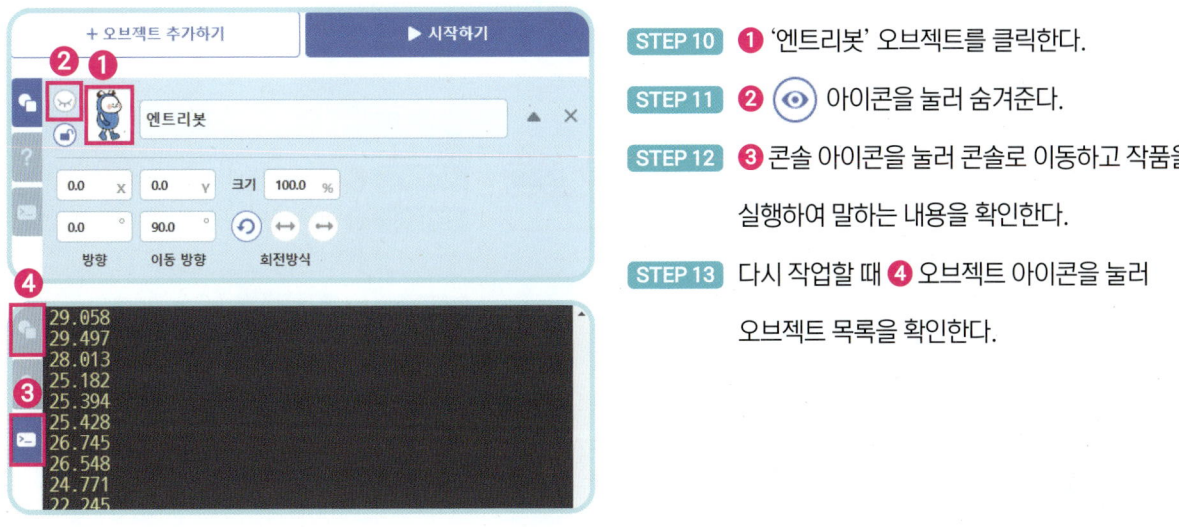

STEP 10 ❶ '엔트리봇' 오브젝트를 클릭한다.
STEP 11 ❷ 👁 아이콘을 눌러 숨겨준다.
STEP 12 ❸ 콘솔 아이콘을 눌러 콘솔로 이동하고 작품을 실행하여 말하는 내용을 확인한다.
STEP 13 다시 작업할 때 ❹ 오브젝트 아이콘을 눌러 오브젝트 목록을 확인한다.

04 배경 추가하기

검은색 단색 배경이 필요합니다. 이번에는 엔트리 그림판을 이용해서 직접 그려보겠습니다. 참고로 코딩으로 단색 배경을 그리는 방법은 교재 182쪽 '대칭 그림판 만들기'에서 배웠죠?

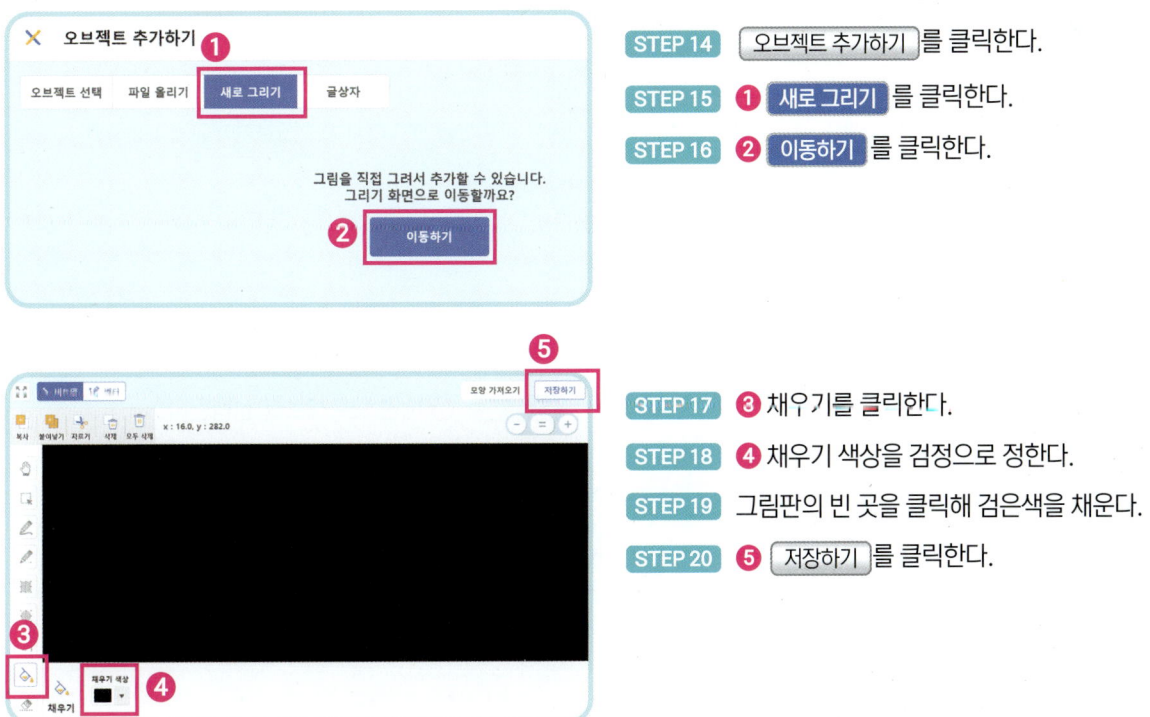

STEP 14 [오브젝트 추가하기]를 클릭한다.
STEP 15 ❶ [새로 그리기]를 클릭한다.
STEP 16 ❷ [이동하기]를 클릭한다.

STEP 17 ❸ 채우기를 클릭한다.
STEP 18 ❹ 채우기 색상을 검정으로 정한다.
STEP 19 그림판의 빈 곳을 클릭해 검은색을 채운다.
STEP 20 ❺ [저장하기]를 클릭한다.

TIP 채우기가 안 돼요.

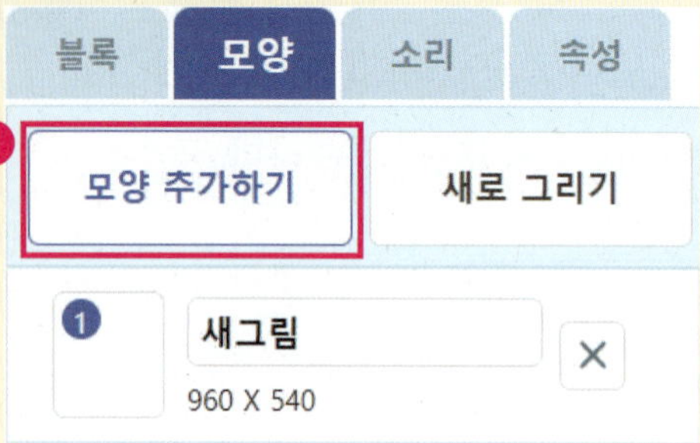

종종 엔트리 그림판의 오류로 빈 화면에 채우기가 안 되곤 합니다. 이럴 땐 단색 배경 이미지를 추가하고 검정색으로 채우면 문제가 해결됩니다.

STEP 1 ❶ [모양 추가하기]를 클릭한다.

STEP 2 ❷ [검색창]에 '배경'을 검색한다.
STEP 3 ❸ '배경'이라는 단색 오브젝트를 찾아 선택한다.
STEP 4 ❹ [추가하기] 버튼을 클릭한다.

STEP 5 ❺ '배경'을 선택한다.
STEP 6 ❻ 채우기를 클릭한다.
STEP 7 ❼ 채우기 색상을 검정으로 정한다.
STEP 8 그림판을 클릭해 검은색으로 채운다.
STEP 9 검은색으로 바뀌면 ❽ [저장하기]를 클릭한다.

혹시 이 방법으로도 채우기 도구가 동작하지 않으면 Shift + F5를 이용해 새로 고침 하고 다시 시도해 보거나 교재 182쪽의 '대칭 그림판 만들기'에서 만들었던 검은 배경을 사용해도 됩니다.

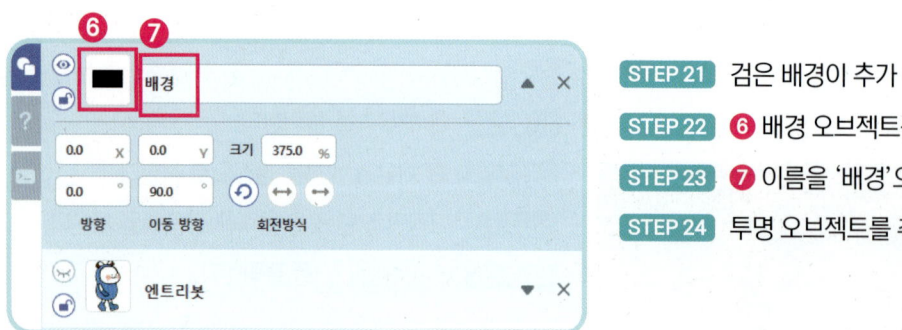

STEP 21 검은 배경이 추가 된 것을 확인한다.
STEP 22 ❻ 배경 오브젝트를 선택한다.
STEP 23 ❼ 이름을 '배경'으로 정한다.
STEP 24 투명 오브젝트를 추가한다.

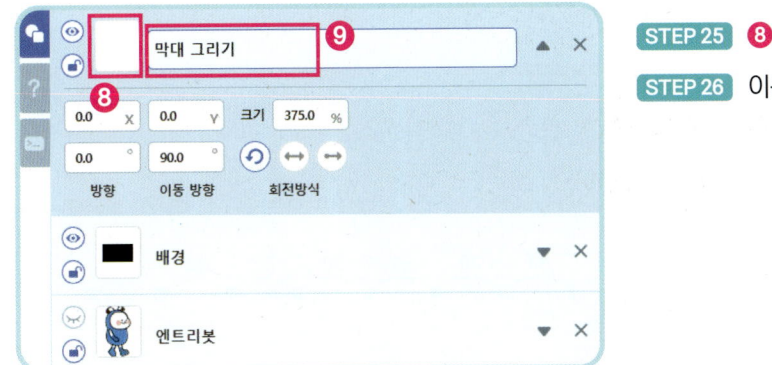

STEP 25 ❽ 추가한 투명 오브젝트를 선택한다.
STEP 26 이름을 ❾ '막대 그리기'로 변경한다.

> ⭐ **투명 오브젝트 그리는 방법**
> 오브젝트 추가하기 → 새로 그리기 → 이동하기 → 저장하기
> 교재 75쪽 '반짝반짝 눈 그리기'에서도 확인할 수 있어요.

미션2 코딩하기

01 복제본 만들기

여러 개의 '마이크 소리 크기'에 반응하는 막대를 그리기 위해서 '막대 그리기'를 복제해 주겠습니다. 15개의 복제본을 만드는 코드를 만들텐데요. 막대는 왼쪽으로 이동한 후 오른쪽으로 조금씩 이동합니다. 이렇게 하면 원본을 포함해 총 16개의 소리 막대가 만들어집니다.

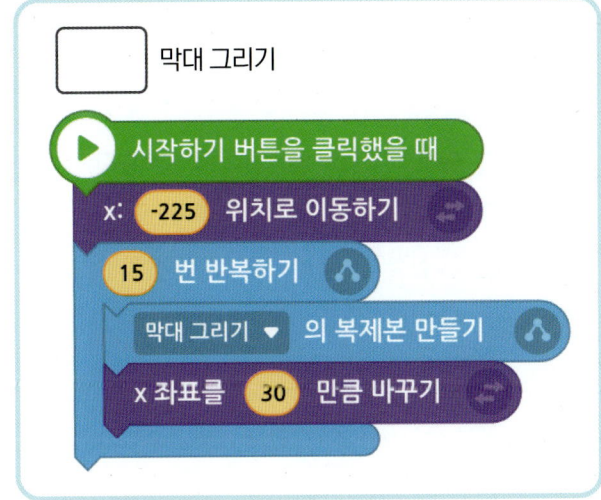

STEP 27 '막대 그리기' 오브젝트를 선택한다.

STEP 28 블록 탭을 클릭한다.

STEP 29 시작에서 시작하기 버튼을 클릭했을 때 를 드래그 한다.

STEP 30 움직임에서 x: 10 위치로 이동하기 를 드래그 해 연결한 뒤 '10'을 '-225'로 바꾼다.

STEP 31 흐름에서 10 번 반복하기 를 드래그 해 연결한 뒤 '10'을 '15'로 바꾼다.

STEP 32 흐름에서 자신▼ 의 복제본 만들기 를 드래그 해 연결한 뒤 '자신'을 '막대 그리기'로 바꾼다.

STEP 33 움직임에서 x 좌표를 10 만큼 바꾸기 를 드래그 해 연결한 뒤 '10'을 '30'으로 바꾼다.

7장 예술에 인공지능을 활용해 볼까? **209**

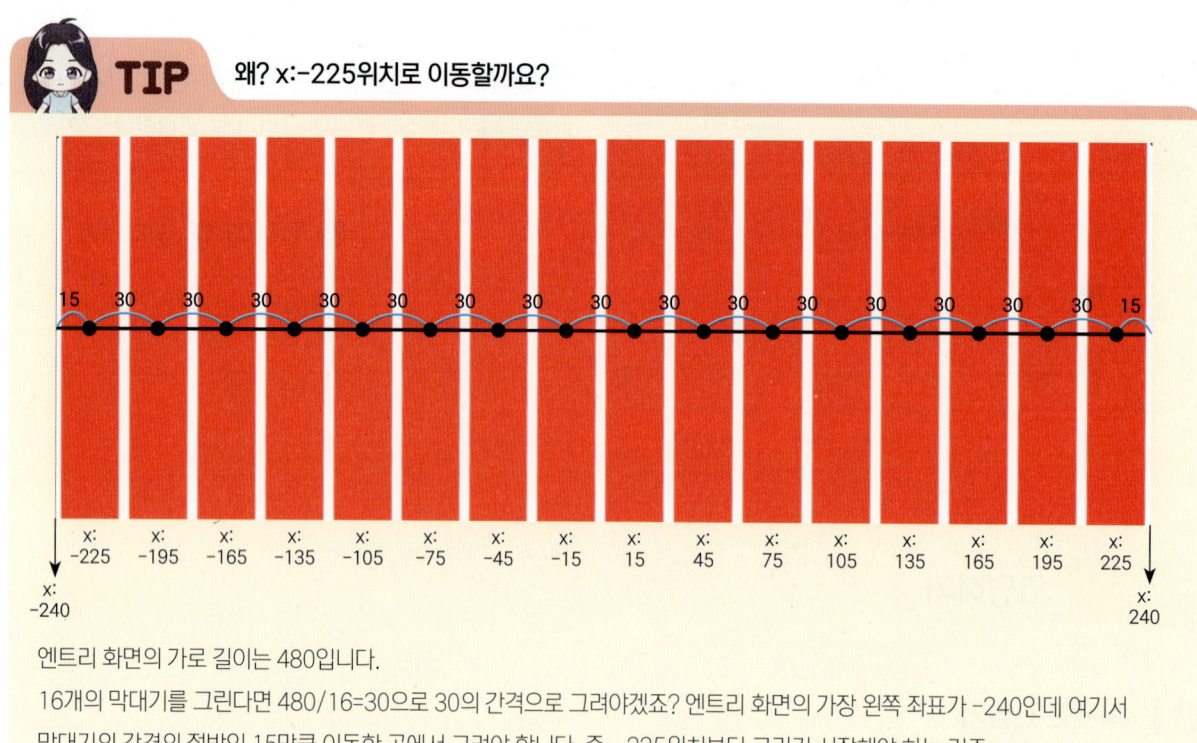

TIP 왜? x:-225위치로 이동할까요?

엔트리 화면의 가로 길이는 480입니다.
16개의 막대기를 그린다면 480/16=30으로 30의 간격으로 그려야겠죠? 엔트리 화면의 가장 왼쪽 좌표가 -240인데 여기서 막대기의 간격의 절반인 15만큼 이동한 곳에서 그려야 합니다. 즉, -225위치부터 그리기 시작해야 하는 거죠.

02 신호 만들기

'막대 그리기'의 오브젝트들이 일정한 주기로 그림을 그리고 지우기를 반복하기 위해서는 '그리기'와 '지우기' 신호가 필요합니다. 우선 신호를 추가해 보겠습니다.

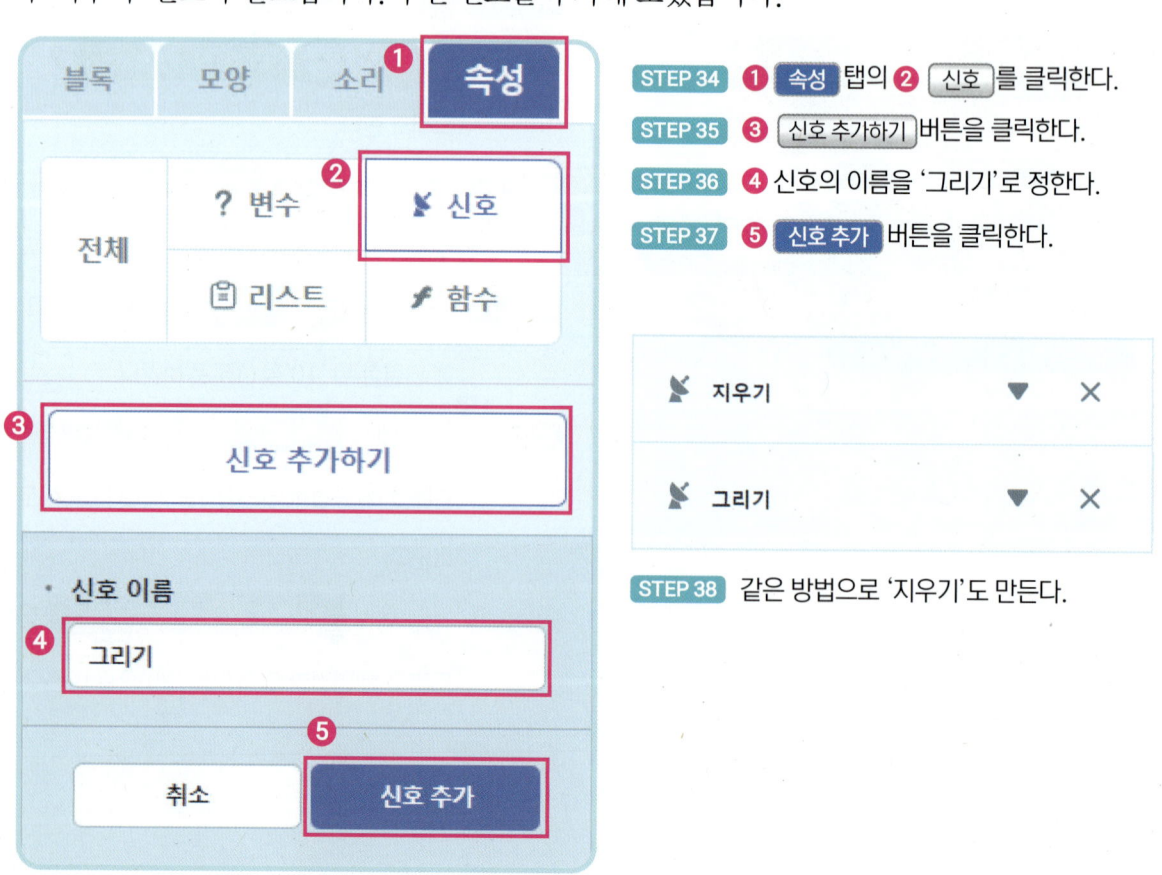

STEP 34 ❶ 속성 탭의 ❷ 신호 를 클릭한다.
STEP 35 ❸ 신호 추가하기 버튼을 클릭한다.
STEP 36 ❹ 신호의 이름을 '그리기'로 정한다.
STEP 37 ❺ 신호 추가 버튼을 클릭한다.

STEP 38 같은 방법으로 '지우기'도 만든다.

03 신호 보내기

신호를 만들었으니 신호를 보내는 코드를 만듭니다. 계속 반복하기를 이용해서 계속 신호를 보내볼까요?

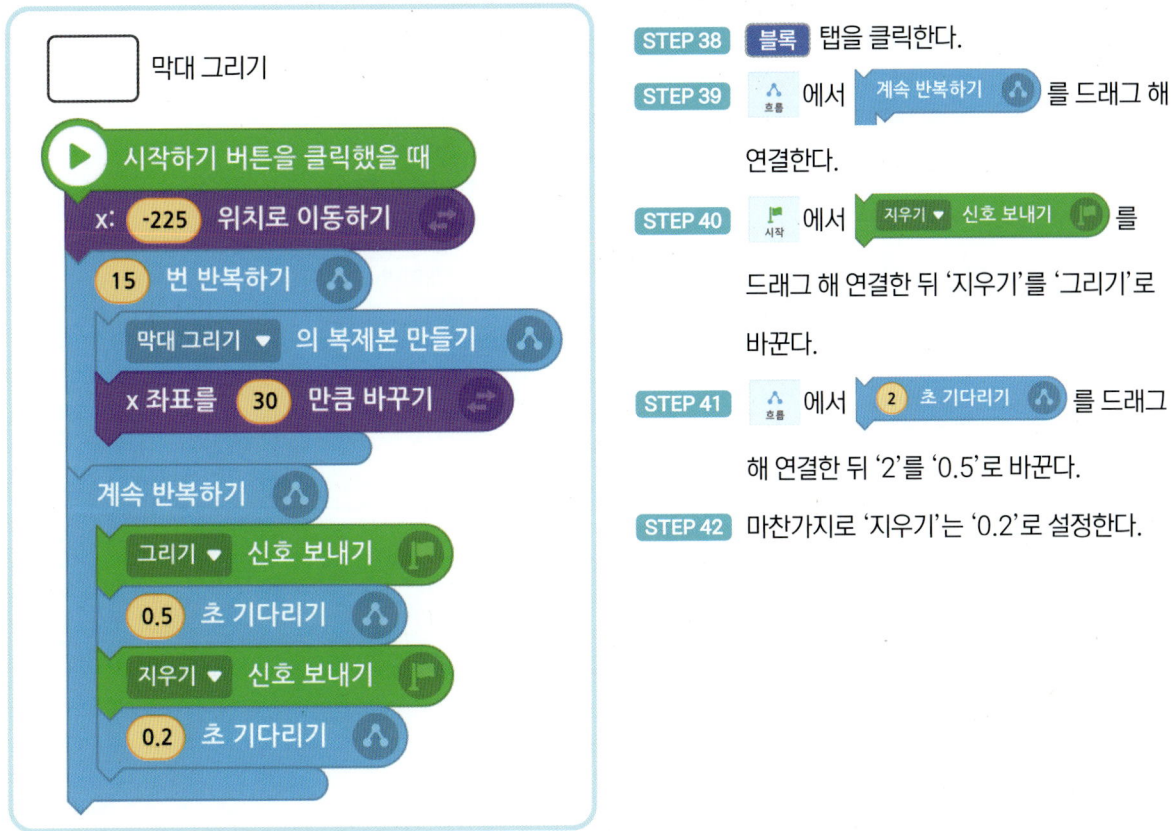

- **STEP 38** 블록 탭을 클릭한다.
- **STEP 39** 흐름에서 계속 반복하기를 드래그 해 연결한다.
- **STEP 40** 시작에서 지우기 ▼ 신호 보내기를 드래그 해 연결한 뒤 '지우기'를 '그리기'로 바꾼다.
- **STEP 41** 흐름에서 2 초 기다리기를 드래그 해 연결한 뒤 '2'를 '0.5'로 바꾼다.
- **STEP 42** 마찬가지로 '지우기'는 '0.2'로 설정한다.

04 그리기 : 붓 설정

그리기 신호를 받았을 때 그려지는 색과 굵기를 설정합니다. 아래부터 그리며 올라갈 것이기 때문에 y의 위치는 -135로 설정합니다.

- **STEP 43** 시작에서 지우기 ▼ 신호를 받았을 때를 드래그 한다.
- **STEP 44** 붓에서 그리기 색을 (■)(으)로 정하기를 드래그 해 연결한다.
- **STEP 45** 붓에서 그리기 굵기를 1 (으)로 정하기를 드래그 해 연결한 뒤 '1'을 '25'로 바꾼다.
- **STEP 46** 움직임에서 y: 10 위치로 이동하기를 드래그 해 연결한 뒤 '10'을 '-135'로 바꾼다.

05 개인변수 만들기

이제 막대를 몇 칸 그릴지 정해야 합니다. 막대의 칸 수는 마이크 소리 크기에 따라 달라지기 때문에 개인변수를 이용하겠습니다.

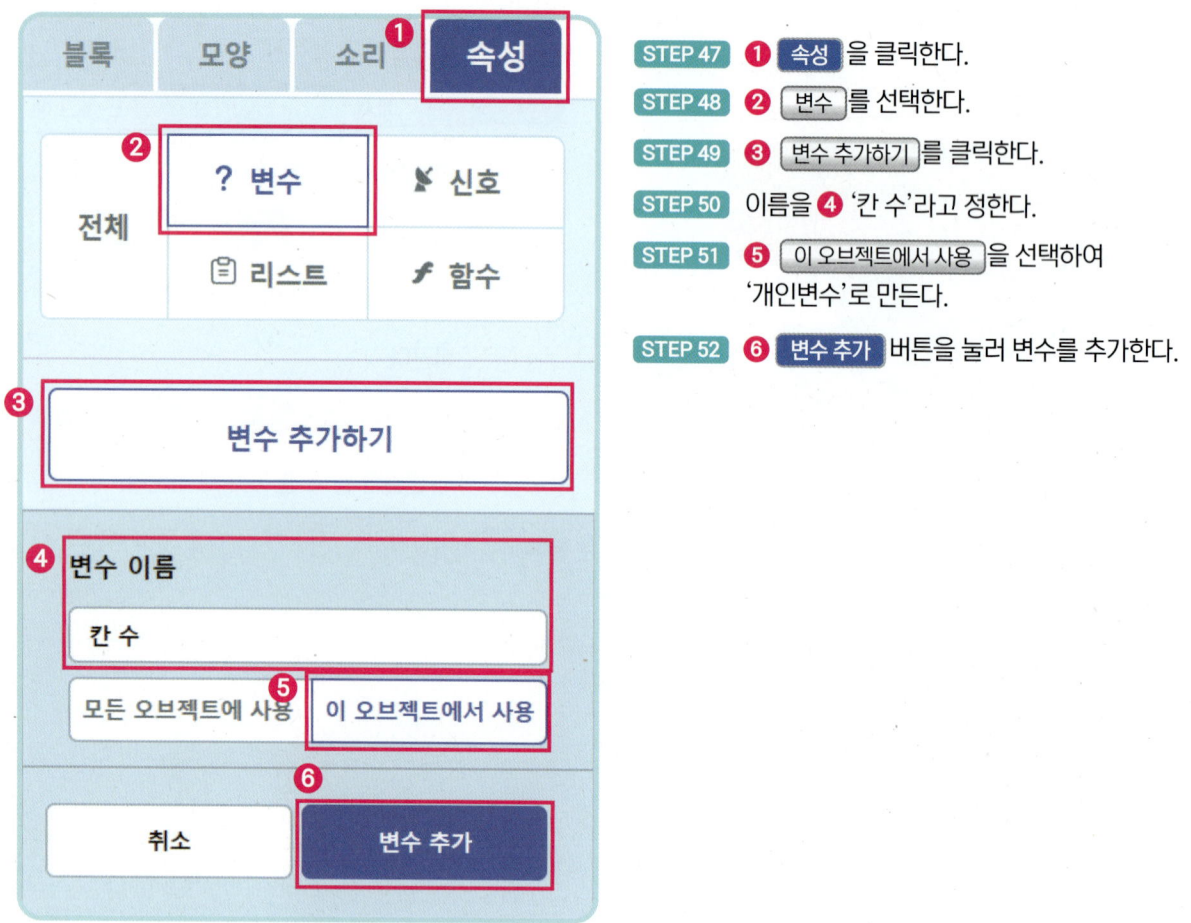

STEP 47 ❶ 속성 을 클릭한다.
STEP 48 ❷ 변수 를 선택한다.
STEP 49 ❸ 변수 추가하기 를 클릭한다.
STEP 50 이름을 ❹ '칸 수'라고 정한다.
STEP 51 ❺ 이 오브젝트에서 사용 을 선택하여 '개인변수'로 만든다.
STEP 52 ❻ 변수 추가 버튼을 눌러 변수를 추가한다.

06 그리기 : 칸 수 설정

칸 수가 마이크 소리 크기에 영향을 받게 만들겠습니다. 칸 수를 '1부터 마이크 소리 크기/10의 몫 사이의 무작위 수'로 정합니다. 마이크 소리가 클수록 칸 수가 더 큰 값을 가질 수 있게 됩니다.

STEP 53 에서 `칸수▼ 를 10 (으)로 정하기` 를 드래그 해 연결한다.

STEP 54 에서 `0 부터 10 사이의 무작위 수` 를 드래그 해 끼운 뒤 '0'을 '1'로 바꾼다.

STEP 55 에서 `10 / 10 의 몫▼` 을 드래그 해 끼운다.

STEP 56 에서 `마이크 소리 크기` 를 드래그 해 앞의 '10'에 끼운다.

07 그리기 : 칸 수만큼 반복해서 그리기

반복하기를 이용해 칸 수만큼 반복하며 그리게 하겠습니다. 그리기 시작하면 '20'만큼 이동하며 그리게 설정하고 그리기를 멈추면 '3'만큼 이동하게 해서 칸과 칸 사이의 간격을 만듭니다. 붓의 투명도를 위로 갈수록 점점 투명해지도록 만들어 완성도를 높여볼까요?

STEP 57 에서 `10 번 반복하기` 를 드래그 해 연결하고 에서 `칸수▼ 값` 을 드래그 해 끼운다.

STEP 58 에서 `그리기 시작하기` 를, 에서 `y 좌표를 10 만큼 바꾸기` 를 드래그 해 연결한 뒤 '10'을 '20'으로 바꾼다.

STEP 59 에서 `그리기 멈추기` 를, 에서 `x 좌표를 10 만큼 바꾸기` 를 드래그 해 연결한 뒤 '10'을 '3'으로 바꾼다.

STEP 60 에서 `붓의 투명도를 10 % 만큼 바꾸기` 를 드래그 해 연결한다.

STEP 61 에서 `10 / 10` 을 드래그 해 끼우고, 앞의 '10'을 '100'으로 바꾼다.

STEP 62 에서 `칸수▼ 값` 을 드래그 해 끼운다.

7장 예술에 인공지능을 활용해 볼까? **213**

08 지우기 : 붓 설정

조금씩 지워지는 연출을 위해 지우기 신호를 받았을 때 배경과 같은 색인 검은색이 되는 코드를 넣습니다. 붓의 굵기는 그리기에서 사용했던 '25'보다 조금 큰 '26'으로 설정하고, 투명도를 '0%'로 설정해 투명하지 않게 만들어 줍니다.

09 지우기 : 칸 수만큼 반복해서 지우기

칸 수만큼 이동하며 검은색으로 칠하는 것을 반복하는 코드를 넣습니다. 한 칸과 간격의 합인 '23'만큼 내려오며 검은색을 칠해줍니다. 그리기를 멈추고 모든 붓을 지워 지우기를 마무리해줍니다.

완성

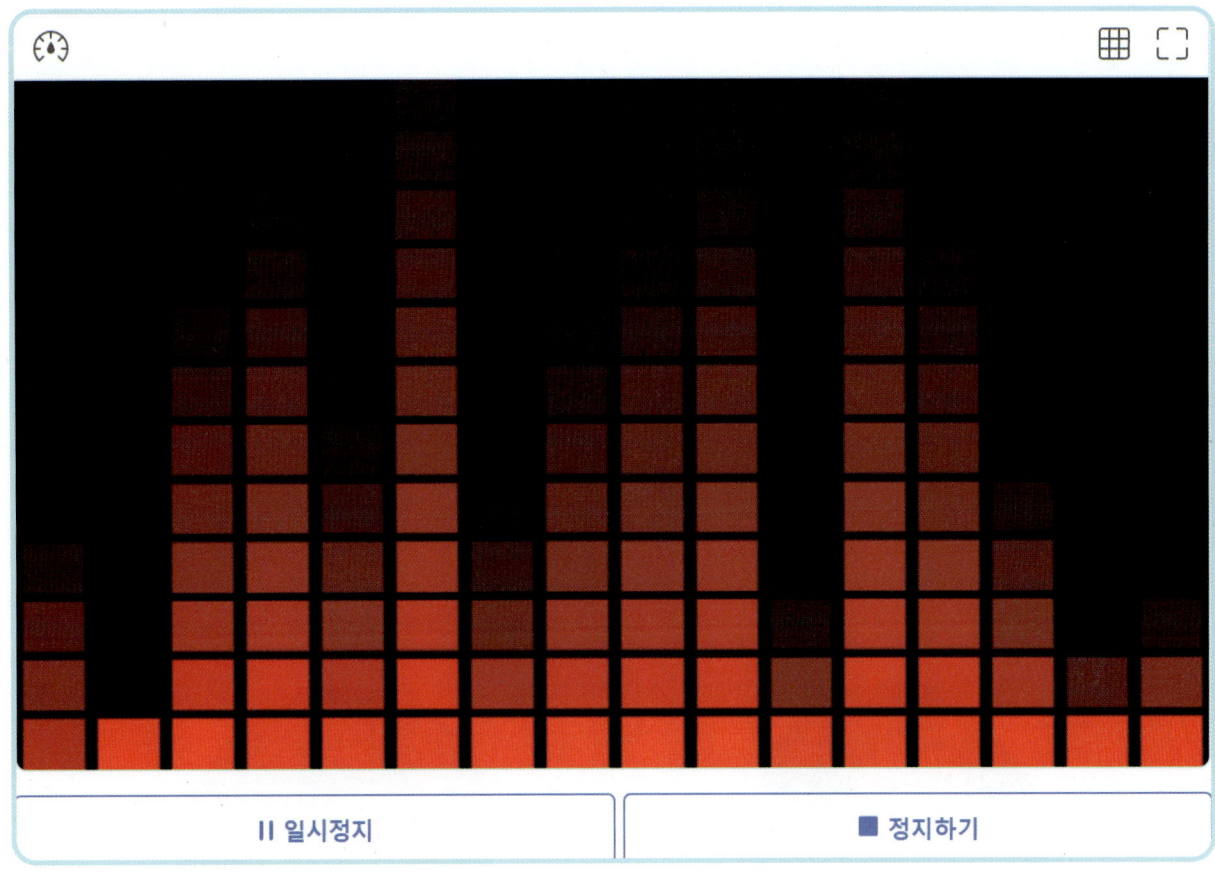

STEP 44 ▶시작하기 버튼을 클릭한다.

STEP 45 작품을 재생하여 마이크 소리 크기에 따라 막대의 길이가 변화하는 효과를 확인한다.

TIP 막대기의 칸수를 조절하고 싶어요

마이크 환경에 따라 칸수를 정하는 블록을 수정해 볼까요? 블록코드에서 나누는 부분의 숫자가 작을수록 작은 소리에서도 막대가 크게 그려집니다. 막대가 너무 크게 그려지면 나누는 부분의 숫자를 키워보세요. 2~10의 숫자가 적당합니다.

작품 QR

02 얼굴인식 스티커 필터 만들기

이번 시간에는 엔트리의 얼굴인식 기능을 이용해서 나만의 스티커 필터를 만들어 봅시다.

목표
1. 인공지능 비디오 감지(얼굴 인식)를 이용해서 사람의 얼굴을 인식한다.
2. 스티커를 인식된 사람의 위치로 이동시켜 스티커 필터를 만든다.

완성 예시

▶ 어떤 것들을 사용할까요?

얼굴 인식
카메라를 이용하여 얼굴을 인식하는 블록들의 모음입니다.

비디오 감지(얼굴 인식)를 이용해서 얼굴을 인식해요.

스티커

인식된 얼굴의 위치로 이동해서 스티커 필터를 만들어요.

비디오 감지 관리자

카메라를 설정하고 비디오 감지를 시작해요.

 **TIP** 컴퓨터에 카메라가 없어요.

카메라가 없으면 [인공지능 - 비디오 감지(얼굴 인식)]블록을 이용할 수 없어요. 컴퓨터로 작품을 만들고 스마트폰에서 엔트리 사이트에 접속해서 실행해 볼 수 있어요! 단, 이 방법은 엔트리 온라인 버전을 이용할 때만 가능합니다.
이번 작품을 만들 때는 엔트리 온라인 버전을 사용하는 것을 추천해요.

미션1 입 위치에 도넛 스티커 붙이기

01 인공지능 블록 불러오기

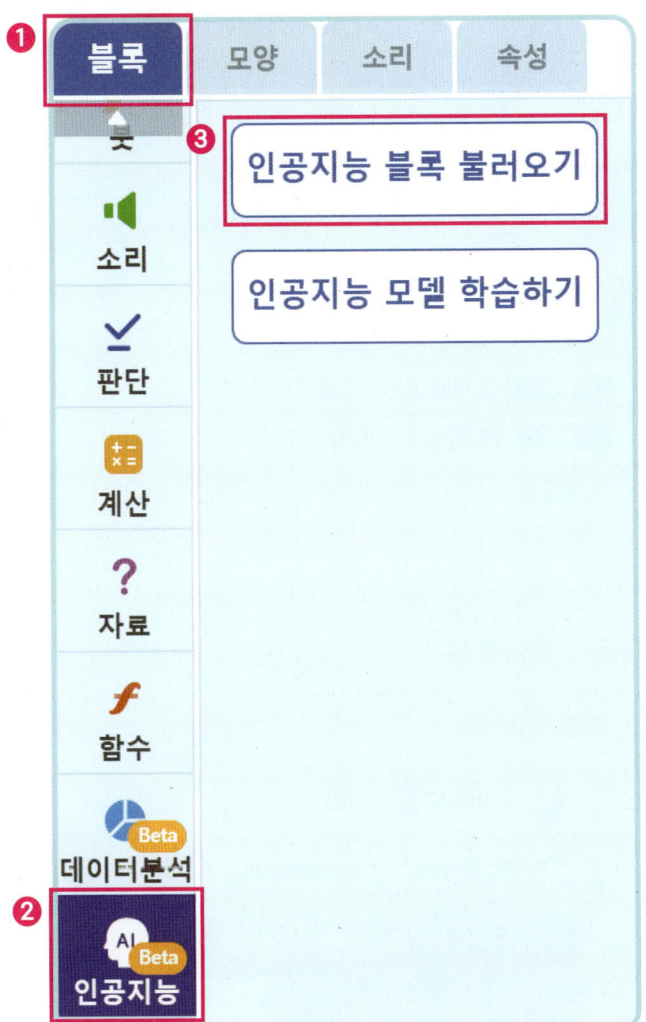

STEP 1 ❶ 블록 탭에서 ❷ 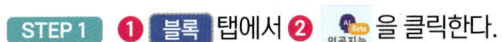 을 클릭한다.

STEP 2 ❸ [인공지능 블록 불러오기]를 클릭한다.

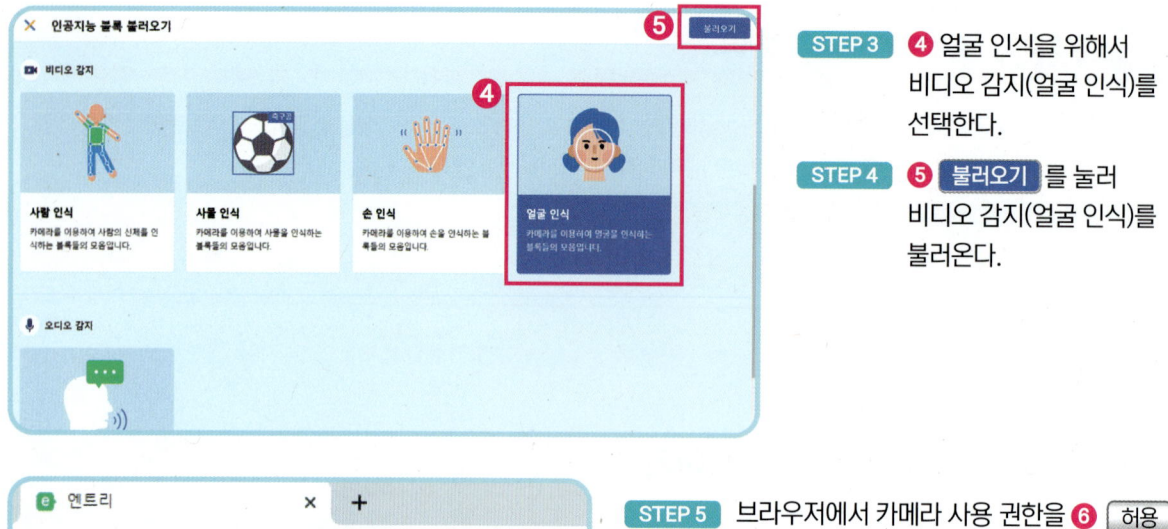

STEP 3 ❹ 얼굴 인식을 위해서 비디오 감지(얼굴 인식)를 선택한다.

STEP 4 ❺ 불러오기 를 눌러 비디오 감지(얼굴 인식)를 불러온다.

STEP 5 브라우저에서 카메라 사용 권한을 ❻ 허용 한다.

⭐ 혹시 실수로 차단을 눌렀다면
교재 205쪽의 '앗! 차단을 눌렀을 땐 어떻게 하나요?' 내용을 참고하세요.

02 비디오 감지하기

비디오 감지(얼굴 인식)를 관리할 오브젝트가 필요합니다.

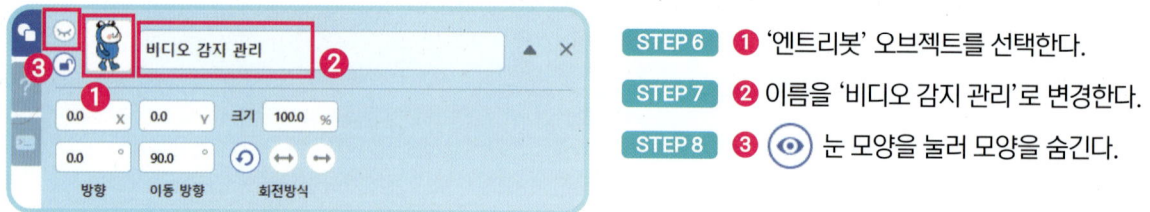

STEP 6 ❶ '엔트리봇' 오브젝트를 선택한다.
STEP 7 ❷ 이름을 '비디오 감지 관리'로 변경한다.
STEP 8 ❸ 👁 눈 모양을 눌러 모양을 숨긴다.

오브젝트를 만들었다면 비디오 화면이 보이는 코드를 만들어봅시다.

STEP 9 비디오 감지 관리 오브젝트를 클릭한다.

STEP 10 시작 에서 [시작하기 버튼을 클릭했을 때] 을 드래그 한다.

STEP 11 인공지능 에서 [Unspecified Device-1 ▾ 카메라로 바꾸기] 를 드래그 해 연결한다.

STEP 12 원하는 카메라를 선택한다.

STEP 13 인공지능 에서 [비디오 화면 보이기 ▾] 를 드래그 해 연결한다.

STEP 14 [▶ 시작하기] 버튼을 눌러 실행 화면에서 영상이 나오는 것을 확인한다.

03 얼굴 인식하기

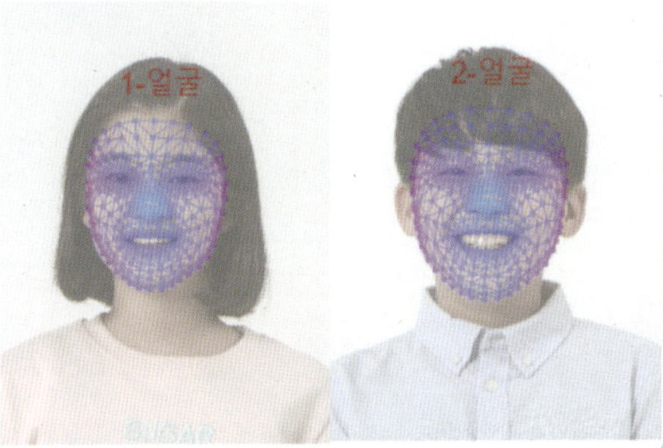

얼굴을 인식하는 코드를 추가해보겠습니다. 테스트를 위해 인식된 얼굴을 보이는 코드를 추가했다가 확인되면 블록을 삭제하겠습니다.

실행 화면

블록 코드

```
비디오 감지 관리

시작하기 버튼을 클릭했을 때
  OBS Virtual Camera ▾ 카메라로 바꾸기
  비디오 화면 보이기 ▾
  얼굴 인식 시작하기 ▾
  인식한 얼굴 보이기 ▾
```

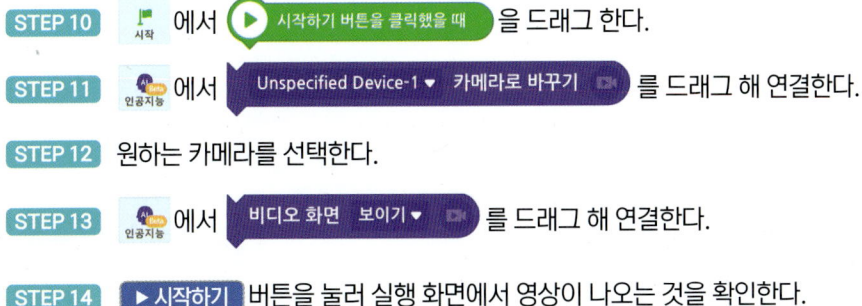

STEP 15 인공지능 에서 [얼굴 인식 시작하기 ▾] 를 드래그 해 연결한다.

STEP 16 인공지능 에서 [인식한 얼굴 보이기 ▾] 를 드래그 해 연결한다.

STEP 17 [▶ 시작하기] 버튼을 눌러 실행 화면에서 얼굴을 인식하는 것을 확인한다.

```
비디오 감지 관리

시작하기 버튼을 클릭했을 때
  OBS Virtual Camera ▾ 카메라로 바꾸기
  비디오 화면 보이기 ▾
  얼굴 인식 시작하기 ▾

인식한 얼굴 보이기 ▾
```

STEP 18 얼굴 인식이 잘 되는 것을 확인했다면 [인식한 얼굴 보이기 ▾] 를 삭제한다.

04 스티커 오브젝트 추가하기

여기서는 입 위치에 도넛 스티커를 붙이면 재미있을 것 같아서 도넛 오브젝트를 추가하고 입술 위치로 코딩했어요. 각자 원하는 오브젝트와 위치를 설정해봐요!

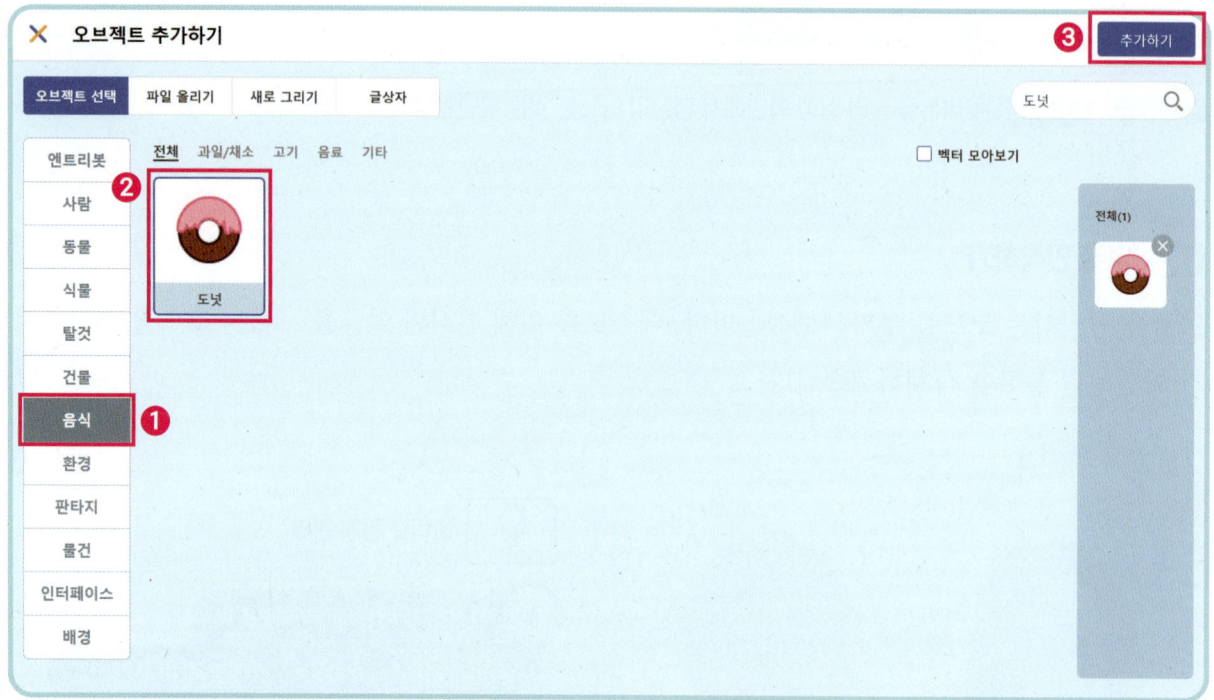

STEP 19 오브젝트 추가하기를 클릭한다.

STEP 20 ❶ 음식 탭에서 ❷ '도넛' 오브젝트를 선택한다.

STEP 21 ❸ 추가하기 를 클릭한다.

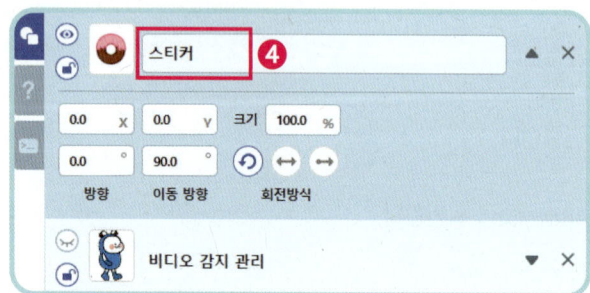

STEP 22 오브젝트 이름을 '스티커'로 변경한다.

05 얼굴 위치로 이동하는 스티커

스티커가 인식된 얼굴의 위치로 이동하는 코드를 만들어보겠습니다.

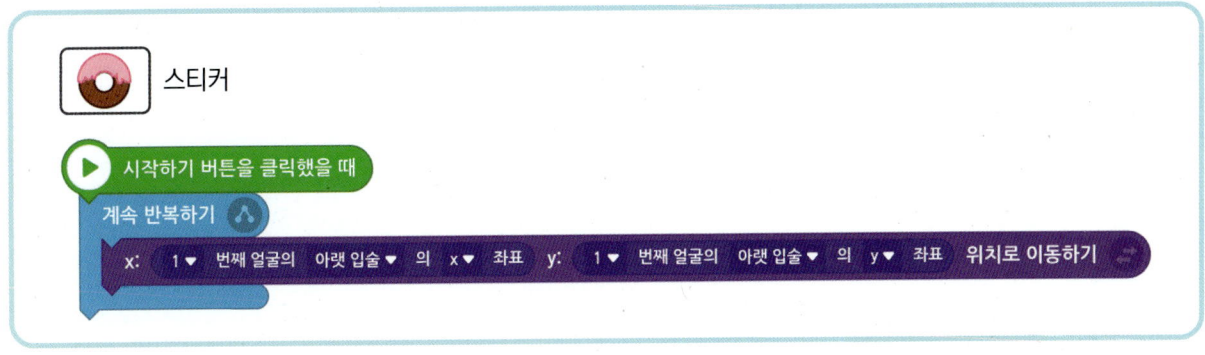

STEP 23 '스티커' 오브젝트를 클릭한다.

STEP 24 시작 에서 시작하기 버튼을 클릭했을 때 를 드래그 한다.

STEP 25 흐름 에서 계속 반복하기 를 드래그 해 연결한다.

STEP 26 움직임 에서 x: 0 y: 0 위치로 이동하기 를 드래그 해 연결한다.

STEP 27 인공지능 에서 1 번째 얼굴의 왼쪽 눈 의 x 좌표 를 드래그 해 x에 끼우고 '왼쪽 눈'을 '아랫 입술'로 바꾼다.

STEP 28 마찬가지로 y에도 1 번째 얼굴의 왼쪽 눈 의 x 좌표 를 끼우고 '왼쪽 눈'을 '아랫 입술'로, 'x'를 'y'로 바꾼다.

STEP 29 ▶시작하기 를 눌러 스티커가 얼굴의 원하는 위치로 이동하는 것을 확인한다.

다른 부위로 이동하도록 만들어도 됩니다. 대신 x좌표와 y좌표에 같은 부위로 설정해야 겠죠?

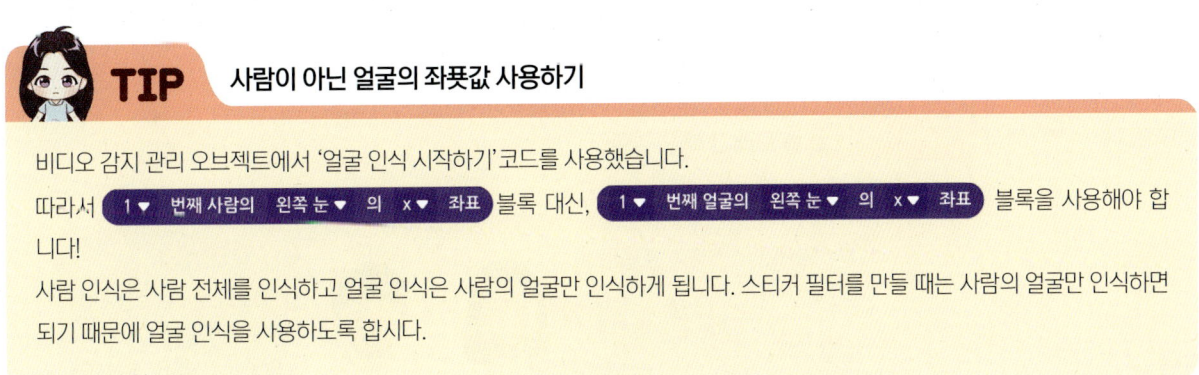

06 화면에서 얼굴이 벗어날 경우 문제 발생

종종 얼굴이 인식되지 않을 때 스티커가 가운데로 이동하는 문제점이 발생합니다. 문제를 해결하려면 얼굴이 인식되었는지를 체크한 뒤 얼굴을 인식했을 경우(얼굴이 1 이상) 모양이 보이고, 얼굴을 인식하지 못했을 경우(얼굴이 1 이상이 아님) 스티커 모양을 숨기는 코드를 사용해 문제점을 해결해보겠습니다.

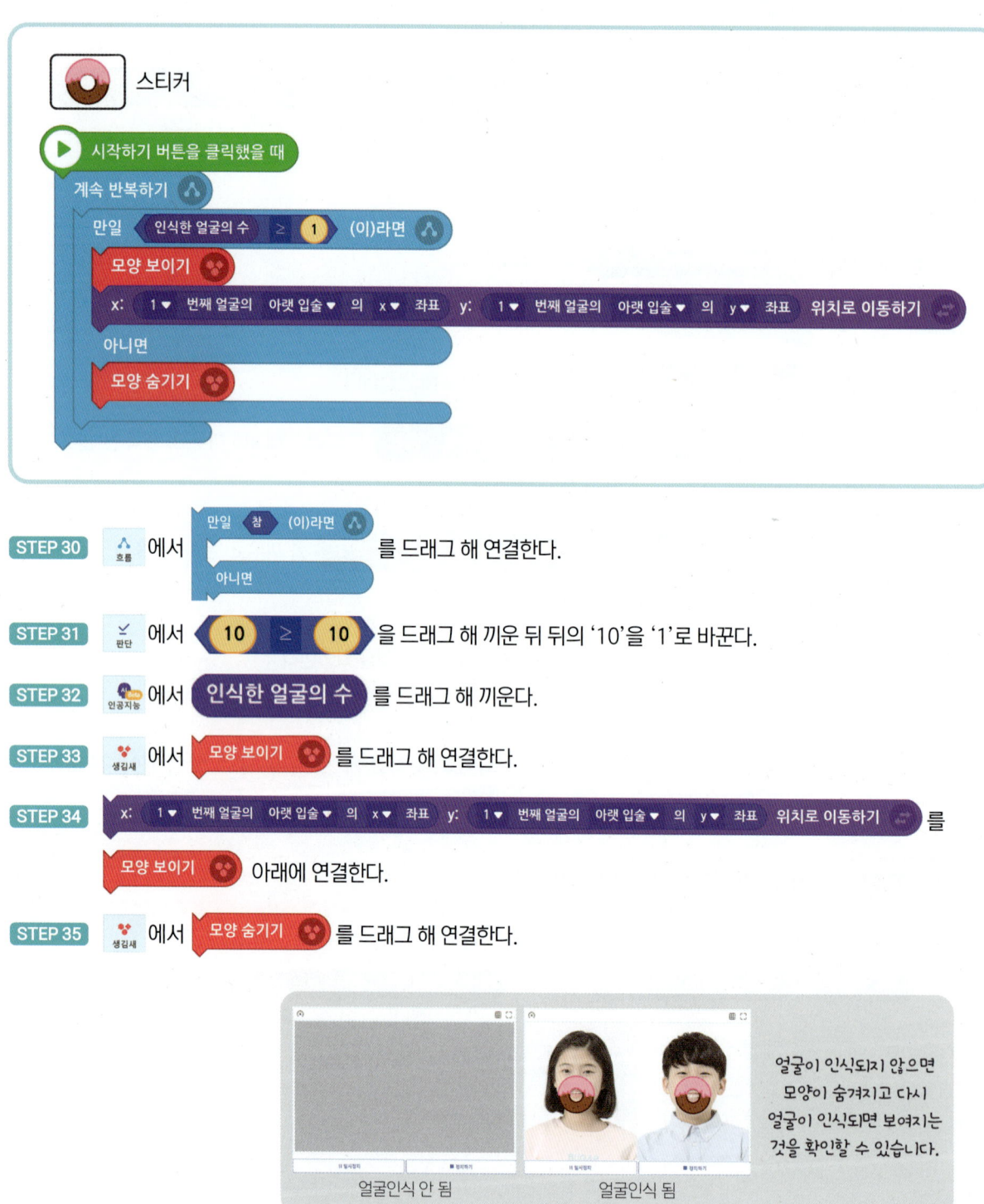

얼굴이 인식되지 않으면 모양이 숨겨지고 다시 얼굴이 인식되면 보여지는 것을 확인할 수 있습니다.

07 스티커의 위치를 조절하기

스티커의 위치를 지금보다 살짝 위에 놓고 싶은 경우 인식된 y좌표보다 '10'만큼 위로 이동하여 스티커의 위치를 조절해보겠습니다.

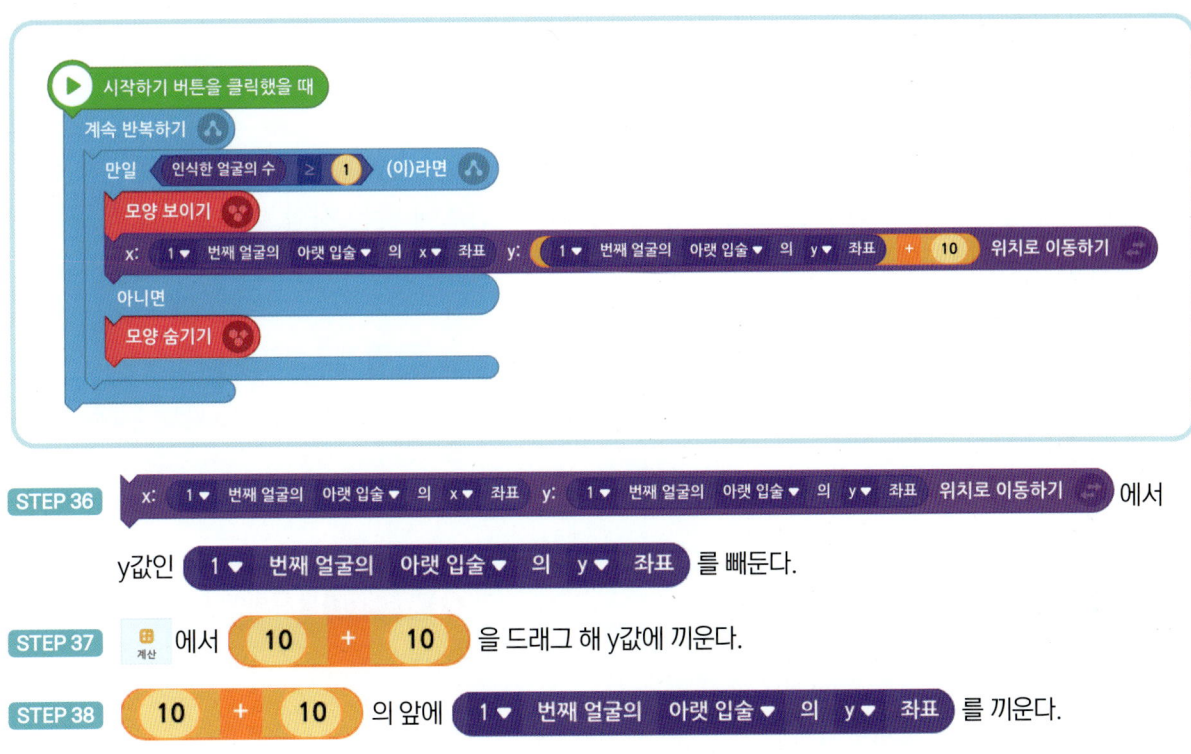

STEP 36 x: 1▼ 번째 얼굴의 아랫 입술▼ 의 x▼ 좌표 y: 1▼ 번째 얼굴의 아랫 입술▼ 의 y▼ 좌표 위치로 이동하기 에서 y값인 1▼ 번째 얼굴의 아랫 입술▼ 의 y▼ 좌표 를 빼둔다.

STEP 37 계산 에서 10 + 10 을 드래그 해 y값에 끼운다.

STEP 38 10 + 10 의 앞에 1▼ 번째 얼굴의 아랫 입술▼ 의 y▼ 좌표 를 끼운다.

TIP 오브젝트의 중심점 이용하기

좌푯값을 수정하는 것 외에도 스티커의 위치를 조절할 수 있는 방법이 있습니다. 오브젝트의 중심점을 이용하는 것인데요. 오브젝트는 중심점을 기준으로 이동됩니다. 오브젝트의 ❶ 중심점을 조금 내리면 모양은 상대적으로 올라가서 스티커의 위치를 조절할 수 있습니다.

미션2 여러 명의 입 위치에 도넛 스티커 붙이기

스티커 필터를 만들었는데 한 명만 인식된다면 너무 아쉽겠죠?
최대 4명이 인식될 수 있도록 만들어 보겠습니다.

01 개인변수 만들기

복제본을 4개 만들고 '개인변수'를 이용해서 각 복제본이 번호에 맞는 사람 위치로 이동하도록 만들어볼게요.

STEP 29 ① 속성 탭을 클릭한다.

STEP 30 ② 변수 를 선택하고 ③ 변수 추가하기 를 클릭한다.

STEP 31 ④ 변수 이름을 '스티커 번호'로 정한다.

STEP 32 ⑤ 이 오브젝트에서 사용 을 선택하고
⑥ 변수 추가 를 클릭한다.

STEP 33 '스티커 번호'의 ⑦ 👁 눈 모양을 클릭해 변수가 안 보이게 설정한다.

02 개인변수로 복제본 번호 정하기

STEP 34 　블록　 탭을 클릭한다.

STEP 35 기존의 코드는 잠시 분리한다.

STEP 36 　?자료　 에서 　스티커 번호▼ 를 10 (으)로 정하기　 를 드래그 해 연결한 뒤 '10'을 '0'으로 바꾼다.

STEP 37 　흐름　 에서 　10 번 반복하기　 를 드래그 해 연결한 뒤 '10'을 '4'로 바꾼다.

STEP 38 　?자료　 에서 　스티커 번호▼ 에 10 만큼 더하기　 를 드래그 해 연결한 뒤 '10'을 '1'로 바꾼다.

STEP 39 　흐름　 에서 　자신▼ 의 복제본 만들기　 를 드래그 해 연결한 뒤 '자신'을 '스티커'로 바꾼다.

03 번호에 따라 복제본 구분하기

STEP 40 　흐름　 에서 　복제본이 처음 생성되었을때　 를 드래그 한다.

STEP 41 　흐름　 에서 　만일 참 (이)라면　 을 드래그 해 연결한다.

STEP 42 　판단　 에서 　10 = 10　 을 드래그 해 끼운다.

STEP 43 　?자료　 에서 　스티커 번호▼ 값　 을 드래그 해 끼운다.

STEP 44 　만일 스티커 번호▼ 값 = 10 (이)라면　 을 우클릭 해 　코드 복사 & 붙여넣기　 를 4번한 뒤 연결한다.

STEP 45 각 스티커 번호 값을 '1', '2', '3', '4'로 바꾼다.

04 각 복제본이 사람의 얼굴 위치로 이동하도록 만들기

아까 잠시 분리해 둔 코드를 복사하여 각 복제본들이 복제본 번호에 맞게 움직일 수 있도록 만들어 봅시다.

스티커

복제본이 처음 생성되었을때
- 만일 〈스티커 번호 값 = 1〉 (이)라면
  - 계속 반복하기
    - 만일 〈인식한 얼굴의 수 ≥ 1〉 (이)라면
      - x: 1번째 얼굴의 아랫 입술의 x 좌표 y: 1번째 얼굴의 아랫 입술의 y 좌표 + 10 위치로 이동하기
      - 모양 보이기
    - 아니면
      - 모양 숨기기
- 만일 〈스티커 번호 값 = 2〉 (이)라면
  - 계속 반복하기
    - 만일 〈인식한 얼굴의 수 ≥ 2〉 (이)라면
      - x: 2번째 얼굴의 아랫 입술의 x 좌표 y: 2번째 얼굴의 아랫 입술의 y 좌표 + 10 위치로 이동하기
      - 모양 보이기
    - 아니면
      - 모양 숨기기
- 만일 〈스티커 번호 값 = 3〉 (이)라면
  - 계속 반복하기
    - 만일 〈인식한 얼굴의 수 ≥ 3〉 (이)라면
      - x: 3번째 얼굴의 아랫 입술의 x 좌표 y: 3번째 얼굴의 아랫 입술의 y 좌표 + 10 위치로 이동하기
      - 모양 보이기
    - 아니면
      - 모양 숨기기
- 만일 〈스티커 번호 값 = 4〉 (이)라면
  - 계속 반복하기
    - 만일 〈인식한 얼굴의 수 ≥ 4〉 (이)라면
      - x: 4번째 얼굴의 아랫 입술의 x 좌표 y: 4번째 얼굴의 아랫 입술의 y 좌표 + 10 위치로 이동하기
      - 모양 보이기
    - 아니면
      - 모양 숨기기

STEP 46 계속 반복하기
- 만일 〈인식한 얼굴의 수 ≥ 1〉 (이)라면
  - 모양 보이기
  - x: 1번째 얼굴의 아랫 입술의 x 좌표 y: 1번째 얼굴의 아랫 입술의 y 좌표 + 10 위치로 이동하기 를 우클릭 해
- 아니면
  - 모양 숨기기

[코드 복사 & 붙여넣기]를 4번 한 뒤 연결한다.

STEP 47 각 스티커 번호 값에 따라 인식된 얼굴의 수를 수정한다.

05 사람마다 다른 스티커 적용하기

복제본마다 다른 모양을 가질 수 있도록 코드를 추가해 봅시다.

STEP 49 　모양　 탭의 　모양 추가하기　 에서 원하는 모양을 3개 더 추가한다.

STEP 50 225쪽의 '03 번호에 따라 복제본 구분하기'에서 만든 코드를 하나 더 만든다.

STEP 51 　모양　 에서 　도넛▼ 모양으로 바꾸기　 블록을 드래그해 연결한다.

STEP 52 각 스티커 번호 값에 따라 적용할 스티커 모양을 정한다.

완성

STEP 48　▶시작하기 버튼을 클릭한다.

STEP 49　작품을 실행하여 여러 명도 동시에 인식되는 것을 확인한다.

그림 그리는 인공지능: AI가 그림을 그린다고?

2021년 12월에 카카오브레인의 초거대 인공지능 멀티 모달 '민달리minDALL-E'가 공개되었어요. 그림 AI 민달리는 이용자가 텍스트로 명령어를 입력하면, 실시간으로 원하는 이미지를 만들어주는 이미지 생성 모델이에요. 1400만 장 텍스트와 이미지 세트를 사전 학습했다고 해요. 그림 AI에는 제시어로 그림을 만드는 인공지능과, 그림으로 또다른 그림을 만드는 인공지능이 있어요. 그 중에서도 DALL-E는 홈페이지에서 키워드를 입력해 그림을 제작하는 방식이에요.

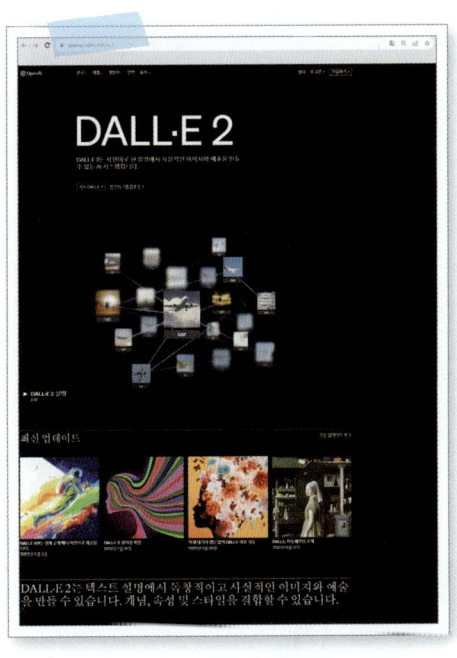

"바나나 껍질로 만든 의자 그려줘"
"코딩하는 주황 고양이 그림을 그려줘" 등을 명령어로 입력하면, AI가 명령어 맥락을 이해하고 바로 이미지를 도출해요.
검색을 통해 이미지를 찾아내는 것이 아니라, AI가 스스로 명령을 이해하고 직접 이미지를 그리는 것이죠.

비생성형 인공지능. 즉, 단순한 자동 채색 수준의 AI 시대에서 그림을 창조하는 생산형 인공지능 기술이 나오면서 그림 AI는 주목을 받기 시작했어요. 2022년 7월, DALL-E 2를 시점으로 국내에 화제가 되었고, 미국에서 열린 미술전에서 AI가 그린 작품이 1위에 입상하기도 했어요.

그림 AI가 유명해짐에 따라 저작권, 창의성 문제 등 부정적 의견도 있지만, 첨단기술의 등장, 생산성 향상 등 긍정적인 의견도 존재해요.

8장
애니메이션 작가가 되어보자!
직접 만드는 애니메이션

아이디어뿜뿜 기획하기

01 아이디어 짜기
02 대본 작성하기
03 장면 세분화 및 화면 구성
04 스토리보드 만들기
05 캐릭터와 배경 디자인

코딩술술 직접 해보기

나만의 애니메이션 만들기

재미솔솔 쉬어가기

애니메이션의 24프레임

이번 단원에서 우리는 애니메이션 작가가 되어 나만의 캐릭터가 들어간 독창적인 작품을 만들어 볼 거예요. 애니메이션을 만들 때 필요한 단계들을 소개할테니, 차근차근 따라해보며 작품을 완성해봐요.

기획 단계

1. 아이디어 모으기 및 주제 선정
2. 방향성 정하기
3. 등장인물 구상
4. 이야기 흐름 설계
5. 대본 작성
6. 장면 세분화 및 화면 구성
7. 스토리보드 만들기
8. 캐릭터 및 배경 디자인

→

구현 단계

책을 보며 기능 학습하고, 엔트리 블록 조립하기

기획1 아이디어 짜기

01 아이디어 모으기 및 주제 선정

어떤 주제로 애니메이션을 만들어볼까요? 자신만의 독창적인 주제를 정해봐요.
아래의 예시처럼 마인드맵을 그리면서 아이디어를 펼치면 더 쉽게 주제를 정할 수 있어요!

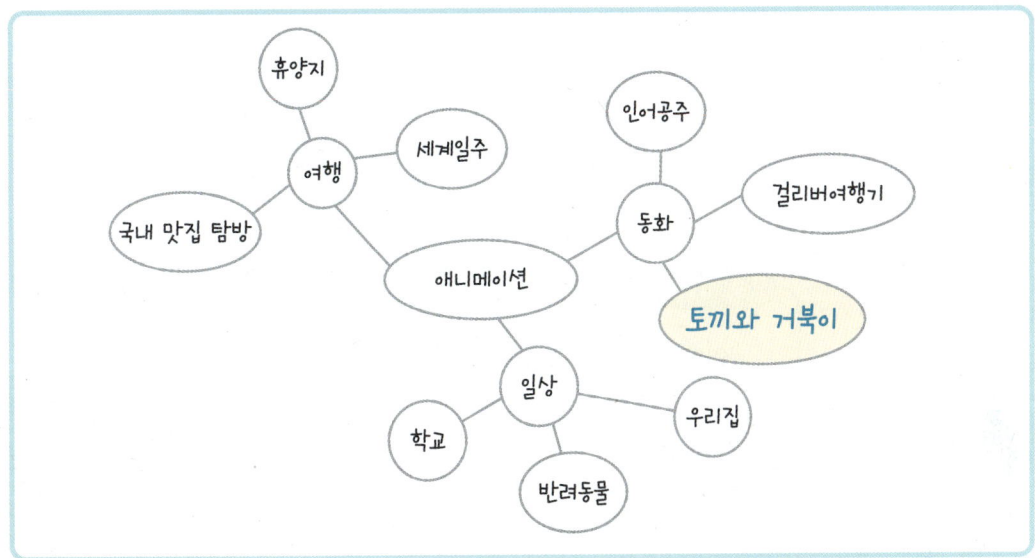

02 방향성 정하기

이제 토끼와 거북이를 주제로 어떤 식으로 이야기를 전개할지 구상해봐요.
등장인물, 스토리, 제목, 형식 등 애니메이션 제작에 필요한 것들을 생각해서 적어볼까요?

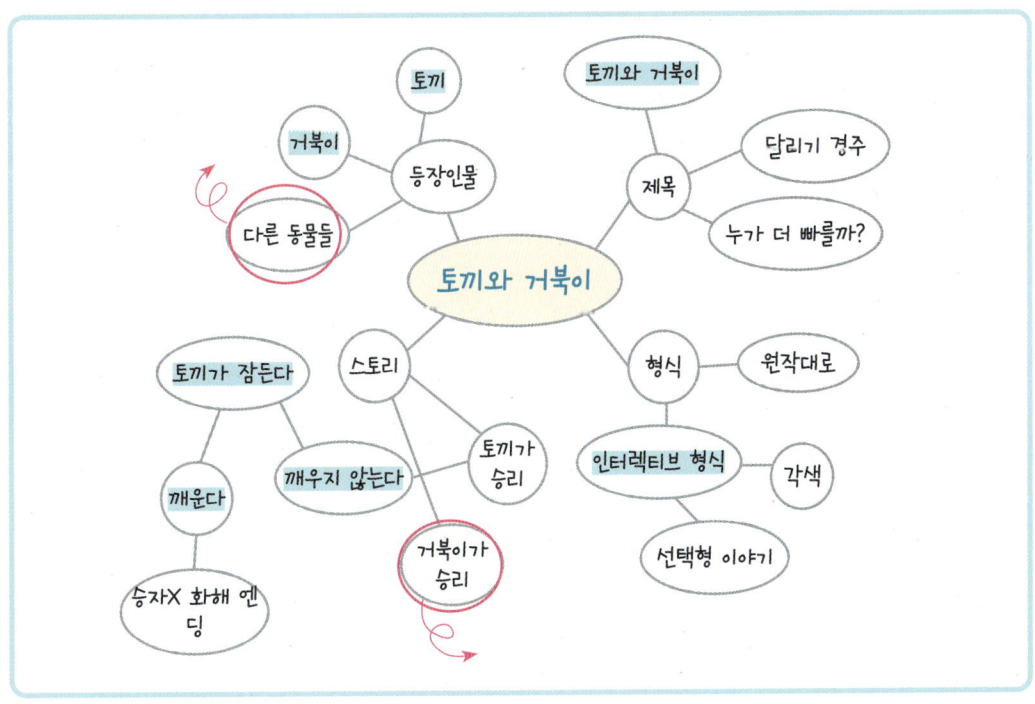

이번 장에서 우리는 인터렉티브 무비 형식의
애니메이션을 만들 예정이에요.
인터렉티브 무비가 무엇일까요?
인터렉티브 무비 interactive movie를 그대로 해석하면
'대화형 영화'라는 뜻이에요.
시청자 입장에서 자신의 선택에 따라
결말이 달라지는 독특한 장르지요.
결말이 여러 개면 더 재밌는 애니메이션을 만들 수 있겠죠?

03 등장인물 구상

등장인물 구상 단계에서는 등장할
캐릭터들의 특징을 간단하게 글로
정리해줘요. 직접 만든 캐릭터를
사용하면 더 좋겠죠?

04 이야기 흐름 설계

이제 토끼와 거북이를 주제로 어떤 식으로 이야기를 전개할지 구상해봐요.
이야기가 길어질수록 코드가 복잡해지므로 이야기 길이와 시간을 알맞게 조절해주세요.

> **1** 토끼와 거북이 시작 화면
>
> **2** 등장인물 소개: ① 토끼와 거북이 인사
>   ② 거북이를 놀리는 토끼, 토끼의 달리기 경주 제안을 수락한 거북이
>
> **3** 경기 시작: 3, 2, 1 카운트 후, 달리는 토끼와 거북이
>
> **4** 선택의 순간
>
>   **선택1** 깨운다
>   토끼가 감명받고 자신의 태도를 반성한다. 거북이를 놀린 것에 사과하는 결말
>
>   **선택2** 깨우지 않는다
>   토끼가 알아서 일어난다. 앞서서 달린 토끼가 달리기 경주에서 결승점을 통과하며
>   우승하는 결말
>
> **5** 이야기 끝 화면

기획2 대본 작성하기

이제 앞서 나온 아이디어들을 바탕으로 대본을 작성해볼까요?

1 등장인물 소개

옛날 옛적에, 아름다운 숲속에는 토끼와 거북이가 살고 있었어요. ❶

토끼: 난 토끼야!

거북이: 난 거북이!

토끼: 넌 정말 느려! 이 느림보야.

거북이: ㅠㅠ(눈물) ❷

거북이: 좋아! 누가 더 빠른지 겨뤄보자.

토끼: 달리기 경주하자!

토끼: 사과나무까지 먼저 가는 동물이 이기는 거야!

2 경기 시작

3, 2, 1, 시작! ❸

토끼: (빠르게 달린다.) ❷ 깡충 깡충

거북이: (느리게 달린다.) ❷ 엉금~ 엉금~

3 선택의 순간

토끼: (뒤를 돌아보며) ❷ 뭐야 아직 한참 뒤에 있네!

토끼: 잠이나 자야지… 쿨쿨 (눕는다) ❷

거북이: (천천히 등장하며) ❷ 어? 토끼가 자고 있네?

거북이: 어떻게 할까?

선택지 등장 ❹

---

❶ 파란색 글씨는 내레이션 또는 해설 부분이에요. 등장인물의 말풍선이 아닌 글상자에 글을 띄워줄 거예요.

❷ (괄호) 표시한 것은 지시문이에요. 등장인물의 행동을 묘사하거나 상황을 알려줘요.

❸ '3, 2, 1, 시작!'을 화면에 크게 보여줄 거예요. 숫자는 점점 작아지면서 사라져요.

❹ 화면에 선택 두 개를 띄워줄 기예요.

4-1 깨운다(결말)

거북이: 토끼야! 일어나!

토끼: 쿨… 쿨…

거북이: 일어나라고!

토끼: (일어나서 돌아보며) ❷ 거북아 네가 날 깨워준 거야?

토끼: 넌 정말 친절하구나. 과거의 내가 정말 한심해.

토끼는 거북이에게 감명받는 동시에 자신의 과거를 뉘우쳐요. ❶
토끼와 거북이는 친한 친구로 지내게 되었답니다. ❶

4-2 깨우지 않는다

거북이: 조용히 가야겠다. 무조건 이겨주겠어. ❺

거북이: (천천히 앞으로 나아간다.)

❺ 혼자 말하는 독백 부분이에요.

4-2-1 결승점(결말)

거북이: 결승점이 보인다!

토끼: (거북이를 추월하고 뒤를 돌아보며) ❷ 느릿느릿 거북이~

결국 토끼의 승리로 끝나게 되었네요. ❶

236 나는야 엔트리 화가

기획3 장면 세분화 및 화면 구성

장면을 몇 개 부분으로 나누고 매 장면마다 어떤 화면을 구성할지 간단하게 적어보세요.

장면 세분화하기	장면 구성하기
토끼와 거북이 시작 장면	애니메이션을 재생할 수 있는 버튼을 만들어야겠다.
등장인물 소개 장면	토끼와 거북이가 '난 ○○이야.'라고 직접 인사하면 좋을 것 같아. 그리고 토끼가 거북이를 놀릴 때, 거북이가 우는 효과를 주어야겠다.
경기 시작 장면	3, 2, 1 카운트 다운 후 달리기를 시작하도록 해야겠어. 토끼가 거북이보다 더 빠르게 움직이는 효과를 주어야겠다.
선택의 순간 장면 ↓ 깨운다 VS 깨우지 않는다 선택창 등장	**깨운다** 선택 시 거북이가 두 번이나 소리치며 토끼를 깨우게 해야겠다. 토끼와 거북이가 화해하는 장면도 넣어야지. **깨우지 않는다** 선택 시 거북이가 이겨주겠다고 하는 혼잣말하는 장면을 넣어야지.
결승점 장면	토끼가 거북이를 추월하기 위해 빠르게 달리는 장면을 넣어야지. 거북이가 느리다고 놀리는 대사도 넣어야겠다.
토끼와 거북이 끝 장면	다시하기 버튼을 만들어서 애니메이션을 다시 볼 수 있도록 만들어야겠다.

기획4 스토리보드 만들기

스토리보드는 애니메이션이나 영화 등을 제작할 때, 보는 사람이 이해할 수 있도록 주요 장면을 그림이나 사진으로 정리한 장면 연출판을 말해요. 줄거리를 담고 있는 그림판이라고 할 수 있겠네요! 앞에서 구상한 내용들을 바탕으로 '스토리보드'를 만들어볼까요?

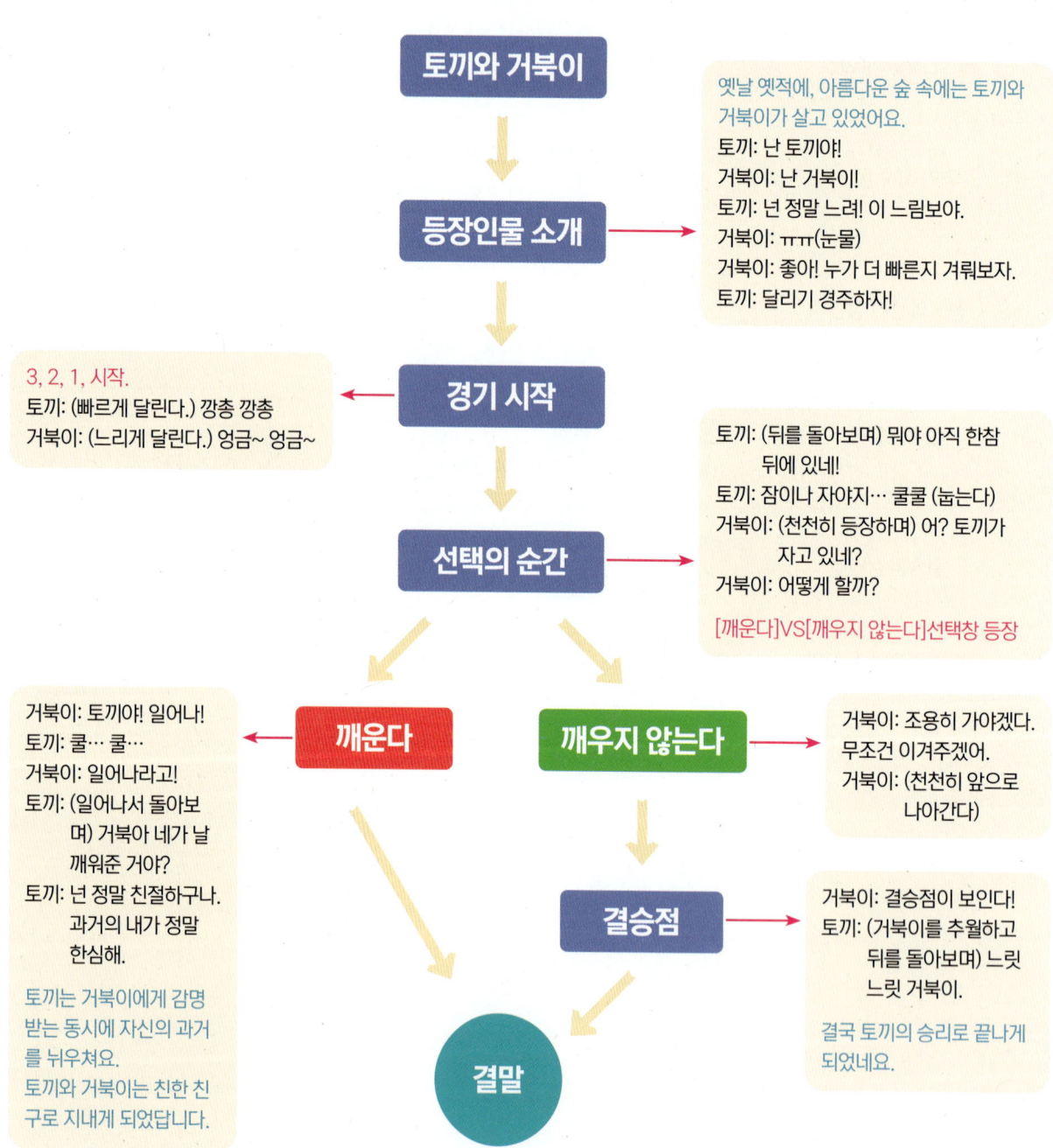

| 기획5 | 캐릭터와 배경 디자인 기획하기 |

01 캐릭터 디자인

토끼 캐릭터

캐릭터 정면   캐릭터 측면

거북이 캐릭터

캐릭터 정면   캐릭터 측면

02 배경 디자인

시작 화면 배경

등장인물 소개 배경

경기 시작 배경

선택의 순간 배경

8장 애니메이션 작가가 되어보자! **241**

결승점 배경

끝 화면 배경

작품 QR

강의영상

이번 시간에는 글장사와 장면 기능을 알아보고, '토끼와 거북이' 스토리로 애니메이션을 만들어 봅시다.

미션1 한 글자씩 출력하는 법 알아보기

01 오브젝트 추가하기

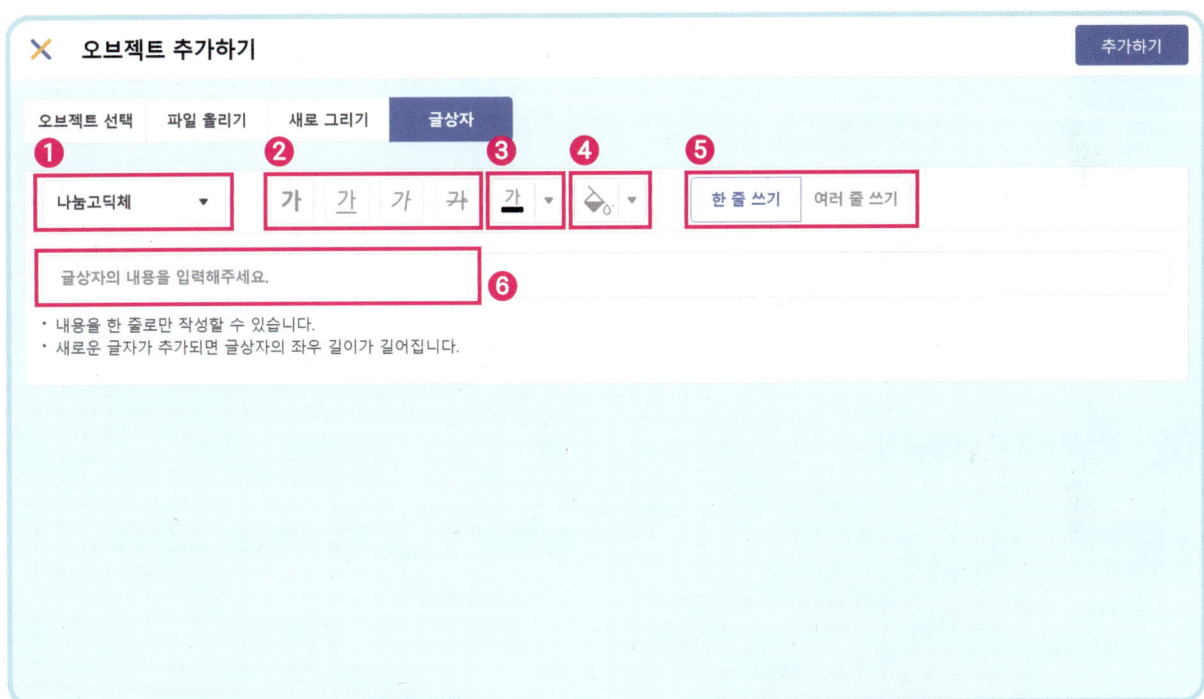

STEP 1 오브젝트 추가하기 에서 글상자 를 선택한다.

❶ 글꼴을 선택한다.

❷ 글씨 효과를 선택한다. (효과는 중복 적용이 가능하다.)

❸ 글씨색을 정한다.

❹ 배경색을 정한다.

❺ 쓰기 방식을 정한다.
　　한 줄 쓰기 : 내용을 한 줄로만 작성할 수 있다.
　　여러 줄 쓰기 : 내용 작성시 엔터키로 줄바꿈을 할 수 있다.

❻ 글 내용을 정한다.

STEP 2 추가하기 버튼을 눌러 글상자 오브젝트를 추가한다.

8장 애니메이션 작가가 되어보자! 243

TIP 글상자 기능과 배경색 변경 기능

글상자 기능 꿀팁

1 글상자 오브젝트를 선택하면 모양 탭 대신에 글상자 탭이 나타나요. 여기서 글상자의 설정을 언제든지 변경 가능합니다.

2 ❶ 글상자의 영역에서 글씨를 왼쪽/가운데/오른쪽으로 정렬하는 버튼을 사용할 수 있습니다.

배경색 변경 기능

❷ '배경색'을 변경할 때 '현재색' 부분을 클릭하면 투명 배경 글상자를 만들 수 있어요.

02 글상자 블록 이용하기

STEP 3 ❶ 가 글상자 를 클릭해서 블록을 선택 및 설정한다.

244 나는야 엔트리 화가

03 블록 만들기

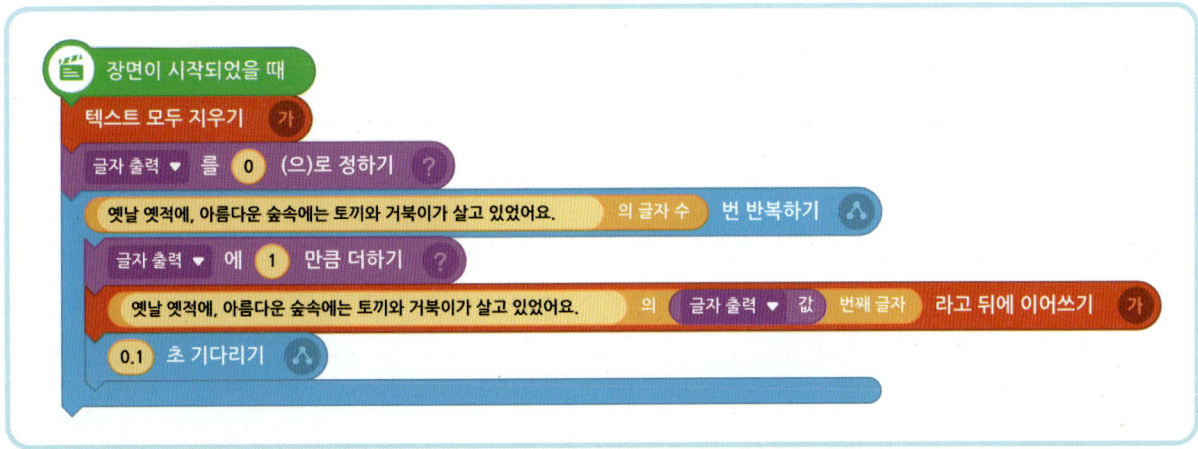

STEP 4 변수를 이용하면 쉽게 한글자씩 출력되는 코드를 만들 수 있다.

미션2 장면 사용하는 법 알아보기

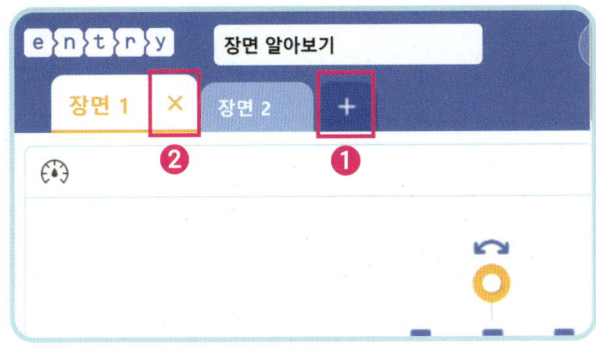

STEP 5 ❶ ➕ 버튼을 클릭해서 새 장면을 추가한다.
❷ ✕ 를 클릭해 장면을 삭제할 수도 있다.
장면을 삭제하면 해당 장면이 가지고 있는 오브젝트가 모두 삭제되니 주의한다.

TIP 장면 기능

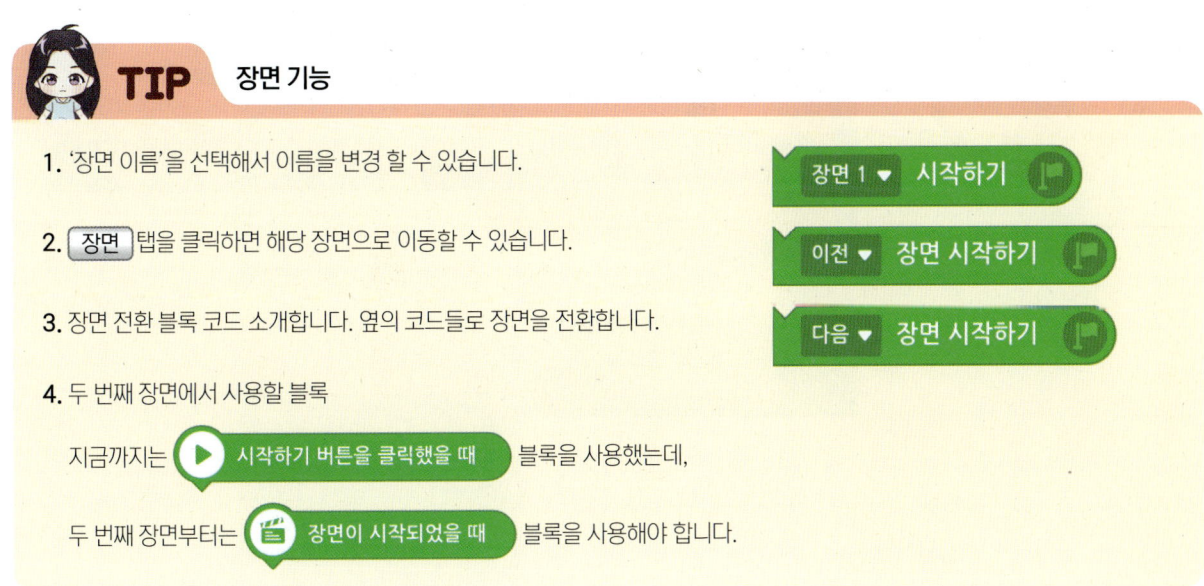

| 미션3 | 직접 애니메이션 만들어보기 |

아래 코드들을 참고해서 여러분들 만의 이야기를 담은 애니메이션을 만들어보세요.

01 버튼 만들기

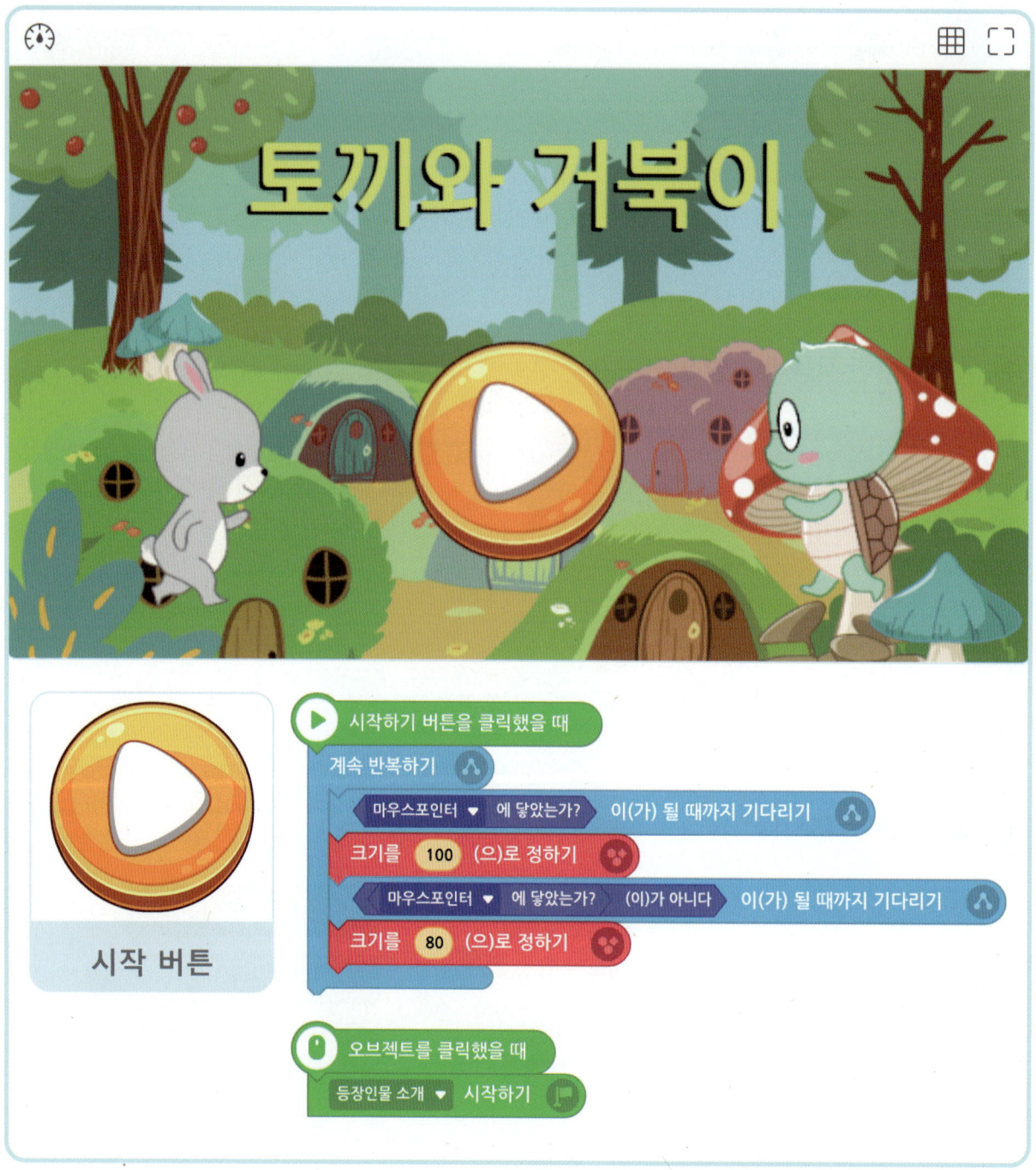

02 등장인물 소개

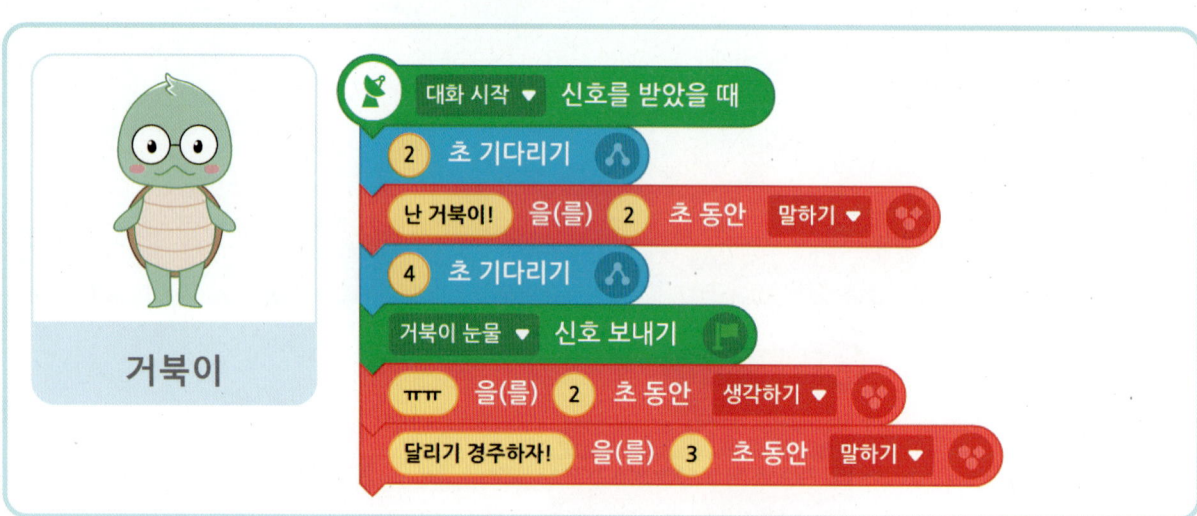

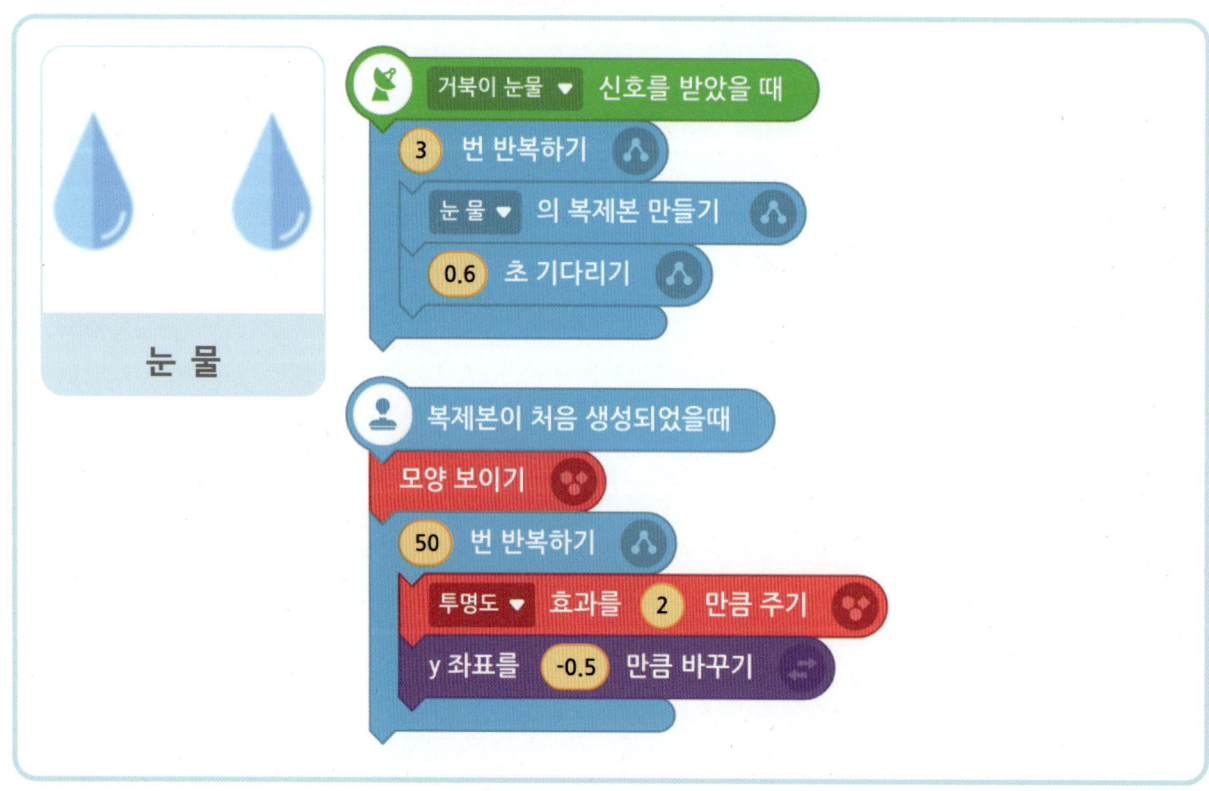

03 경기 시작

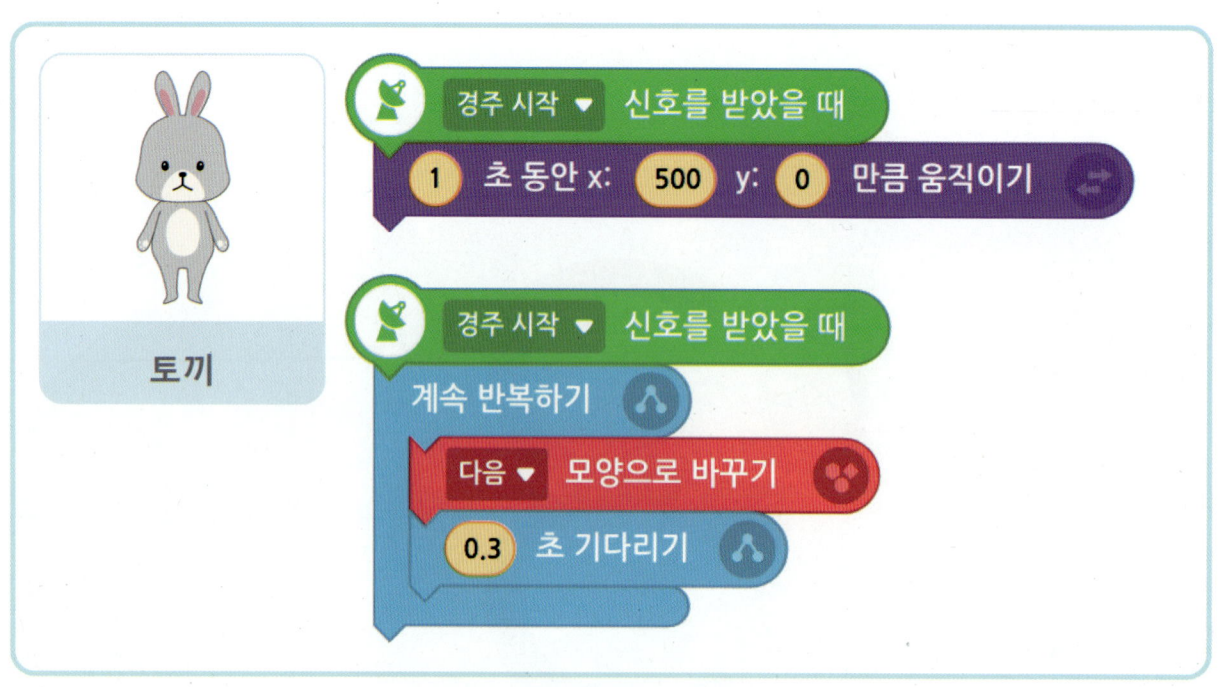

04 선택의 순간

토끼

- 장면이 시작되었을 때
- 토끼_옆.png1 모양으로 바꾸기
- 2 번 반복하기
  - 0.5 초 기다리기
  - 좌우 모양 뒤집기
- 뭐야 아직 한참 뒤에 있네! 을(를) 4 초 동안 말하기
- 잠이나 자야지…쿨쿨 을(를) 3 초 동안 말하기
- 45 번 반복하기
  - 방향을 -2° 만큼 회전하기
  - y 좌표를 -1 만큼 바꾸기
- 토끼_잠자는.png1 모양으로 바꾸기
- 크기를 150 (으)로 정하기

거북이

- 장면이 시작되었을 때
- 10 초 기다리기
- 2 초 동안 x: 100 y: 0 만큼 움직이기
- 어? 토끼가 자고 있네? 을(를) 4 초 동안 생각하기
- 어떻게 할까? 을(를) 2 초 동안 생각하기
- 선택의 순간 신호 보내기

05 깨운다

나레이션

토끼

- 장면이 시작되었을 때
- 토끼_잠자는.png1 모양으로 바꾸기
- 크기를 150 (으)로 정하기
- 2 초 기다리기
- 쿨..쿨... 을(를) 2 초 동안 생각하기
- 2 초 기다리기
- 토끼_옆.png1 모양으로 바꾸기
- 크기를 100 (으)로 정하기
- 45 번 반복하기
  - 방향을 2° 만큼 회전하기
  - y 좌표를 1 만큼 바꾸기
- 좌우 모양 뒤집기
- 0.5 초 기다리기
- 거북아 네가 날 깨워준 거야? 을(를) 3 초 동안 말하기
- 넌 정말 친절하구나. 을(를) 3 초 동안 말하기
- 과거의 내가 정말 한심해. 을(를) 3 초 동안 생각하기

거북이

- 장면이 시작되었을 때
- 토끼야!! 일어나!!!!! 을(를) 2 초 동안 말하기
- 2 초 기다리기
- 일어나라고!! 을(를) 2 초 동안 말하기

06 깨우지 않는다

07 결승점

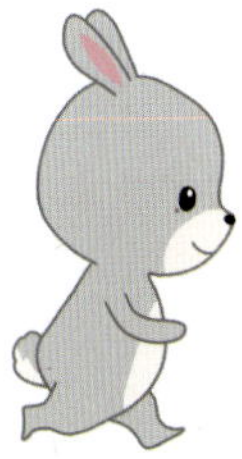

토끼

```
장면이 시작되었을 때
2 초 기다리기
1 초 동안 x: 500 y: 0 만큼 움직이기
좌우 모양 뒤집기
토끼 도착 ▼ 신호 보내기
자신의 다른 ▼ 코드 멈추기
느릿느릿 거북이~ 을(를) 2 초 동안 말하기 ▼
```

```
장면이 시작되었을 때
계속 반복하기
    다음 ▼ 모양으로 바꾸기
    0.3 초 기다리기
```

거북이

```
장면이 시작되었을 때
결승점이 보인다! 을(를) 말하기 ▼
3 초 동안 x: 150 y: 0 만큼 움직이기
```

```
장면이 시작되었을 때
계속 반복하기
    다음 ▼ 모양으로 바꾸기
    0.3 초 기다리기
```

```
토끼 도착 ▼ 신호를 받았을 때
말풍선 지우기
자신의 다른 ▼ 코드 멈추기
```

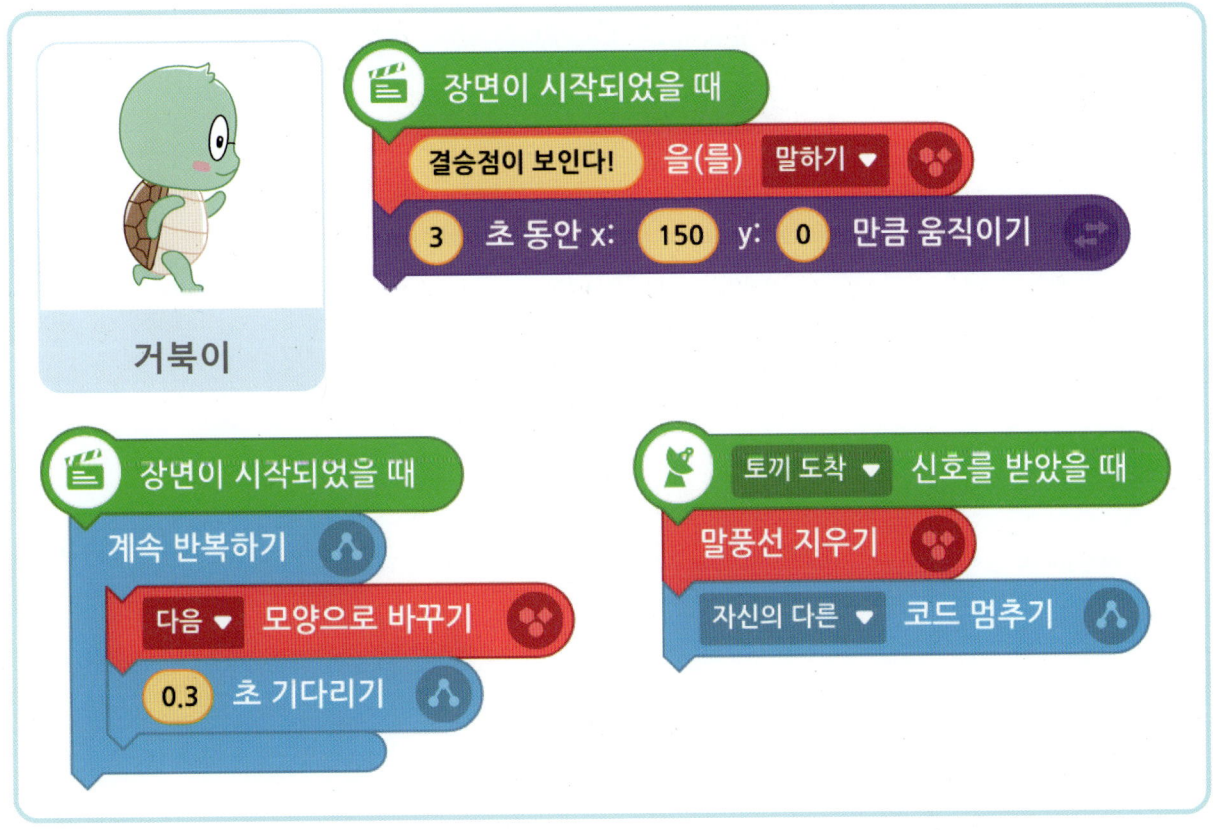

08 끝

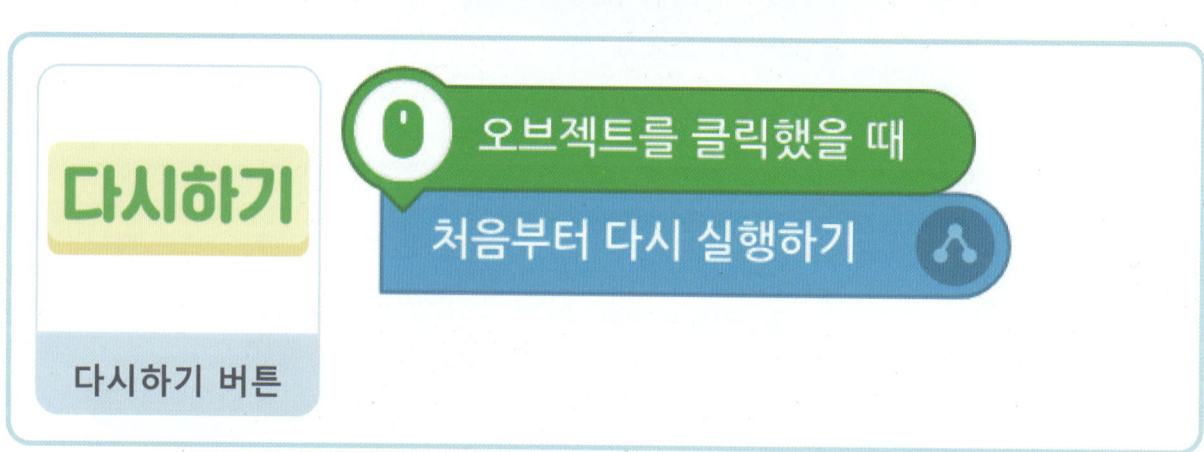

애니메이션의 24프레임

애니메이션, 영화처럼 움직이는 동영상은 어떻게 재생되는 것일까?

동영상은 위의 그림처럼 여러 개의 연속된 이미지들로 이루어져 있어요. 각각의 정지된 이미지들 하나하나를 화면, 즉 프레임frame이라고 한답니다. 이러한 이미지들이 1초에 몇 장 보이는지, 프레임이 보이는 속도를 가리켜 '프레임률'이라 하며, 단위로는 'fps(초당 프레임 수)' 혹은 국제 표준인 'Hz'를 사용해요.

FPS는 필름의 프레임이 바뀌는 속도를 초 단위로 나타낸 단위이고, 1초 동안 몇 개의 프레임이 화면에 나타나는지를 알려줘요. 인간의 눈은 1초당 15프레임 정도가 들어오면 깜빡임 현상을 거의 못 느낀다고 해요. 그래서 영화의 경우에는 초기에 초당 16fps였으나 현재는 24fps를 사용하고 있어요. 그 밖에 다른 동영상 파일들은 30fps ~ 60fps를 주로 사용해요.

초당 프레임이 아무리 높아도 그것을 출력하는 디스플레이 장치의 주사율이 낮으면 제한을 받게 되는데, 요즘은 LCD의 주사율을 144Hz 혹은 240Hz까지 지원하며 그래픽이 발전했기 때문에 화면이 매끄럽게 잘 보여요.

엔트리 안에서도 프레임을 느낄 수 있는데, 아래의 코드를 작성해보면 엔트리에서는 최대 64프레임을 지원한다는 것을 알 수 있어요.

초기 영화

현대 영화

그렇다면 엔트리에서는 언제 프레임을 바꿀까요?
바로 '반복하기'가 끝날 때마다 화면을 새로고침을 해서 프레임을 바꿔줍니다.